厦门口述历史丛书 8　　 厦门城市职业学院 编
XIAMEN CITY UNIVERSITY

主　编　陈仲义

林聪明　口述

林聪明　整理

流光岁月

——鼓浪屿的海域

厦门大学出版社

国家一级出版社

全国百佳图书出版单位

图书在版编目(CIP)数据

流光岁月:鼓浪屿的海域/林聪明口述;林聪明整理.—厦门:
厦门大学出版社,2020.12
(厦门口述历史丛书;8)
ISBN 978-7-5615-5808-9

Ⅰ.①流… Ⅱ.①林… Ⅲ.①鼓浪屿—地方史 Ⅳ.①K295.73

中国版本图书馆 CIP 数据核字(2020)第 252882 号

出 版 人	郑文礼
责任编辑	韩轲轲
封面设计	张雨秋
技术编辑	朱 楷

出版发行 厦门大学出版社
社　　址 厦门市软件园二期望海路 39 号
邮政编码 361008
总　　机 0592-2181111　0592-2181406(传真)
营销中心 0592-2184458　0592-2181365
网　　址 http://www.xmupress.com
邮　　箱 xmup@xmupress.com
印　　刷 厦门兴立通印刷设计有限公司

开本 889 mm×1 194 mm　1/32
印张 8.5
插页 4
字数 206 千字
版次 2020 年 12 月第 1 版
印次 2020 年 12 月第 1 次印刷
定价 68.00 元

厦门大学出版社
微信二维码　　厦门大学出版社
微博二维码

　　1880年代拍摄的鼓浪屿老照片,近景是鹿耳礁、龙头一带的洋房,中景是从龙头至当年和记崎一带的海湾。远景依次是和记、三丘田、河仔下、总巡等四个古路头。和记崎上的原泰利船行和汇丰银行公馆悬崖上的建筑清晰可见(紫日提供)

The Drum Wave-Rock on Kulangsoo South Beach, after which the island is called.

Mee Cheung, Amoy

　　这是一张明信片,左上角以英文写着:鼓浪屿南部的鼓浪石,该岛因此而得名(陈亚元提供)

现在成为鼓浪屿主要货运码头的黄家渡,鼓浪屿轮渡旁的红灯塔是
章鱼礁,黄灯塔是狗头礁

三丘田路头左侧就是我们原来居住的老屋位置

这是当年王仔添石窟前低潮位时的海滨，临水处就是开采的花岗岩遗址

清晨日出时的大德记海滨

日出时分的燕尾山海滨和鹭江

田尾海滨的冬季日出

总序一

因城而生　跨界融合

唐　宁

　　历史如浩瀚烟海，古今兴替，尽挹其间。鹭岛厦门在千年史籍里沧桑起伏，远古时为白鹭栖所，先秦时属百越之地，而后区划辗转由同安县至南安县至泉州府，又至嘉禾里、中左所、思明州，道光年间正式开埠，光绪年间鼓浪屿成"万国租界"。1949 年 9 月，厦门始为福建省辖市，逢今正与新中国同庆七十华诞。

　　七十年风云巨变，四十载改革开放，厦门始终走在发展的前列。厦门的经济建设者和文化传承者在这片热土上播洒了无数血汗，书写了特区建设可歌可泣的恢宏篇章，他们的事迹镌刻在厦门历史的丰碑之上。在有册可循的文字记载之外，尚有不少重要的人与事如沧海遗珠，未及缀补。

　　借此，厦门城市职业学院秉持"因城而生，为市则活"的办学信念，不仅通过专业建设主动对接厦门现代产业体系的需求，为厦门经济建设输送大量高素质技术技能人才，同时也通过多样性文化研究平台的建设，主动担当传承厦门优秀文化的使命。其中，由本校陈仲义教授领衔，汇聚校内英才、兼纳厦门名士，成立的"厦门口述历史研究中心"，多年来致力于借助口述历史的形式，采集、整理那些即将消失的厦门城市记忆和历史"声音"，成就了一批如"厦门口述历史丛书"这样的重要成果。

卡尔·雅斯贝斯(Karl Jaspers)说："对人们而言历史是回忆，因为人们曾从那里生活过来，对那些历史的回忆便构成了人们自身的基本成分"，"人生而有涯，只能通过时代的变迁才能领悟到永恒，因此只有研究历史才是达到永恒的唯一途径"。从这个意义看，口述历史正是文字历史的多元融合形式，二者融合可以实现对文字历史的"补缺、参错、续无"之功。

厦门城市职业学院跨界组建口述历史研究团队，在对厦门城市历史的修撰补充中，通过跨界与融合，使厦门经济建设与文化传承的脉络更加清晰，使人们对过去时代的领悟更加深刻，从而使未来的发展更加稳健。陈寅恪先生说："在历史中求史识。"而历史的叙写过程何尝不亦为史识的求证过程？历史告诉我们，发展才是硬道理；历史的叙写过程告诉我们，跨界、融合，才是通向卓越发展的道路。这正契合了厦门城市职业学院的办学理念：育人为本，跨界融合，服务需求，追求卓越！

陈仲义同志是与厦门城市职业学院一起成长的专家、教授，长期以来笔耕不辍，著作等身，受人景仰，在中国诗歌评论领域建树丰硕。祝愿他带领的新的团队，为厦门地方文化建设，踔厉奋发，再续前页。

2019 年 8 月

总序二

盾构在隧道里缓缓推进

陈仲义

2015年暑期,奉命筹建口述历史研究中心,定位于承传厦门本土文化遗产,"口述"珍贵的人文历史记忆,涉及厦门名门望族、特区建设人才、侨界精英、闽南非物质文化遗产,以及原住民、老知青、老街区等题材的采集、整理、研究工作。

以为组织一干人马,并非什么难事。物色人选,各就各位;遴选题材、规范体例、包干到户,如此等等,便可点火升帆。然而,一进轨道,方知险情叵测。这些年来,"双建"(建设国家级示范性院校、省级文明院校)目标之重如大山压顶,团队成员几近分身无术、疲于奔命。先后有三位骨干因教学、家庭问题退出,一时风雨飘摇。面对变故,我们也只好以微笑、宽容、"理解之同情",调整策略,放缓速度,增补兵源。

开工之后,"事故"依然不断:明明笃定选中的题材,因事主"反悔",说服无效而眼睁睁地看着泡汤;顺风顺水进行一半,因家族隐私、成员分歧,差点夭折;时不时碰上绕不过去的"空白"节点,非填补不可,但采撷多日,颗粒无收,只好眼巴巴地在那儿搁浅,"坐以待毙"；碰上重复而重要的素材不想放弃，只能在角度、语料、照片上做大幅度调整、删减，枉费不少功夫；原本以为是个富矿，开采下去，却愈见贫瘠，最后不得不在尴尬中选择终止……诸如此类的困扰大大拖了后腿。好在团队成员初心不变，辑志协力，按既定目标，深一脚浅一脚缓缓而行。

团队从原来7人发展到10多人。校内10人来自中文、社会、旅游、轨道交通、图书馆、办公室等6个专业与部门。除本人外，皆清一色70、80后，正值"当打之年"。校外7人，分属7个单位，基本上属古稀花甲。如此"忘年交"配对，没有出现"代沟"，反倒成全了本团队的一个特色。

团队阵容尚属"可观"：正高2位、副高8位、讲师2位。其中硕士4位、博士3位。梯队结构合理，科研氛围融洽。特别是校外成员，面对经费有限，仍不计报酬，甘于奉献。

在学院领导的关怀和大力支持下，丛书终于初见规模。作为中心责任人，在选题挖掘、人员组织、关系协调、难题处理方面，虽倾心尽力，但才疏智浅，不尽人意。如果丛书能够产生一点影响，那是团队成员群策群力的结果；如果出现明显的纰漏不足，实在是个人短板所致！

阅读丛书，恍若穿梭于担水街、九姑娘巷、八卦坪，在烟熏火燎的骑楼，喝一碗"古早茶"，再带上两个韭菜盒回家；从阁楼的樟脑箱翻晒褪色的对襟马褂，猛然间抖出残缺一角的"侨批"，勾连起南洋群岛的蕉风椰雨；提线木偶、漆线雕，连同深巷里飘出来的南音，乃至一句"天乌乌，欲落雨"的童谣，亦能从根子上触摸揉皱的心扉，抚平生活的艰辛；那些絮絮叨叨、缺牙漏嘴的个人"活捞事"，如同夜航中的小舢板，歪歪斜斜沿九龙江划到入海口。我们捡拾陈皮芝麻，将碎片化的拼缀、缝补，还原为某些令人歔欷的真相，感受人性的光辉与弱点；也在接踵而来的跨海大桥、海底隧道、空中走廊的立体推进中，深切认领历史拐点、岁月沧桑、人心剧变如何在时代的潮涌中锻造个人的脊梁。

历史叙述，特别是宏大的历史叙述，随着主要亲历者、见证者离去，"隔代遗传"所带来的"衰减"日渐明显。而今当下，历史开始从主流、中心、精英叙事转向边际、凡俗。新地带的开垦，将迎来千千万万普通民众汇入的"小叙事"。日常、细节、互动，所集结的丰富性将填补主流人类学、历史学、社会学、地方志的"库藏"，因应出现"人人来做口述史"（唐纳德·里奇）的提倡，绝非空穴来风，而具深远意义。

口述形式，有别于严丝合缝的文献史料，也有别于步步推进的考辩理据；亲切、在场、口语化、可读性，可能更易迎合受众的"普及"，这也是它得以存在且方兴未艾的长处，怎样进一步维护其属性、增添其特性光彩呢？口述历史不到百年寿龄，其理论与实践存在诸多争论与分歧。作为基层团队，多数成员也非训练有素的史学出身，但凭着热情、毅力，凭着对原乡本土一份挚爱，"摸着石头过河"，应该可以很快上岸。

表面上看，口述历史难度系数不大，大抵是一头讲述，一头记录。殊不知平静的湖面下藏有深渊。它其实是记忆与遗忘、精准与模糊、本然与"矫饰"、真相与"虚构"、本能与防御、认同与质疑，在"史实"与"变形"间的悄然较量，其间夹杂多少明察与暗访、反思与矫正。不入其里，焉知冷暖？

"口述性"改变了纯文献资料的唯一途径，但没有改变的依然是真实——口述史的生命。初出茅庐，许多规范尚在摸索阶段，但总体而言，第一步基本上应做到"如实照录"，亦即《汉书》所褒赞司马迁的"其文直，其事核，不虚美，不隐恶"的实录精神，而要彻底做到这一点很不容易。不仅要做到，接下来还要互证（比较、分析），规避口述者易犯的啰唆重复、拖泥带水、到哪算哪的游击作风；而整理者的深入甄别、注释说明、旁证辅助、文献化解、在场还原、方言转换，尤其是带领学生社会实践的参与度，仍有很大的提升空间。

厦门历史文化，比起华夏九州、中原大地，确乎存在不够悠久丰厚之嫌，但与之相伴的闽南文化、华侨文化、嘉庚精神，连同入选国家级非遗名录的歌仔戏、高甲戏、南音、答嘴鼓、讲古等，各有厚植，不容小视。中心刚刚起步，经验不足，稚嫩脆弱，许多资源有待开发，许多题材有待拓展，许多人脉有待联络，许多精英有待挖掘。如果再不努力"抢救"，就有愧于时代与后人了。

其实，厦门出版的地方历史文化书籍还是蛮多的，大到盛世书院，小至民居红砖，成套的、散装的，触目可取。但面对拥挤而易重复的题材，何以在现有基础上，深入腹地，称量而出；面对长年养成的惯性思路，何以在口述语体的风味里，力戒浅率而具沉淀之重？

编委会明白自身的长短，与其全面铺开战线，毋宁做重点突进，遂逐渐把力量集中在四个面向：百年鼓浪屿、半世纪特区、国家级非遗名录、老三届群体。希望在这些方面多加钻探，有所斩获。

无须钦慕鸿门高院，关键是找好自身的属地。开发历史小叙事、强化感性细部、力戒一般化访谈、提升简单化语料，咀嚼罄颏间的每一笔每一划。罗盘一经锁定，就义无反顾走到底，积跬步而不惮千里之远，滴水穿石，木锯绳断，一切贵在坚持。愿与各位同道一起，继续铢积寸累，困知勉行。

最近刚刚入住东渡狐尾山下，正值二号地铁线施工。40 米深的海底隧道，隐隐传来盾构声，盾构以平均每小时一米的速度推进着，与地面轰鸣的搅拌机相唱和。俯瞰窗外白炽的工地和半掩的入口处，常常想，什么时候，它还会碰上礁岩、滑沙、塌陷和倏然涌冒出来的地下水？失眠的夜晚，心里总是默数着：一米、一米、再一米……

2019 年 4 月

目录

第一章

百年沧桑话"路头"①

　　鼓浪屿是一座小岛,岛屿的自然岸线勾勒出它的形态,高低起伏的丘陵是它立体的雕塑,展现了这座岛屿千变万化、与众不同的特性。鼓浪屿的秀丽不仅来自蜿蜒曲折的岸线,也来自日光岩的高耸挺拔、鸡母山的天然造化和笔架山的钟灵毓秀。

　　码头无疑是这座闻名遐迩的岛屿与外界联系的支点,船舶的航线是小岛与厦门岛和大陆连接的维系。现在的人们几乎都知道鼓浪屿的钢琴码头、三丘田旅游码头、内厝澳码头是人员进出的通道,黄家渡码头是主要的货运码头。

　　然而,在鼓浪屿发展的历史长河中,很多"古路头"已经消失,不少海湾已经改变原有的面貌,而这些改变却又记载着鼓浪屿百年的沧桑岁月,承载着鼓浪屿历史发展的一个个源头和支点,也是国家民族荣辱兴衰的记录。

　　历史的脚步匆匆向前,前人已逝,记忆消失,还好我们可以借助老者的记忆和讲述,借助历史文献给予的线索,借助照相技术的发明,给我们留下的历史老照片,来解读历史中鼓浪屿的"古路头",并透过鼓浪屿海湾的变迁,触摸其发展的历史轨迹。当我们把目光延伸向历史的远方,就可以从已经流逝的岁月中,掀开历史

① 路头,闽南语,即码头。

的面纱,倾听历史的脚步,回眸百年沧桑岁月的痕迹,观看历史舞台的一幕幕戏曲,从中寻觅智慧和灵感,借历史的一束光,照亮人生道路的坡坡坎坎。

一、鼓浪屿海岸线的变迁

鼓浪屿今天的海岸线是大自然赋予和人工改造相结合的作品。今天,我们看到的一个个的海湾也是自然与人力相互作用的结果。从 19 世纪末、1900 年、1908 年、1935 年、1946 年的鼓浪屿地图和老照片,我们可以基本了解当时鼓浪屿岛海岸线的真实情景。改变最大的主要是鼓浪屿面向厦门岛鹭江道的东部海岸线,还有燕尾山和兆和山之间当年叫"坞内"的这段海岸线。

现在从鼓浪屿轮渡经过黄家渡码头、三丘田旅游码头,直至现在的鼓浪屿故宫外国文物馆(原鼓浪屿救世医院),海岸线几乎是一条直线了。但是鼓浪屿原始的海岸线并不是这样的,从当时的英国领事馆旁边往西大体沿着现在的龙头路、三友假日商业中心、鼓浪屿农贸市场,再往北沿着龙头路、福州路,包括现在的海底世界、龙泽花园别墅、原来笔山小学的操场,再到现在龙山洞附近(原来的和记崎),这一大片本来就是一个很大的海湾,退潮时呈现一大片的滩涂。从地图上可以看出,当时的英国领事馆和和记洋行码头是位于这个海湾类似 C 型的两个端点。

让我们从历史老照片回溯当年鼓浪屿与厦门岛相对海滨的原貌,寻觅历史变迁足迹:

1880 年拍摄的这张老照片，是从燕尾山海边向南拍摄的，清晰地反映当时的海岸线、滩涂和码头的状况。从近往远五个古码头依次是海关总巡码头、河仔下码头、三丘田码头、和记码头、龙头码头(本章照片除署名的以外，均为薛世杰提供)

清末拍摄的龙头一带海滨的老照片。照片左边临海有座两层白色建筑是一家酒店。海边的一些闽南民居也是建造在已经填海的陆地上

　　1880年,从鼓浪屿升旗山拍摄的鼓浪屿老照片,前景是鹿
耳礁和龙头一带的洋房,中景是龙头至当年和记崎一带的海湾,
远景依次是和记、三丘田、河仔下、总巡等四个古路头。和记崎
的原泰利船行和汇丰银行公馆悬崖上的建筑清晰可见

　　英国摄影家约翰·汤姆逊1869—1871年拍摄的鼓浪屿鹿
耳礁至覆鼎岩一带的海滨,这段岸线改变不大

1930 年从田尾观海别墅的围墙边拍摄鼓浪屿田尾海滨岸线全景

19 世纪拍摄的鼓浪屿港仔后一带海滨,旗尾山上的建筑是德国领事公馆

二、鼓浪屿历史上的"古路头"

（一）追溯当年的厦鼓海上运输

当年，作为五口通商口岸的厦门港是个什么模样？借助于照相技术的发明，我们可以从一百多年前留存下来的几张老照片，一窥当年厦门港的景象，洋人的远洋大船停泊在厦门和鼓浪屿之间的航道，而厦门岛西部和鼓浪屿岛东部岸线，一个个用花岗岩石头建造的码头从岸上伸向海中，岸边和码头停靠着许许多多的小舢板，海面上穿梭着许多小船，船工划着双桨，或者摇橹，运载着人员和货物来往于厦门岛和鼓浪屿之间，来往于码头和洋人的大船之间，将货物驳到大船和岸上，这些小舢板就是当年的主要水上运输工具，是厦门岛和鼓浪屿之间人员过渡的主要交通工具。就是这样原始的花岗岩建造的码头和简陋的小舢板，成为当年五口通商口岸之一厦门海上运输的基础和支点。

根据洪卜仁老先生提供的 1936 年 3 月 23 日—25 日厦门《江声报》登载的鼓浪屿史料，1903 年鼓浪屿成为公共租界，工部局要舢板船工领牌才能经营，当时鼓浪屿有舢板约百艘，每舟载客限制6 人，每人船费铜钱 2 文，专门雇船过渡的船费铜钱 12 文。清宣统二年（1910 年），包船过渡的船费涨为 48 文。1936 年，包船过渡的船费为小银 2 角，散客过渡每人 9 个铜圆。当时，龙头小舟领牌者 260 只，连同其他码头的总计 300 只。可见当年厦门岛与鼓浪屿之间，海上人员和货物过渡是十分繁忙的。

从 19 世纪末的鼓浪屿地图看，厦门岛朝向鼓浪屿的西海岸，从当年的水仙宫往北至厦门船厂，图示标明沿海岸排列着近 20 个路头,尤其是当年的海关、三井洋行、英国邮政局、台湾银行附近码头特别密集。从另一张清同治年间的厦门地图看,当时的水仙宫、寮仔后和龙泉宫附近海滨,排列着水仙宫路头、鼓浪屿路头、妈祖宫路头、寮仔后路头、龙泉宫路头、鱼仔路头。这就是厦门岛朝向鼓浪屿一侧的堤岸没有建成之前,厦门岛鹭江海滨的具体写照。当时,厦门滨海的城市景观非常糟糕,小河流、烂泥海滩、低洼沼地遍布,卫生状况极差,甚至被称为垃圾城市。在弯曲的海岸线,沿着自然的地势和滩涂,一个个的用花岗岩石材建造的"路头"从陆地伸向海中,沿岸的几十个"路头"就是这座海岛水上交通的重要支点。

　　1927年,菲律宾华侨李清泉及其叔父李昭北以"李岷兴公司"的名义,投资190万银圆,进行房地产开发建设。其中耗资最多、规模最大、贡献最大的就是修建厦门朝向鼓浪屿的沿海堤岸和码头。1927年开始,李岷兴公司将工程包给一家广东建筑公司承建,四年后虽然部分堤岸建成,但质量很差,经不起风浪冲击,有不少地段被海浪冲垮。1930年,李清泉考虑到海岸堤坝的建设是百年大计,决定不惜巨资重建。为了保证质量特地到西欧聘请荷兰著名池港建设公司来厦承建。以每平方丈2000银圆的造价,经过5年紧张施工,到1936年胜利完成这一巨大工程。从第一码头到沙坡尾沿岸,修建了一系列码头。堤岸的修建和码头的建造,改变了厦门市区的面貌,促进了厦门经济社会和交通的发展。

　　我们这代人实际看到,20世纪50年代,从厦门鹭江道北端的第一码头开始,往南依次排列到第九码头,就是位于现在的旅游客运码头附近的地方,后来一度改称为东风码头,这个码头是钢筋混凝土结构的,主要靠泊来往九龙江海澄、浮宫、白水营的客轮。在鹭江道第一码头至第九码头之间是六七个用花岗岩石头建造,停靠木帆船和小舢板的码头。这些码头从鹭江呈斜坡式往海里延伸,可以适应潮水的涨落供船只停靠,退潮时露出码头的桥身和周围的滩涂。每逢天文大潮,海水会倒灌淹上鹭江道的路面。后来鹭江道进行改造,抬高和拓宽了路面,原来的这些码头就不见了。

再往南就是海关码头、轮渡码头、水仙宫码头、太古码头、海军码头。水仙码头是钢筋混凝土建造的双斜面阶梯式码头,位于当年的自来水公司大楼前(现在的厦门国际银行大厦),是厦门舢板社客货舢板停靠的码头,其他码头都是有趸船的比较现代的码头了。再往南至厦门港一带就是沙坡尾避风坞,主要是木帆船和渔船停靠的地方,近旁有水产造船厂、冷冻厂和厦门鱼肝油厂。能够称得上大码头的就是当年的太古码头,后来改称和平码头,是唯一大船可以直接停靠的码头。直至上世纪 90 年代,和平码头还是厦门来往香港的客轮停靠的码头,2001 年后,成为厦门至金门海上直航客轮停靠的码头,开启了两岸海上直航的新纪元。厦金航线的客船码头迁移到厦门国际游轮码头和五通码头后,和平码头的海上运输功能几乎终止,现在只剩下停靠海上看金门的旅游船了。

　　20 世纪 30 年代,从厦门拍摄的以鼓浪屿为背景的照片,照片的主体是鹭江中停泊的外国商船,船边停靠着一些木船。背景是鼓浪屿的三丘田码头至燕尾山一带景观,1930 年新建的美国领事馆、三丘田码头、汇丰银行公馆等建筑清晰可见

　　这是罗伯特·摩尔大约 1930 年以后拍摄的鹭江水域与船舶的照片。近景中的木帆船是有着三个船帆,五个舱面结构的大型的传统木帆船,闽南人称之为"大䑸"。照片的背景可见鼓浪屿自来水在漳州路 24 号低位水池的塔楼。这种船舶千百年中就是福建沿海海上运输的主要工具

　　这是罗伯特·摩尔大约 1930 年拍摄的照片,停泊在鼓浪屿龙头路头至黄家渡一带海面的舢板船,运载香蕉的舢板靠岸,搬运工人挑着香蕉,走过连接堤岸和舢板的跳板,将货物装进船中。这时的舢板已经从双桨改为摇橹为主了

(二)从地图追溯鼓浪屿岛上的"古路头"

鼓浪屿现存的"古路头"已经很少了,从历史上留下来的鼓浪屿地图和老照片,我们还是可以清楚地了解当年鼓浪屿海岸线和"古路头"的状况。

从《鼓浪屿文史资料(上册)》①的一张19世纪末鼓浪屿地图再现了当年鹭江两岸的地形和码头。鼓浪屿朝向厦门岛的东海岸,地图在鹿耳礁至燕尾山一带海滨标11个路头的图标,但是没有注明具体的名称。从码头的地理位置判断可能就是:新路头、西子路头、义和码头、龙头路头、和记路头(2个)、三丘田路头、美国领事馆路头、河仔下路头、海关总巡路头、救世医院路头。

从《美国归正教会在厦门:1842—1951》②一书提供的一张1908年的鼓浪屿地图看到,当年鼓浪屿建造的古路头从南至北依次有新路头、西子路头、龙头路头、和记路头、三丘田路头、美国领事馆路头、河仔下路头、总巡码头、救世医院路头等9座古路头。

《鼓浪屿文史资料(上册)》提供的1935年鼓浪屿地图中将"路头"称为"渡头"。地图从南至北依次标注当年鼓浪屿的码头状况:新渡头、西仔渡头、未标名称路头(从位置和历史老照片比对应该是"永明吕宋雪文码头")、龙头渡、未标名称路头(从位置和历史老照片比对是"东方冰水厂路头")、黄家渡、和记渡头(三个码头图标,从历史老照片看到和记码头长期是两个,但有段时间标注是三个码头)、三丘田渡头、未标名称路头(从位置和历史老照片比对是

---

① 鼓浪屿申报世界文化遗产系列丛书编委会编印,2010年版。

② 〔美〕杰拉德·F.德庸著,杨丽、叶克豪译:《美国归正教在厦门:1842—1951》,龙图腾文化有限公司2013年版。

19 世纪末鼓浪屿地图［来源《鼓浪屿文史资料(上册)》,林聪明翻拍］

"中谦货栈"码头)、河仔下渡头、医院渡头(此时救世医院路头已经没有了,实际上应该是总巡码头),一共 13 个码头。另外,从图标来看,在鼓浪屿燕尾山北麓海滨还有一座"淘化大同公司"的专用码头,在兆和山海滨有"兆和罐头食品公司"的专用码头。这个时期是鼓浪屿建设发展的鼎盛时期,也是鼓浪屿岛上码头设施最繁

MAP OF KOLONGSU
鼓浪屿地图-1908

Hope Hospital Jetty. 救世医馆码头
Chung-chun-law-tau 总船路头
Ho-a-a-law-tau 河仔下路头
U.S.A. Consulate Jetty. 美国领事馆码头
Sae-khu-chhan-law-tau 三丘田路头
Ho-ki-law-tau 和记路头
Lin-tau-law-tau 龙头路头
Se-a-law-tau 西仔路头
Sin-law-tau 新路头

1908 年的鼓浪屿地图（来源《美国归正教会在厦门》，林聪明翻拍）

荣的时期，一共有各类码头 15 座。

这张地图还将鹿耳礁旁的新路头至覆鼎岩海滨称为"新路头海滨"。1935 年的地图与 1908 年的地图相比，标注的码头增加了永明吕宋雪文码头、东方冰水厂码头、黄家渡码头、中谦码头，以及淘化大同公司和兆和罐头食品公司专用码头。原美国领事馆码头和救世医院码头已经消失。

在 1947 年的《鼓浪屿略图》中，从鼓浪屿朝向厦门岛东海岸，从南至北依次标注的码头有：新路头、轮渡码头、龙头路头、东方冰水厂路头、黄家渡码头、和记路头（3 座）、三丘田路头、海关路头等 10 座码头。西仔路头和永明吕宋雪文码头已经消失，增加了轮渡

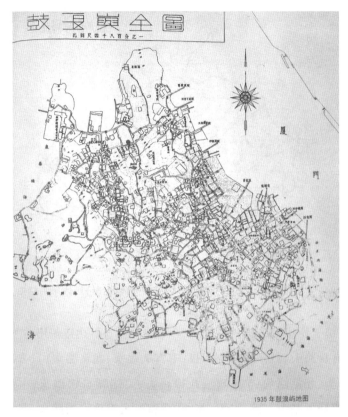

1935年鼓浪屿地图

1935年鼓浪屿全图[来源《鼓浪屿文史资料(上册)》,林聪明翻拍]

码头。而在此地图中没有标注出来的中谦码头,实际上仍然存在,至20世纪80年代仍然是厦门绝缘材料厂的专用码头,现在还保存着码头的一部分,这时鼓浪屿岛上实际还存在12座码头。

河仔下路头这个原来主要供内厝澳一带居民过渡的码头,因临近三丘田码头、中谦路头和海关总巡码头,其使用功能被附近的码头所代替,上世纪五六十年代就只剩下一段残破的码头,到80年代中期,725研究所在河仔下海湾填海造地时,才将这个码头填埋了。

1947 年的鼓浪屿地图[来源《鼓浪屿文史资料(上册)》,林聪明翻拍]

综上所述:鼓浪屿历史上曾经用花岗岩石材建造使用的"古路头"有新路头、西仔路头、永明吕宋雪文码头、龙头路头、东方冰水厂路头、和记路头(3 座)、三丘田路头、美国领事馆路头、中谦路头、河仔下路头、总巡路头、救世医院路头、淘化大同路头、兆和罐头食品路头等 16 座。

1927 年黄仲训先生在龙头至和记崎海湾填海造地后修建的黄家渡码头,是一座钢筋混凝土结构的码头,并修建一座高 7 米、宽 9 米、深度 2.5 米、通道宽 5 米的门楼,门楼顶横书"黄家渡"三字。[①]

约 1900 年左右,在永明吕宋雪文码头和龙头路头之间,现在鼓浪屿轮渡码头左侧建造了一座专门供外国领事馆、洋行和中外

---

① 1927 年由外国人绘制的英文版鼓浪屿地图中,黄家渡一带已经填海造地。原来都认为黄仲训在黄家渡填海造地是在 1928 年,从这张地图可以确认,应在 1927 年或更早,而不是 1928 年。

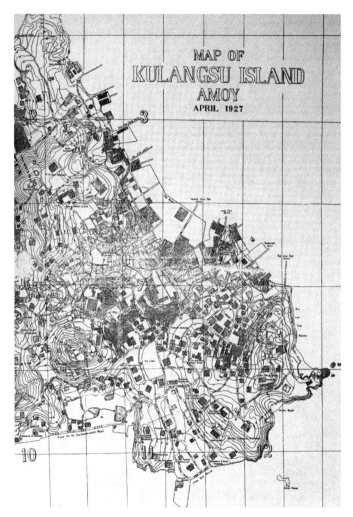

1927 年由外国人绘制的英文版鼓浪屿地图局部(厦门市国
土资源与房产管理局编印:《图说厦门》,2003 年版)

银行的小电船停靠的码头,称为"电船码头"。这座码头最早是一
座木结构的码头,采用钢筋加固。后来才改建为钢筋混凝土结构
的码头,现在这座码头还在,只是轮渡码头扩建时,扩建的部分与

其基本合为一体,只剩下最外边部分桥体可以看见。

　　1937年,在这座电船码头右侧,建造了鼓浪屿轮渡码头,到2020年已经整整83年的历史。

　　从历史老照片还可以看到,除了上述的码头外,还曾经有过一些用木头搭建的简易小码头,用于小型船舶的靠泊使用,估计是一些私人或公司所有,存在的时间都不长。

(三)从历史老照片还原"古路头"

1.新路头的往事

　　　这是英国摄影家约翰·汤姆逊1869—1871年拍摄的鼓浪屿鹿耳礁和新路头一带的照片。照片左侧的码头就是新路头,这个码头主要是居住在现福建路、复兴路和鹿礁路一带居民前往厦门岛的渡口。照片中有点像"牛蹄"的石头,在1959年8月23日的超强台风中被刮倒,照片左侧的新路头位置与退潮后残留的码头路基是一致的

这张老照片是 1880 年拍摄的，两个拿着雨伞的人所站立的花岗岩建造的码头就是"新路头"。照片中间有旗杆的建筑物是英国领事馆，其左侧两层有拱廊的方形建筑物是当时的"海景酒店"，海景酒店右侧有旗杆的一层建筑物是原德国领事馆

　　新路头是鼓浪屿所有古路头中，最靠南边的一个渡口，长期以来一直是鼓浪屿岛上一个十分重要的渡口。从历史老照片可以判断，早在 19 世纪中叶已经有了新路头，当时的新路头和鹿耳礁附近是鼓浪屿东南部海岸的一个突出部。当年的原英国领事馆和原德国领事馆就在海边，海岸线一直延伸到鹿耳礁附近，形成一个弧形的海湾。

　　新路头是当时居住在鼓浪屿东南部居民渡海前往厦门岛的主要码头，也是包括林尔嘉先生等迁居鼓浪屿的望族进出鼓浪屿的渡口，所以才会留存下林尔嘉先生的三个儿媳在新路头准备坐船前往厦门岛的经典照片。据张泉所著《林本源家族训眉记简史》所述，照片左边是林尔嘉五子林履信的妻子王宝英，中间是林尔嘉六子林克恭的瑞士妻子海蒂,右边是林尔嘉四子林崇智的妻子周竹君,她是清朝福建兴泉永道尹周莲的女儿,林崇智的儿子叫林朴,是台湾大学园艺系教授。

1930 年在鼓浪屿新路头,林尔嘉的三个儿媳妇准备乘船离开鼓浪屿

　　有意思的是在台湾出版的李瑞宗、蔡思薇合著的《风景的想象力》一书第 78 页,在叙述林朴在鼓浪屿林氏府生活情形时,登载一张同样的照片,照片说明写着:"送别,在鼓浪屿龙头码头,照片左边是林朴的母亲周竹君,她是福建兴泉永道尹周莲的女儿,中央是六叔母海蒂,是瑞士人",没有说明右边人物是谁。照片左侧的礁石和灯塔就是现在鼓浪屿钢琴码头外面的海中,照片中两艘外国远洋船就在厦鼓航道之中。照片说明将三人所在的码头说成是龙头码头是不对的。

　　新路头至 20 世纪 50 年代还保存着,由于鼓浪屿海上运输的重心已经移到龙头码头、轮渡码头、黄家渡码头和三丘田码头,新码头的渡口功能被替代,并逐步废弃,随着时代的发展,新路头作为鼓浪屿的重要渡口的历史结束了,作为这段历史的物质见证的花岗岩码头也被拆掉了，我们现在只有等到潮水低位时，才能见到还留在滩涂中的新路头的花岗岩地基。现在很多鼓浪屿人已经不知道新路头，更遑论那些到鼓浪屿旅游的匆匆过客。

当年鼓浪屿新码头的遗址，只剩下花岗岩条石的桥基躺在退潮后的滩涂中（林聪明拍摄）

如今当年的新路头旁，原来鼓浪屿自来水抽水机站仍独立于海中，当时海水涨潮以后要靠小船摆渡，这里也记载着鼓浪屿发展过程中与鼓浪屿人生活息息相关的一段民生往事。

1920年6月，黄奕住与林尔嘉、黄世金等人发起筹建商办厦门自来水有限公司，在厦门建设一座库容100万吨的上李水库，又建一座日制水能力5000吨的赤岭水厂及相应输水管道，1926年试行送水，1927年工程全部竣工，正式营业。为解决鼓浪屿及海上轮船用水，黄奕住又集资90万银圆，于1930年开始建设厦鼓上下水码头，运水的船在厦门自来水公司前水仙码头附近补水，将船开到鹿耳礁旁的抽水机站码头，自来水通过抽水机抽进鼓浪屿梨子园（也称鸡冠山）低位水池和日光岩的高位水池，然后向鼓浪屿居民供水,1932年正式向鼓浪屿居民供水。1984年厦门与鼓浪屿修通了海底水管,鼓浪屿的自来水供应依靠船运的时代才结束了。如今原来的自来水抽水机站改成海洋预报站,现在连接岸上的桥是以后建成的。

2.西仔路头的往事

西仔路头对于现在的很多人来说是陌生的,因为这个码头除了老鼓浪屿人口头传下来的地名,还有历史老照片留下的旧日影像外,至今没有留下任何可寻的痕迹。

1880年,从升旗山拍摄的鼓浪屿的新路头(右侧)和西仔路头。照片中退潮后的海滩已经填海造地,成为现在鼓浪屿轮渡避风坞往南至鹿礁路99号,包括鹿礁路2号、鹿礁路1号原日本博爱医院等建筑和道路

从1880年拍摄的两张新路头和西仔路头的照片,和现在这一带岸线进行比对,这张照片中西仔路头左侧的礁石,大约是现在鹿礁路2号红砖楼堤岸的位置。

19世纪,在鹿耳礁朝北的海滨中,有花岗岩建造的新路头和西子路头,还有一些简易木头搭建的小码头。西子路头的位置从

　　滩涂上的花岗岩码头是西仔路头,照片右侧一层建筑是德国领事馆,楼前有旗杆;照片左侧两层建筑是"海景酒店"。这座名为"海景酒店"的建筑与 1930 年位于现在鼓浪屿轮渡避风坞右侧的"海景酒店"不是同一座建筑

　　1920 年的西仔路头,码头停靠不少舢板船,轿夫在码头上抬轿,也有从退潮后的滩涂上走上岸。左侧退潮后可见的礁石是明显的标志物(林聪明翻拍)

历史老照片来判断,就是现在鹿礁路1号原日本博爱医院和鹿礁路2号原卓绵成的海滨旅社之间道路的位置,这里靠近原西班牙领事馆、德国领事馆和英国领事馆,主要是供洋人过渡使用的码头,所以鼓浪屿人称为"西仔路头"。

从1927年和1935年鼓浪屿地图看,这片海湾从20世纪20年代开始,经过几次填海造地,形成现在的岸线。鼓浪屿轮渡避风坞往南至鹿礁路99号的建筑,包括鹿礁路2号、鹿礁路1号原日本博爱医院等建筑和道路都是在填海的地块上建造的。填海造地后,建于19世纪80年代之前的西仔路头就消失了。我小的时候也没有见过西仔路头,但是老鼓浪屿人往往将这一带称为"西仔路头"。

新路头和西子路头一带海滨填海造地后,堤岸外还有一个沙滩,鼓浪屿渔业捕捞大队的渔船长期停靠于此,并在此维修。

3.义和码头的往事

20世纪30年代从厦门虎头山方向拍摄鼓浪屿的这张照片,"永明吕宋雪文厂"的准确位置在原英国领事馆前面,在鼓浪屿轮渡码头的南侧,这个码头原来是义和洋行的码头,后来才作为"永明雪文码头"

现在很多导游将游客带到鼓浪屿轮渡码头时,直接指着现在的钢琴码头说,这就是当年的"猪仔码头",这是不对的。轮渡码头建于 1937 年,与历史上曾经贩卖苦力华工的猪仔码头不是一回事。

厦门是清代中国东南沿海重要的航运贸易中心,早为西方殖民者所垂涎,并被列为用武力侵占和强制通商的主要目标之一。1840 年 6 月,英国发动了侵略中国的鸦片战争。1841 年 8 月 26 日,英国舰队发起对厦门和鼓浪屿的进攻,经过几个小时的激烈炮战,清军战败,厦门和鼓浪屿同时陷入敌手。

根据不平等的中英《南京条约》,厦门成为五口通商口岸之一。帝国主义列强就开始全面展开对厦门和鼓浪屿的侵略,大批帝国主义列强的商人来到鼓浪屿设立洋行、开办公司,对中国进行经济掠夺。

“英商德记洋行”于 1845 年在厦门创办,创办者为英国人德滴(James Tait),他还曾兼任西班牙、法国、葡萄牙及荷兰等国驻厦领事。外国洋行在鼓浪屿从事贩卖鸦片和华工的罪恶勾当,当时的厦门是中国最大的“苦力买卖”中心之一,位于鼓浪屿大德记的英商德记洋行和鼓浪屿和记崎的和记洋行就是贩卖华工的据点。

外国人汤姆逊在 1888 年写道:臭名昭著的“苦力贸易”似乎起源于 1848 年的厦门。当时,150 名苦力从这里乘船出发,前往澳大利亚南部。很快,苦力贸易就迅速发展起来了……1865 年 10 月,“迪德玛丽”号离开澳门,前往秘鲁西部的卡亚俄。到美国大溪地岛时候,船上 550 名苦力只活下了 162 人。[①]

据历史资料记载,苦力华工像奴隶一样被关押在畜栏,被打上 P、C 或 S 的记号,分别代表秘鲁、美国加州、英国的三维治岛,运送到目的地的死亡率都达到 40% 至 50% 以上。

1852 年 11 月 24 日,为了抗议英商合记洋行、德记洋行拐骗劳工,厦门 1500 名群众在两个洋行门前示威,英舰萨拉门托被派

---

① 潘威廉:《老外看鼓浪屿》,厦门大学出版社 2010 版,第 137 页。

来保护这两个洋行的水兵,向赤手空拳的群众开枪,打死 8 人、重伤 16 人。[①]

当年英商德记洋行、和记洋行、宝顺洋行等干尽了贩卖华工和鸦片的坏事,德记洋行在鼓浪屿覆鼎岩还建有关押华工的"猪仔馆"。由于当时的厦门成为中国最大的"苦力贸易"中心之一,据吴凤斌《契约华工史》所刊载资料,1845 年至 1853 年第一季度,从厦门出口的华工苦力就有 12261 人。

和记洋行有专用的码头,历史资料中没有看到有关德记洋行专用码头的记载。德记洋行的猪仔馆建在覆鼎岩附近,而覆鼎岩两侧的沙滩都适合停靠小船,可以用小船将贩卖的华工运送到停泊在海上的轮船,最后运送到世界各地。

在原英国领事馆东面海滨早年就建有码头,1894 年以后,英商义和洋行在此设立堆放煤炭的栈房,利用原有的码头起卸货物,称作"义和码头"。义和洋行歇业后,该码头作为渔船停靠的码头,称"鱼仔码头"。码头附近原有广东人的"兆祥营造厂",后来将厂房租给华侨吴万植制造肥皂,码头又作为永明肥皂厂的货运码头,称"永明吕宋雪文码头"(闽南话"肥皂码头"的意思)。从历史老照片可以看出具体位置在现在鼓浪屿轮渡码头南侧的位置。

关于义和码头所在的这个码头,历史上是否作为运送贩卖华工的码头,潘威廉先生所著《魅力鼓浪屿》[②]一书将义和码头称为"猪仔码头"。陈全忠先生在《鼓浪屿东部海滩沧桑》[③]一文中,讲述了英法等国商人将拐骗、绑架的华工,通过义和码头运送到外轮

① 何丙仲:《有关合记与和记洋行的考证》,载周昱主编:《鼓浪屿研究》第二辑,厦门大学出版社 2015 年版,第 91 页。

② 潘威廉:《魅力鼓浪屿》,厦门大学出版社 2005 年版,第 209 页。

③ 鼓浪屿申报世界文化遗产系列丛书编委会编印:《鼓浪屿文史资料(下册)》,第 113 页。

贩卖,闽南人称"卖猪仔",称义和码头为"猪仔码头"。但此事尚未见到具体佐证的历史资料。

4.电船码头和轮渡码头的往事

根据现有的历史老照片判断,电船码头是在黄家渡这片海湾尚未填海造地之前建造的,主要专供外国领事馆、洋行和中外银行的小电船停靠,最早的码头是木头建造的。在 1927 年,黄仲训先生在鼓浪屿填海造地,并建造黄家渡码头后,一张从厦门岛拍摄的鼓浪屿照片中,电船码头不见了。能够合理解释的就是 1917 年 9 月袭击厦门的强台风,将木结构的电船码头摧毁了。随后,在上世纪 30 年代,同样从厦门岛拍摄的鼓浪屿照片中,在原来的位置重建的电船码头改为钢筋混凝土结构了。电船码头就是现存的紧靠鼓浪屿轮渡码头,斜面阶梯朝向北面的码头。现在由于鼓浪屿轮渡码头扩建,电船码头已经被新建的码头遮挡了,但是从鼓浪屿轮渡码头的趸船还是看得很清楚。值得一提的是,不少人将电船码头和轮渡码头混在一起。

1937 年 10 月,鼓浪屿轮渡码头建成正式通航,结束了居民过渡全部依靠舢板船的历史。当时,鼓浪屿轮渡码头使用的趸船小,轮渡船是木制机器动力船舶,载客量才一百来人。

厦鼓轮渡的开航,是厦鼓海上交通具有历史性的一件事,但是许多人并不知道那些淹没在历史岁月中的往事,从《近代厦门鼓浪屿公共租界档案汇编》[1]保存的档案资料,我们来回忆这一段难忘的历史,回首中国遭受帝国主义列强欺负的厦鼓轮渡建造的历史旧事。

---

[1] 厦门市档案局(馆)编:《近代厦门鼓浪屿公共租界档案汇编(下册)》,厦门大学出版社 2018 年版,第 949~991 页。

这张照片拍摄于 1927 年黄家渡尚未填海造地之前。从和记崎山上眺望鼓浪屿龙头这片海湾,可见龙头路头和电船码头

民国时期的鼓浪屿轮渡码头和旁边的电船码头。很多人把两个码头混在一起,轮渡码头建成并于 1937 年 10 月正式通航,它的结构是采用引桥与趸船相连接,渡船停靠趸船供乘客上下船。而电船码头斜面的阶梯可以适应厦门地区海水的涨潮退潮,船只在任何水位条件下都可以停靠在码头

　　这张照片应该是 20 世纪 80 年代中期拍摄的,当时为了建设环岛路,原东方汽水厂外和龙头路头的海已经填成陆地,可以从轮渡码头直通黄家渡码头了。电船码头桥面原是钢筋混凝土框架结构支撑,也改为修筑的堤岸了

　　来往厦门岛和鼓浪屿,只能乘船过渡,现在的主要过渡方式就是乘坐轮渡船。

5.厦鼓过渡历史的回顾

　　从厦门岛到鼓浪屿,现在只能乘坐厦门轮渡公司的渡轮了,还有就是可以游泳横渡厦鼓海峡,然而这可不是随便什么人,什么季节都可以做到的。

　　我们再将厦鼓过渡的历史往前推进,在不同的历史时期,厦鼓过渡的方式和票价也是不同的。

　　2014 年 10 月 20 日,厦门轮渡票改之后,厦门市民和有厦门社保卡的可以从厦门轮渡市民通道乘船到达鼓浪屿钢琴码头,也可以从厦门第一码头乘船到达内厝澳码头,票价每人 8 元。外地游客要到鼓浪屿必须从厦门邮轮码头乘船到达三丘田旅游码头或者内厝澳码头,票价每人 35 元或 50 元;也可以从海沧嵩屿码头乘船到达内厝澳码头,票价每人 35 元。这是为了限制鼓浪屿上岛旅游人数采取的过渡措施。在此之前,不同的历史时期过渡工具和方式是多种多样的。

2014 年 10 月 20 日,厦门轮渡票改之前,本市市民或者外地游客都从厦门轮渡码头过渡到鼓浪屿钢琴码头,每人票价 8 元,厦门市民可以办理月票。如果不乘坐厦门轮渡也可以从厦门第一码头和平码头旁边的趸船乘坐机帆船,过渡到鼓浪屿黄家渡码头。

上世纪 80 年代和 90 年代,厦门与鼓浪屿之间的过渡,还可以从鼓浪屿三丘田旅游码头乘坐小渡轮到厦门,这些小渡轮是用于载客环鼓,停靠三丘田码头后返回厦门轮渡码头的。乘坐小渡轮每人收取 5 元船票,而当时从厦门乘坐轮渡到鼓浪屿每人船票 3 元。我家就在三丘田,我们的邻居为了节省时间和少走路,也是经常乘坐小渡轮到厦门的。我在厦门市委工作,晚上有事加班到下半夜,此时轮渡过渡是每小时一个航班,为了不耽误回到鼓浪屿家的时间,我经常从和平码头旁的趸船乘坐机帆船到黄家渡,这些机帆船是私人经营,每人过渡也是 5 元,但是如果包船过渡就付 20 元,我称之为“打船的”。改革开放以后,随着鼓浪屿旅游的开发,有一段时间还可以从厦门轮渡乘坐“海上小巴士”直接到达鼓浪屿观海园码头和位于美华海滨的鼓浪别墅酒店码头。

时间再往前追溯,在上世纪 80 年代,厦门水运公司舢板社的舢板还未退出客运和货运市场时,来往厦门和鼓浪屿之间的水上运输就更加有多种选择了。你可以乘坐轮渡船,也可以选择乘坐舢板船,当时来鼓浪屿旅游的人不多,来往厦门岛和鼓浪屿之间的主要是市民,还有就是因为工作需要过渡的人。当时鼓浪屿的工厂主要集中在内厝澳一带,因此从厦门水仙码头乘坐舢板到三丘田码头的很多,一段时间厦门水运公司还专门开通从水仙码头到三丘田码头的机帆船客运。

关于厦鼓过渡船费,在我的记忆中,上世纪六七十年代,厦鼓轮渡过渡船票才 3 分钱,后来才涨到 5 分钱,随着时代的发展,船票价格一路上涨,又从 1 元钱、3 元钱到 8 元钱。上世纪 80 年代初,鼓浪屿开始开发旅游时,讲过一个段子:1 角 5 分游遍鼓浪屿,过渡 5 分钱,菽庄花园门票 5 分钱(岛上唯一收费景点),还有 5 分钱买一条雪糕冰棒。

从较长的时间来看,厦门岛主要运营厦鼓过渡的码头是轮渡码头、第一码头和水仙码头,鼓浪屿主要运营的码头是轮渡码头、龙头码头、黄家渡码头、三丘田码头和三丘田旅游码头。运输的船舶是舢板、轮渡船、机帆船。

(1)1936 年厦鼓轮渡码头建造启动

时间追溯到 1937 年之前,当时鼓浪屿与厦门岛之间的海上运输都是依靠舢板船摆渡。一直到 1936 年,改变厦门与鼓浪屿海上运输的一项方案诞生了。

从厦门市档案局正式出版的《近代厦门鼓浪屿公共租界档案汇编》保存的档案资料,1936 年 10 月 22 日,厦门市工务局局长刘元致鼓浪屿工部局《派员前往接洽关于厦鼓轮渡码头事宜》一函写道:

> 迳启者:本局现因筹建厦鼓轮渡,拟在鼓浪屿建筑码头一座,以为渡轮靠泊之用,兹派科员郭景村前往接洽,事关厦鼓交通,务希赐予接见是荷。

这个函件是厦鼓轮渡码头筹办的开始。

1936 年 12 月 4 日,《厦门市工务局致鼓浪屿工部局局长巴世凯函》:

贵局十月二十四日复函，关于本局筹建厦鼓轮渡一案，应将计划及情形函送。贵局该事会讨论决定再答复。

查厦门与鼓浪屿隔港对峙，厦民之馆屋于鼓浪屿者为数甚多，每日往返渡客约在六千人以上，除少数自制有汽船外，均籍旧式双桨以为交通工具，惟此一叶扁舟，全恃人力行动，不仅交通不便，抑且危险堪虞。本局为谋厦鼓两地渡客之安全便利起见，故拟援此向港上海事处本例呈准。

省府筹备轮渡，一切事项业经设计就绪，关于码头地位置，已经长期考虑，厦门拟定在旧太古码头附近，鼓浪屿拟定在龙头码头附近，地点即较适中，一经成立旧有双桨与私有汽轮无形消减，交通亦无妨碍。相应将位置地形图一份函请查验，即希讨论，以便进行是荷。

厦门工务局给鼓浪屿工部局的函件，明确提出考虑每日来往厦鼓之间摆渡的人数在六千人以上，主要依靠双桨舢板船人力摆渡，为了解决交通的便利和安全问题，经过长期考虑和设计，拟在厦门岛旧太古码头附近和鼓浪屿龙头码头附近建造轮渡码头。

1936年12月19日，鼓浪屿工部局致厦门市工务局长函件，要求厦门工务局提供关于厦鼓轮渡事务之设立及以后之经营等消息，包括雇佣船只之式样，述明过渡价目，订定过渡时间，在获知相关消息后，鼓浪屿工部局将全面考虑问题。

1936年12月23日，鼓浪屿工部局领袖领事山田致厦门市李时市长的公函明确提出，厦门市政府与鼓浪屿工部局间的一切函件必须经由市长及本领事后办理，认为这样才合乎官式之途径。"本领事深愿以后对于本案之往来公文按此官式途径处理。"

根据这个要求，关于厦鼓轮渡建造事宜都必须经过外国领袖领事和厦门市市长之间的公函协商，否则不属于鼓浪屿工部局认可的官方正式途径,不予认可。

1937年1月12日,厦门市市长李时致驻厦领袖领事官山田的公函,明确提出将来轮渡收费,头等每人暂定一角,二等每人暂定五分。轮渡码头位置亦经函准,海关税务司改与新龙头码头平列,与电船交通可无妨碍,随函并附位置图,请一并函转工部局查验,速于决定。

1937年2月17日,厦门市市长李时致驻厦领袖领事官山田公函,此函表达1937年1月12日已将厦鼓轮渡设计图及轮渡计划概要,暨码头位置及收费办法等请函转工部局查验。提出,为谋厦鼓轮渡早日实现起见,业将所需渡轮及浮码头等招商订约承包。认为龙头码头位置,业经海关税务司改正,与原有码头交通无碍,建议工部局给予赞同。该码头工程不日即可兴工,请鼓浪屿工部局函达,以便进行。

(2)鼓浪屿工部局依靠权势提出"月偿"要求

1937年2月25日,驻厦领袖领事山田致厦门市市长李的公函,就厦鼓轮渡相关事项,提出鼓浪屿工部局的一系列意见:

一、工部局送来本年二月四日星期四,自鼓浪屿搭乘舢板过渡厦门的人数记录表一纸,查该日系寻常时日,请再注意主要各点的如下情况:(一)每日离开龙头码头和黄家渡两码头之人数约计四千人,这些人当日仍需返回鼓浪屿,这两个码头的过渡将受轮渡开航的影响最大。(二)在拥挤时间,每半小时约有三百人,即每小时约六百人。(三)对于拥挤时间,当另订一种特别规则,以利此项人数之交通。

二、工部局以为在拥挤时间内,每五分钟至七分半钟间,须开行一次。寻常时间,每七分半钟至十分钟间开行一次。再每日自上午六时起至下午十一时半正,至少每十五分钟开行一次。船只须备两艘,此点仍认为重要。若尚有三艘尤佳,处在拥挤时间外,可将一艘备藏,在极闲时间内,不妨将两艘停用。

三、鼓浪屿之登岸计划,工部局认为满意,但必须获得海岸业主之同意。

四、工部局认为头等票价订定一角,二等五分,甚为适当。

五、工部局认为,所有舢板不能够完全禁绝,但将受极大限制,经过相当时期后,不准再继续行驶,以辅轮渡事务。

六、工部局允许轮渡公司使用龙头新码头,益于该公司以推行轮渡事务之权利。但(一)公司方面每月须缴三百元,自开始营业之日计算起,计三年。在未满三年前,当将月偿之数,重新考虑。(二)除获得工部局同意外,不得加价。(三)舢板业不禁绝。

工部局称:

如因舢板执业减少,公共地界内多数舢板人之住宅递减,以及公司使用工部局码头等关系而减少收入时,工部局当自行补偿。

工部局关于厦鼓轮渡一事相关事项的复函,除了就两岸过渡人数的评估,航班间隔时间安排,船只保障和船票价格提出意见外,关键的问题是认为厦鼓轮渡开航后,必然影响到双桨舢板的营运,而鼓浪屿工部局对于舢板的营运是每船收取牌照费,一旦双桨舢板减少,会影响工部局的收入。因此,轮渡的开航和舢板业存在竞争关系,也直接关系到厦门市政府和鼓浪屿工部局的利益之间的矛盾。因此,鼓浪屿工部局明确提出,轮渡开航后,舢板业不禁绝。从历史事实来看,轮渡的开航也没有办法取代舢板的过渡,轮渡开航以后的四十多年间,舢板船仍然是厦鼓客运和货运的重要方式。

工部局还规定,轮渡船票价格未经工部局同意,不得加价。最核心的一条就是,要求轮渡开航以后,每月必须缴交三百元给鼓浪屿工部局,先定三年,未满三年前,再就每月缴费重新考虑。并且提出,如因舢板执业减少,公共地界内多数舢板人之住宅递减,以及公司使用工部局码头等关系而使工部局减少收入时,工部局当自行补偿。

在厦鼓轮渡建造营业的问题上,鼓浪屿工部局首先考虑的不是这项公共交通事业对社会大众的利益,而是工部局自身的经济利益得失。

1937 年 2 月 25 日,驻厦领袖领事山田就厦鼓轮渡事项复函厦门市市长李时后,厦门市的相关方面进一步着手轮渡的筹建工作。在此过程中,鼓浪屿公共租界领袖领事发生了变更,日本驻厦领袖领事山田离任,由英国驻厦领事马尔定担任领袖领事。

1937 年 6 月 19 日,英国驻厦领袖领事马尔定致厦门市市长李时 138 号公函,提出:

> 关于厦鼓轮渡鼓浪屿建筑码头一事,业经前任领袖领事山田二月二十五日公函第四十八号叙述在案,兹工部局请予鼓浪屿未建筑码头或登陆处以前,对于本局应有条件,确定说明等情况,前来相应函请。查照见复为荷。此致。

要厦门市政府对鼓浪屿工部局所提条件,给予明确答复。

(3)厦鼓轮渡试开航风波

1937 年 6 月 30 日,厦门报刊刊登厦鼓轮渡定于 7 月 1 日开航载客的通告。当日,英国驻厦领袖领事马尔定致厦门市市长李时 143 号公函,明确提出,该年二月二十四日所提各节及山田领袖领事本年二月二十五日第四十八号公函所述各案,在厦门市政府未答复以前,不允许轮渡在鼓浪屿登岸前来。

1937 年 7 月 1 日,厦门市市长李时致英国驻厦领事兼领袖领事马尔定的公函,就 7 月 1 日开航做了解释:

贵领事二月二十五日来函,承示各点,并赞同任用龙头码头,足见重视厦鼓交通。厦鼓轮渡原为利便厦鼓交通而设,市民盼望良殷。因为本府招商承造之渡轮所需机器一时未能到厦,致完成尚需时日。兹为适应市民急切需要,并谋求繁荣厦鼓市场起见,故令由工务局在正式渡轮未完成以前,先行租用电船临时行驶,并定于七月一日开始搭客,其行驶次数暂定每小时四次,遇乘客拥挤时酌量加班。至原有双桨仍准照常营业,暂时不予禁绝。似此办法,自为工部局所赞同。至此项轮渡系属公共交通事业,原为官办,并非公司性质。关于函示每月应缴工部局三百元一节已由本府呈报省政府核示,一俟奉到指令,当再函达。事关公共建设,相应函请贵领事查照转知工部局,并饬其随时保护。

由于厦门市政府与鼓浪屿工部局在轮渡开航营业以后,每月须缴交三百元问题上的分歧,鼓浪屿工部局不允许轮渡在鼓浪屿靠岸,如何解决这个矛盾,成为当时厦鼓轮渡建设营业的焦点。

1937 年 7 月 6 日,厦门市政府致福建省政府电:

福建省政府陈主席钧鉴,查本市厦鼓轮渡在新轮船未正式完竣以前,为适应市民交通之需要起见,先向集美租用电船行驶。兹于本月一日开始试行,不料鼓浪屿工部局固执本见,竟以轮渡行驶后,原有双桨牌照费收入受影响为词,要求本府每月津贴三百元,阻止轮渡在鼓浪屿龙头渡靠泊。据查鼓浪屿双桨船计二百六十艘,每船缴纳牌照费五角。即使代所有船户如数缴纳,合计亦仅一百三十元。业与鼓浪屿领袖领事交涉,现虽暂时允许开行,惟限于本月十五日以前共商解决办法。否则重阻渡轮靠泊。除再向该领事积极交涉外,如何办理,特电请核。

根据此份报送福建省政府的电文,可以看出厦门市政府对于鼓浪屿工部局提出每月缴交三百元月偿要求,认为不合情理,即使市政府代缴双桨舢板的牌照费也只有最多一百三十元。但是鼓浪屿工部局以此要挟,如不缴交,禁止轮渡靠泊鼓浪屿龙头渡。

英国领事对厦门市政府关于轮渡事宜的处置十分不满,1937年7月11日,英国驻厦领事兼领袖领事致厦门市市长李时的154号公函:

关于厦鼓轮渡开航一事,查本领事团所以极端反对者乃以前任领袖领事山田二月二十五日之函置之不复,又未征得工部局同意,且擅自开航,事先亦不由领袖领事通知工部局,故工部局出而制止,领事团认为适当。

领事团以市政府于七月一日开航未先知照工部局,以便先事警备以防不虞。此种种举动视为失策,为不尊重工部局之权益。领事团声明抗议,希望不再发生同类事件。本月六日来函业已照转工部局,经该局董事本月九日开会讨论,贵代表亦列席,兹该局提出厦鼓轮渡开航下列条件:

(一)自一九三七年十月一日厦鼓轮渡办事处逐月首应缴

交工部局法币二百五十元，以三年为期，至一九四零年十月一日期满。未满之先观察情形，惟工部局对于逐月该处缴款得有保留修改之权，如有任何变动，最短期间当于三个月前预先通知。另一办法，工部局可稽核由鼓赴厦轮渡搭客，向轮渡办事处不分等第每名收取半分，采用此法可以永久，以后无须考虑。如果采纳此第二办法，则工部局将设一旋转机，自动登记人数。轮渡办事处按照机内之统计，逐月缴交工部局。意以此第二办法较为妥当，无须日后之修改。

（二）轮渡所订搭客费，工部局认为须立一合同，以甲等一角，乙等五分为标准，如欲增加票价应求工部局同意。

（三）工部局承认新建码头之计划为满意。

（四）工部局于七、八、九月暂停轮渡办事处逐月缴交一百五十元，所以退让者，以轮渡设备未周，惟至缓。本年十月一日或提前新码头落成，不再用旧码头。

（五）所有双桨不予禁止已准，惟工部局对于诸条件以书面接受后，船牌捐即停止不征。

（六）双桨因轮渡而失业，轮渡办事处应设法补救，如至本年十月一日以前与双桨团体未解决，工部局有权可以声明废弛该合同。

基上条件该合同签订后，工部局负义务保护之责，工部局希望本月十五日能收到一百五十元缴款，以便航渡至七月三十一日。工部局亦以本修改条件能得贵市长暨轮渡办事处赞同。本兼领事亦请将该款于本月十四日以前送交过署，以便十五日前叫工部局准函。

英国驻厦领事兼领袖领事函中，指责厦门市政府对前任领袖领事山田二月二十五日的函件没有答复，7月1日要开航，又未征得工部局同意,事先亦不由领袖领事通知工部局,认为鼓浪屿工部局出面制止轮渡停靠鼓浪屿,是适当的。

在厦门市政府的交涉下,鼓浪屿工部局考虑因轮渡设备尚未齐备,同意从七月至九月每月缴交一百五十元,从十月一日开始,每月缴交的钱款从三百元降至二百五十元,先定为期三年,未满之前再行观察修改。并且提出以过渡人数抽取缴交费用的方法,每个从鼓浪屿过渡厦门的搭客,鼓浪屿工部局向轮渡办事处收取半分。采取这种办法由工部局设立一个旋转机自动统计人数。也就是每个从鼓浪屿过渡到厦门的搭客都要留下"买路钱"。

厦鼓轮渡的建造都由厦门市政府负责投入,鼓浪屿工部局并没有参与投资建设管理,但是作为帝国主义列强控制的鼓浪屿公共租界,工部局却以轮渡开航影响其双桨牌照费收入为由,强行要求厦门市政府和轮渡办事处缴交费用。在中国的土地上,中国的政府反而要向公共租界的管理机构上缴"买路钱"。可见,鼓浪屿公共租界已成"国中之国",在租界中,中国政府不仅丧失了行政管理权、司法管辖权,连同物权都丧失殆尽。

1937年7月13日,厦门市政府致英国领事兼领袖领事马尔定的公函,提出因为省政府尚未核准,本市长拟赴省面陈。本月十五日付款之期紧迫,要求鼓浪屿工部局对本案谈判展期至本月三十一日止。

1937年7月15日,英国驻厦领事兼领袖领事致厦门市市长李时的一五五号公函:

> 工部局董事会提出可以将期限延长至本月三十一日,但在本月十六日前须将一百五十元之款缴付该会。倘该款在十五日尚未上缴,厦门市府在十六日即不得令其开航。除非轮渡与工部局将此案磋商竣事。

(4)屈服列强缴款通航

1937年7月24日,工务局局长刘元瓒呈厦门市市长李时的公函,对英领事兼领袖领事七月十一日第一五四号函,关于鼓浪屿工部局要求厦鼓轮渡开航所列各条件,提出具体的意见:

(一)第一条和第四条所列要求月给津贴一层,在1937年工部局已将双桨船牌捐列入预算有关收支,而船工因受轮渡影响本身问题尚待救济,恐无力再负担工部局之船牌捐。轮渡管理处似应代偿此项捐款一百五十元,工部局即不得再收船牌费。当以1937年年终为期,期满即行停付。

至十月一日或新码头提前造成时,所缴捐数反增至二百五十元。认为使用自造码头营运,还要另加捐款,似更未尽合理。又称乘客不分等级,并永久收取半分等语,更属未便。

(二)第二条所列则规定,票价系依照目下情形为准,将来如遇有特殊情况必须斟酌改订,时当通知工部局查照。

(三)第五条所列则受影响之双桨船户,本在政府设法救济范围之内,工部局似无庸劳神干涉,且属过虑。

从这份档案可以看出,当时作为厦门市政府工务局局长的刘元瓒,对鼓浪屿工部局无理贪婪的要求都认为极不合理,愤愤不平。然而,在外国驻厦领袖领事和鼓浪屿工部局的强权干涉下,厦门市政府也只能做出妥协,接受鼓浪屿工部局提出的条件,接受工部局的制约,向鼓浪屿工部局缴付月偿,工部局不再阻挡轮渡船在鼓浪屿码头的停靠,换得厦鼓轮渡的开航。

1937年8月8日,英国驻厦领事兼领袖领事致厦门市市长李的公函:

贵市政府可以接受鼓浪屿工部局之条件,依此工部局与厦鼓轮渡以种种利便,并谓此事将于明晨(八月九日)具函证实答复。对于从鼓浪屿赴厦的轮渡乘客,工部局将不再予以阻止。

厦门市政府与鼓浪屿工部局关于厦鼓轮渡的争议和矛盾,最终在厦门市政府的妥协下,以接受鼓浪屿工部局的条件而结束,鼓浪屿工部局在此条件下,不再阻止轮渡公司的运营。

(5)历史档案揭示工部局的"吃相"

从现在保存的鼓浪屿公共租界档案来看,鼓浪屿工部局不仅在轮渡码头要收取"买路钱",所有的牌照都要收取牌照费,连养狗也要缴交五个大洋的牌照费。鼓浪屿岛上的住房等产业都要按照由工部局评估的资产价格,按照一定的比例上缴产业税。

现将工部局产业税收条附后,以便看官各位查照:

鼓浪屿工部局今收到郭白水先生交来本年上季产业税法币二十五元三角一分,非常时期附加税法币六元三角三分,总共法币三十一元六角四分。按照资产估值3375元征税。

按估值每百元年缴纳银一元五角,上半年份由西历本年正月一日起至本年六月三十日止此据。本季产业税缴交延过三月三十一日尚未缴纳者,每百元产业税应加纳五十元。

西历一九四零年正月一日   巴世凯印

不仅如此,在鼓浪屿公共租界之前,原来美国驻厦领事馆在鼓浪屿向清朝政府租的海滩租银是缴交清政府的。鼓浪屿成为公共租界后,美国领事馆在鼓浪屿租地的租银却要先缴交到鼓浪屿会审公堂,再由鼓浪屿会审公堂交给鼓浪屿工部局。附当年档案:

思明县政府公函

县长杨廷枢致鼓浪屿会审公堂委员罗

迳启者:准驻厦美国领事函送民国十九年份(即1930年)美领署海滩租银四十九元五角五,大北电报公司海滩租银五十元零七角四,归正公会救世医院海滩租银四十二元七角四,以上共银一百四十三元零三,除函复美领事外相,应将该项海滩租银函送贵委员查收转送工部局查收见复为荷,此致。

计送海滩租银壹佰肆拾叁元零叁分

从历史档案看,位于厦门岛的英租界的租银仍然缴交给国民政府。1924年2月27日,英国驻厦领事馆缴纳1924年地租致厦门交涉员刘的函:

迳启者:按照前清光绪十一年三月十三日会立约字,本国政府每年应完英国租界地租银一百七十六元七角一分。兹合将民国十二年份地租银一百七十六元七角一分代本国政府函送。

从上述厦门岛和鼓浪屿外国租地租银缴交的情况对比,就可以清楚看出,作为公共租界的鼓浪屿,中国政府已经完全丧失对其的所有权、管理权和司法权的控制,是名副其实的"国中之国",是外国殖民地性质的租界。

历史档案为我们透过时光的迷雾,揭开了厦鼓轮渡筹建过程中,那些帝国主义列强在鼓浪屿巧取豪夺的一段往事。这件事实也给那些认为鼓浪屿公共租界是外国人租借管理,主权还在中国政府手中的人一记清醒剂。历史是最好的教科书,也是最好的老师,国家不强就要任人宰割。只有在中国共产党的领导下,中华人民共和国的成立才使中国人民站起来,经过 70 年的奋斗,我们从站起来,到富起来、强起来,中国才能真正屹立于世界民族之林。

现在的鼓浪屿轮渡钢琴码头是经过几次扩建才成为目前的模样。在上世纪五六十年代,鼓浪屿轮渡码头与 40 年代拍摄的照片相差不大。70 年代,每年的春节轮渡出现拥挤现象时,鼓浪屿的武装基干民兵还要到轮渡码头执勤维持秩序呢。

1976 年,轮渡码头进行扩建,并建造了采用林金益工程师设计的半拱顶的候船室,因其外形线条类似三角钢琴盖的形状,又因鼓浪屿是著名的钢琴之岛,人们称为"钢琴码头"。轮渡码头扩建时,修建了轮渡船的避风坞,并将候船室的陆地部分向东拓展,与电船码头顶端相差大约 10 米左右。随着鼓浪屿旅游的发展,轮渡载客量不断增加,后又在原电船码头的北面扩建了一个新的码头,使现在鼓浪屿轮渡码头实际拥有两个候船室和两个停靠轮渡船的趸船。趸船也从水泥的换成钢制的,可以停靠载客五六百人的轮渡船了,厦门和鼓浪屿的交通设施更加完善了,能更好适应鼓浪屿旅游业发展的需要。

6.龙头路头和东方冰水厂路头的往事

龙头路头是鼓浪屿与厦门岛海上对渡最古老的路头之一,在黄家渡一带尚未填海造地之前,龙头路头所在的位置位于鼓浪屿东部海岸比较适中又靠近厦门岛的位置,附近的居民比较集中,在鼓浪屿早期道路比较简陋的条件下,是一个过渡的理想位置,也是当年相当长时期,舢板船集中停靠的主要码头。我们从留存下来的老照片可以穿越时空,看到当年龙头路头的繁忙景象,看到随着时光的流逝,龙头路头、东方冰水厂路头、电船码头、轮渡码头和黄家渡码头这几个相邻的码头兴衰交替的变化。

早年花岗岩石材建造的龙头路头,在上世纪 60 年代以前还是

　　这幅照片是龙头路头等待运输客货的舢板,船工使用竹竿和铁制钩具制成的搭钩固定舢板,这些载客的舢板都有遮阳的布棚

　　这张照片应该拍摄于 20 世纪 30 年代。繁忙的鼓浪屿龙头路头、东方冰水厂路头和黄家渡路头,码头旁停满了等待载客载货的舢板船。黄家渡码头旁海边竖着"爱卿:空包留存"和虎标万金油的广告牌,可以说明当年鼓浪屿商业的繁荣

厦门舢板社来往厦鼓客货运输的码头,从60年代以后,厦门舢板社主要使用三丘田码头作为客运码头,龙头路头因运输功能慢慢退化而损毁了。东方冰水厂码头在我还是少年时代的上世纪60年代已经损毁了。

当年从轮渡码头上岸以后,龙头路口海滨原东方汽水厂、厦门酒店等三座建筑临海而建,阻断了通往黄家渡的道路,民房旁边原来还有一座仓库式的建筑,是当年厦门分析仪器厂的厂房。上世纪80年代,修建鼓浪屿环岛路时,为了打通轮渡沿着海边通往黄家渡的道路,在龙头路口临海而建的三座建筑前进行填海造地,修建了道路。1997年左右,龙头路口的这些老房子拆掉了,在轮渡广场与黄家渡码头之间修建了花园,美化了鼓浪屿的门面。

7.黄家渡码头的往事

　　20世纪30年代,龙头路头、黄家渡至三丘田路头一带,海面上舢板船很多,当时这一带是厦门岛与鼓浪屿海上运输的主要区域。舢板船就是当时厦门与鼓浪屿海上运输的主要交通工具

(1)填海造地的黄家渡

黄家渡码头现在所在的位置,历史上就是海。黄家渡码头是这

　　这张上世纪 50 年代末期拍摄的照片，从鼓浪屿轮渡海边拍摄沿岸的码头。近景是还在运行的龙头路头以及近旁的东方冰水厂路头，往北依次是黄家渡码头、和记码头、三丘田码头和中谦码头。这是上世纪 80 年代鼓浪屿东部海滨几个小海湾填海造地之前的形态

现在成为鼓浪屿主要货运码头的黄家渡码头(林聪明拍摄)

片海湾填海造地后的产物，在鼓浪屿的码头建造史上，属于后来者。

20世纪20年代的几次填海造地，陆续形成了从黄家渡码头到原来航海俱乐部的平直的海岸线，这条岸线超过了原来的和记码头岸线，使和记码头处于凹进去的海湾之中。

原来鼓浪屿日兴街和蓬莱旅社一带是一个避风坞，印尼华侨黄奕住在1924年前后填海造地，并在形成的地皮上修建了日兴街，成为当年鼓浪屿岛上一条热闹的商业街（现在鼓浪屿三友假日商业中心西侧的道路，已经并入龙头路）。

原来的鼓浪公园，现在厦门海底世界到黄家渡一带也都是海滩。1927年越南华侨黄仲训从当年的龙头路头附近的厦门酒店北面到当年的和记码头附近，修筑一条约300米长的堤岸，并与当年和记洋行的栈房堤岸相连，形成黄家渡一带的陆地，并在靠近龙头码头的地方修建了黄家渡码头。黄家渡码头与鼓浪屿的古路头在建材的使用和结构上是完全不同的，它是钢筋混凝土结构的码头，并且在码头的入口处修建了一座门楼，门楼高7米，宽9米，门楼过道进深2.5米，宽5米，门楼顶冠上横书"黄家渡"三字。

填海造地后的黄家渡地块，历史上曾经做过何姓码头工人的聚居地、民产公司堆集垃圾和粪便的场地和运输码头、盐务局露天堆盐场、饮食市场等。解放以后，这一带曾经成为菜地、苗圃、煤球厂、航海俱乐部，先后修建了和平公园和鼓浪公园。改革开放以后，开发建设了龙泽花园别墅和厦门海底世界。

到了大概上世纪70年代，鼓浪屿区政府在黄家渡码头后面的地块上建设公园，作为居民休闲的地方。80年代，建成一定规模的鼓浪公园是当时每年元宵节组织元宵游园活动的主要场所，当晚，龙舞狮队和花灯队从鼓浪屿人民体育场出发，沿着晃岩路、龙头路敲锣打鼓，燃放鞭炮，道路两旁站满看热闹的居民。游街队伍进到鼓浪公园后，元宵游园活动就开始了，有舞龙舞狮、歌仔戏演出、猜灯谜、各种游艺活动、花灯展览、燃放烟花等活动,到处是欢声笑语。到了1996年,鼓浪屿区人民政府为了发展鼓浪屿旅游业,与新加坡企业合作建设厦门海底世界,成为一处展示海洋生物的旅游景点。可惜的是鼓浪屿的元宵民俗活动也基本没有了。

(2)货运集散码头黄家渡

黄家渡从建成以后就一直是鼓浪屿的主要货运码头,供应鼓浪屿的生活用品和屿建筑需要的建筑材料,当年鼓浪屿除了岛上的四家国营企业以外,企业的生产原料和生产的成品大部分都从黄家渡码头运输。位于内厝澳的厦门玻璃厂和厦门灯泡厂有自己的专用码头,位于坞内的厦门造船厂鼓浪屿车间在靠近燕尾山的地方有专用的码头,位于三丘田和河仔下之间的厦门绝缘材料厂也有专用码头。当年鼓浪屿岛上市属工厂还有厦门电容器厂、厦门分析仪器厂、厦门第三塑料厂。鼓浪屿区属企业有鼓浪屿无线电厂、鼓浪屿高频设备厂、鼓浪屿胶木厂、鼓浪屿织布厂、鼓浪屿综合厂、鼓浪屿工艺绣品厂、鼓浪屿第二分析仪器厂等,这些企业有着四五千的工人。岛上还有水产研究所、725研究所、亚热带植物引种园等科研单位,有厦门第二医院、解放军194医院、海军鼓浪屿疗养院、鼓浪屿宾馆等服务机构,企业原材料和产品的运输、岛上生活的将近3万居民的生活资料的运输,主要都依靠黄家渡码头进出。人员的进出主要是依靠鼓浪屿轮渡码头和三丘田码头。所以,黄家渡实际上承担了鼓浪屿对外水上货物运输的任务。

黄家渡码头往北的地块是当时鼓浪屿最脏最臭的地方,这里是当年岛上垃圾和粪便集中和出岛的集散地,福州路35号就是早年的民生公司的所在地,横梁上至今还留有匾额。这是一家专门从事街道卫生打扫和垃圾、粪便的清运的公司,这里建有公厕、垃圾场和大粪池。当年多数住房都没有卫生间,每家每户都有马桶,闽南人叫作"尿桶"。每天清洁工人在早晨和黄昏都要拉着垃圾车和粪车到居民区给居民倾倒垃圾和倒马桶。那时我们称环卫工人为"扫垃圾""倒粗尿"的,环卫工人的工会叫"清洁工会"。当年垃圾车的四面护板高一米左右,漆成绿色,清洁工以摇铃声为信号,一听到倒垃圾的铃声,大人小孩都要赶快把家里的垃圾端出来倒到垃圾车里,这种方法一直到90年代改作上门收垃圾才停止。

当年鼓浪屿岛上的粪车也是木制的,板车架上安放着长方形的箱体,靠近箱体前头的上方有一个四方形的口用于倒粪便,可以用木盖子盖上,箱体后面的底部中间有一个圆口,可以用木塞塞住插销锁死,粪车倒满后拉到黄家渡码头旁边的倒粪池边,清洁工人拔掉插销拉出木塞,就可以很方便地将粪便卸到大粪池里。清洁工人将粪车拉到居民点倒粪时,与倒垃圾不同的是采用喊声为信号,清洁工人会用闽南话将"倒尿"拉长了音调,你听起来"倒"是重音,"尿"则拉长成了拖音,很有节奏感,老百姓还把拉粪车戏称为"拉音箱"。

上世纪90年代,我还在鼓浪屿区工作时,每当春节前夕,很多从农村来城里当清洁工的农民要回农村老家过年,鼓浪屿区委、区政府的领导和干部都要担任临时的环卫工,在过年前的几天拉着垃圾车上街给居民倒垃圾,那几年的除夕,我都要劳动完后,回到区委办公楼简单洗下澡,才回家吃团圆饭的。

8.和记路头和海湾的往事

鼓浪屿龙山洞口往三丘田码头前行,就可以看到一座早年货栈的残墙,这就是当年英商和记洋行的货栈,鼓浪屿人称为"栈房"。栈房前就是"和记海湾",海中建有和记路头。上世纪80年代末,和记海湾填为陆地,历史的变迁已经物是人非,让我们回溯当年的那段历史。

第一次鸦片战争以后,厦门成为通商口岸。帝国主义列强纷

1880 年在旗山拍摄的鼓浪屿海湾和路头，最靠前的就是和记路头

这张从厦门同文顶拍摄的鼓浪屿轮渡码头至和记码头的照片，时间应该在 1938 年左右，黄家渡一带海滨已经填海造地完成，鼓浪屿轮渡码头已建成使用。这张照片可以印证 1935 年鼓浪屿地图标示和记码头有三个路头是准确的

纷来到鼓浪屿设立洋行，创办公司。他们大刮地皮，兴建码头、货栈、公馆等，到 1882 年，厦门的洋行数量已达到 23 家。当年鼓浪屿上的这些洋行表面上是从事贸易活动，但实际却从事贩卖华工和鸦片等罪恶勾当。

当年和记码头的遗迹，只有当潮水退到低点时，才能看到当年和记码头留在滩涂上建造码头的石头（林聪明拍摄）

创办于 1845 的英商合记洋行（1862 年股东换人，名称改为和记洋行），陆续在三丘田附近修建码头，填海造地建造栈房。因码头所建之地的后面是陡峭的山坡，又是和记洋行的所在地，因此叫"和记崎"。从历史地图和老照片，以及我实地生活的所见所闻，和记洋行在和记崎两座临海的栈房前修建了两个码头，上世纪 30 年代最多达到三个码头。合记洋行和德记洋行都是掠夺和贩卖苦力华工的主角，他们利用欺骗手段甚至暴力手段，把中国的青壮年关在洋行的"猪仔馆"，然后用小船运送到停泊在锚地的外国货轮的舱底，运往外国贩卖。

何丙仲先生所著《鼓浪屿公共租界》记载了一段历史：1852 年11 月 21 日，和记洋行的大班公然冲进衙门进行恐吓，强行要将拐骗青壮年华工的沈某从兵营里解救出来，因而双方引起冲突。第二天，包括鼓浪屿在内的厦门十八保民众罢市示威。24 日，英军悍然向当地群众开枪,惨死 12 人,伤 16 人。暴行进一步激起民众的愤怒,英国人也只是对当事人罚款了事。外国洋行仗着外国列强的武力,肆意掠夺中国财富,残害中国人民,他们所获得的财富,浸透了中国人的鲜血和眼泪,这段历史每个中国人都不能忘记。在和记路头和三丘田一带曾经有过 6 座栈房,这些栈房是外国洋行当年堆放货物的主要仓库。

在我的孩童时代,和记路头就只剩下一个可以使用的码头了,其他的都已经毁坏,只留有码头遗址和滩涂中的条石。和记路头到上世纪 80 年代初还在使用,码头南侧的地块是填海形成的,上面建有一座大栈房。在栈房朝向厦门岛的东面堤岸处还有一座已毁坏的和记路头的残留部分。和记路头和栈房背后是一个陡峭的山坡,当地人称为"和记崎",就是现在鼓浪屿龙山洞口的陡坡处。

1927 年,越南华侨黄仲训在当年龙头路头旁厦门海景酒店至和记崎一带海湾填海造地时,堤岸呈九十度折弯延伸,与原和记路头南侧的栈房堤岸相交。

在一百多年前,和记崎朝北走向的岸线原来一直延伸到燕尾山,从 1880 年拍摄的鼓浪屿老照片可以印证,从燕尾山海边的山坡上一眼望去,依次可以看到当年救世医院旁边的海关总巡公馆码头、河仔下码头、三丘田码头、和记码头和龙头码头。

大约在 1927 年左右,王仔添在鼓浪屿开采石料,制作石雕发财以后,在三丘田路头的南侧筑堤填海形成一块三面环水的矩形地块。这个地块的北侧形成一条连接三丘田路头和原美国领事馆靠海大门的道路,长 50 多米,紧挨着道路建造了一座长方形的住宅楼。南侧的岸线与和记路头平行,东侧岸线朝向厦门岛,长 60 多米。这块面积大约 3500 平方米的地块,三丘田的居民称作"下三丘田"。

下三丘田的南侧岸线与和记路头附近的海域成为一个"凹"字

形的海湾,这个海湾长约 100 米,宽约 60 米,因小海湾中有和记洋行的码头,岸上是和记洋行的栈房,所以当地人将这一带统称为"和记"。今天从龙山洞前往三丘田旅游码头的柏油马路就是当年和记海湾的海岸线。

鼓浪屿原来就是一个麻雀虽小,五脏俱全的独特海岛,岛上有碾米厂、豆制品厂、食品厂、米粉厂、杀猪的屠宰场、甚至有火化场。解放以后,和记码头一直是从龙海用传统木帆船运粮到鼓浪屿碾米厂的唯一码头,英商和记洋行的两座栈房作为鼓浪屿碾米厂的厂房和仓库一直使用到上世纪 70 年代。当时为了粮食储存的需要,还在旧栈房旁边新建了一排仓库。

每当夏收和秋收以后,从龙海粮食主产区收购的稻谷就用木船运输,经九龙江出海口和厦门港航道运往鼓浪屿,运粮木帆船乘着涨潮的高水位停靠和记路头,在码头和船之间搭一条木头跳板,搬运工肩上搭一条布,将每袋一百多斤的稻谷扛上肩,从船上经过窄窄的跳板走上码头,扛进碾米厂的仓库。搬运工每扛一袋稻谷就从记工员手上拿到一根竹签,作为结算工钱的凭证。当年鼓浪屿人吃的大米都是这个碾米厂加工出来的,当年因为生产的需要,隔着马路的两个栈房之间的还专门架设了一条空中廊道连接仓库和碾米车间。

除了和记路头旁边的两座栈房外,附近的三丘田还建有四座栈房,其中一座屋顶坍塌的栈房,长期空置,里面杂草丛生,在上世纪 70 年代被房管所改建为五层楼的居民楼,门牌编为三明路 25 号,三丘田居民习惯上称为"五楼"。我家从房管所租住的一套住房就是三明路 27 号,与之相邻,从窗户可以直接看到黄奕住家"黄仔厝"的花园。

在上三丘田与黄仔厝花园相邻的还有三座栈房,两座有屋顶,一座屋顶已经坍塌,里面种过香蕉,我少年时代经常跑到里面玩。

和记路头和六座栈房都是厦门五口通商的历史见证,在上世纪 70 年代这些栈房都还保存着,其中一个栈房在上世纪 50 年代曾经作为厦门打捞公司的食堂和会场,打捞公司还经常在那里演出芗剧,我还是小孩子时看的芗剧《桃花搭渡》,几十年过去了还历历在目,几句唱腔还能朗朗上口。后来这几个栈房改作鼓浪屿胶木厂,主要生产一些电器配件和开关。上世纪 90 年代由于企业生产出现困难,也因为鼓浪屿确定发展旅游业,将鼓浪屿胶木厂厂房和土地盘给厦门工商银行,所得到的几百万用于这家区属企业的工人安置和后续工作。原鼓浪屿胶木厂的地块改造成现编三明路 47 号、53 号、57 号三座别墅。

和记路头的这个小小海湾是附近居民游泳的主要浴场,每到夏天涨潮时,长石条铺就的码头上总是挤满游泳的人群,在码头附近的海面上打水仗、用各种姿势游泳、打水球,一些人分成两队各占堤岸一个花岗岩砌成的护墩,玩水上捉迷藏的游戏,跳水声、喊叫声、欢呼声响成一片,到今天还历历在目,犹如在耳边回响。

这个海湾还是当年厦门轮船总公司航行香港、广东等地船舶维修停泊的好地方,这些货船长 36 米左右,几百吨位(最大排水量 340 吨)的船舶由于外表油漆成黑色,俗称其为"黑乌贼"。这些船舶航行一段时间后,船底就会爬满海蛎、淡菜等有壳类和海藻影响航速,要停靠在和记海湾进行保养。当退潮以后,船向一边倾斜时,船员就要拿着铲子、刷子等各种工具将附着船底的有壳类和藻类铲除冲洗掉,然后在船底堆放柴草点燃,用火的热量将船底烘干,在潮水还未涨上来时刷上油漆,对船进行保养。

到 20 世纪 80 年代末,鼓浪屿区从三丘田堤岸到原厦门航海俱乐部堤岸修建一条堤岸连接起来,作为开挖龙山洞土头和岛上垃圾的填埋场,将和记海湾填为陆地,从三丘田就可以沿着海岸线直达轮渡码头了。

地是扩大了,路是方便了,但是鼓浪屿少了形成优美曲线的一个海湾,历经一百四十多年风风雨雨的和记路头被埋在土里面,和记路头旁的两座栈房也被拆毁,只剩当年作为碾米厂车间的栈房还残留两堵残壁,仿佛还在提醒人们这里还有一段不该忘却的历史,还在默默地诉说着厦门五口通商口岸历史变迁的故事。

9.三丘田路头的往事

1880 年从三丘田路头后面高坡拍摄的厦鼓两岸风光,三丘田路头朝向厦门岛的海滨有三座古路头,从左至右依次是海关总巡公馆码头、河仔下码头和三丘田码头。当年从三丘田码头到燕尾山附近海关总巡码头一带没有什么建筑,还是海滩和岸线

据说,一百多年前有洪姓居民于此开垦三块田地,故称三丘田,附近修建的"路头"就叫作"三丘田路头",从一百多年前留存下来的老照片来看,三丘田的这个码头已经是当时厦门和鼓浪屿海上运输的主要码头了。

从鼓浪屿的老照片来看,从和记崎往北一直到河仔下的海岸线弯曲度并不大,基本呈一条比较平直的海岸线。大约 1927 年左右,华侨王仔添在三丘田路头以南,和记路头以北往海中间填出东西 50 多米,南北约 65 米,3000 多平方米的土地,这块北邻三丘田路头和美国领事馆,南邻和记路头筑堤填海形成的地就叫"下三丘田"了,王仔添填海之前的地方称为"上三丘田"。王仔添在填海的

照片中的码头就是当年的三丘田路头，码头后面几座一层建筑物是当年和记洋行的栈房。正对着三丘田码头的两层别墅是现在鼓新路42号的"黄仔厝"，由法国人建于19世纪末期，后被黄奕住的长子黄欣书购买作为住宅。建于悬崖上的是汇丰银行公馆，建于1876年。照片右侧临海建筑物是当年的美国领事馆，左侧临海的两层拱廊建筑是一位美国医生的住宅。王仔添尚未在三丘田填海造地。这张照片拍摄的时间大约在20世纪20年代之前

地块北侧建起一座两层的楼房，楼房与海之间只留一条不到3米宽的道路。

三丘田路头在很长的时间里，都是厦门舢板社从厦门水仙码头到鼓浪屿的主要的客运码头，每条长6米的舢板船可以载客12人。因为当时厦门玻璃厂、厦门灯泡厂、厦门造船厂鼓浪屿车间和厦门第三塑料厂在内厝澳一带，因此，三丘田路头成为这些企业工人来往厦鼓的重要码头，一段时间还专门开通载客的电船。作为厦鼓海上客运码头的三丘田路头一直运营到上世纪80年代。我从小就生活在三丘田，长大以后，还经常替父亲摇橹运载客人来往于厦门和鼓浪屿之间。

三丘田不仅是厦门与鼓浪屿之间海上运输的重要码头，由于

它的地理位置和条件,还曾经是厦门打捞公司和厦门海上航标灯设施的维修基地。

解放以后,三丘田和原美国领事馆是厦门打捞公司所在地,打捞公司在"海沙坡"还建有翻砂车间。当时主要打捞抗日战争后期,在鹭江被盟军飞机炸沉的日本军舰。在我的孩童时代,厦门打捞公司的打捞起重趸船经常停靠在三丘田海边。这种打捞起重趸船自身没有动力,需要拖船拖驳,停靠在打捞趸船旁的还有一条专门负责潜水员作业的船,船上最明显的标志就是一座中间支撑,两边横杠翘起,由人工在两边上下按压为潜水员打气的设备。潜水员的潜水服用很厚的帆布制成,胸前和背后还要挂着铅坠,戴上潜水头盔,头盔与潜水服紧密地锁在一起,头盔连着通气管道,装备好后从船旁的梯子下水。潜水员在水下作业时呼吸的水泡会不断地从水底冒出水面,船上可以通过电话与潜水员通话。

我的当了一辈子船工的父亲有一段时间在打捞公司工作,当打捞起重趸船停泊三丘田时,我会跑到船上玩。起重趸船的前部竖着由两根巨大木头构成的"人"字形架子,起重架往前倾斜,架子后面由粗大的钢索拉住,起重的绞索靠一组齿轮组带动绞盘,初期都是靠人力转动绞盘,后来才改为电动装置。

厦门打捞公司的潜水员在水下作业时发生过一次事故,水下爆破的炸药安装好后,潜水员还没有安全撤离时,不知何因炸药爆炸了,导致潜水员死亡。打捞公司在三丘田为死者举行了隆重的葬礼,遇难的潜水员装殓在红棺木之中,在我的童年记忆中印象十分深刻。

当时从海中打捞起来的钢铁都用起重趸船运到三丘田码头两边的沙滩和滩涂之中,有整块的甲板、船舱,也有巨大的铁锚。时间放久了,铁板上都长满了海蛎,涨潮以后会有不少鱼游来寻找食物,因此铁板的附近也是我们垂钓的好地方。当时在靠近原美国领事馆大门的海边放着一门巨大的铁锚,锚杆就有四五米长,重量有好几吨重,一个铁链的环就有一二十斤重。

当年打捞起重的趸船在海中时间长了,就会长满海蛎、彩鸾等贝壳类的东西,影响船行走的速度,都要靠泊在三丘田海滩进行维护保养,这时可是我们这些海边孩子收获的时刻,我们带着挖撬的铁制工具,带着箩筐,一拥而上纷纷钻到趸船的底部,用工具将船底的海蛎和彩鸾撬挖下来,装到自己的箩筐中。在当时物资比较匮乏的年代,这些海产品可以让大家好好地改善一下生活,享享口福。

由于起重趸船的船底比较平,退潮后靠一边倾斜,翘起的另一边空间也是很有限的,钻到船底撬挖彩鸾和海蛎等海产品也是很危险的。这种讨小海的方式发生过一次悲剧,有一次打捞起重趸船的一半还在水中,实际上船还没有停稳,我们邻居的很多人就迫不及待地钻到船底撬挖海蛎和彩鸾,忽然间趸船朝有人的这边倾斜过来,有好几个人被压在打捞起重的趸船底下。这突然发生的灾祸,造成一阵的惊慌,接着哭叫声响成一片,船上的工人赶紧将船上的枕木等东西丢下来,用铁锹挖土,用枕木垫住船底,防止船底进一步的倾斜。经过一阵紧张的抢救,几个位置比较靠近船中间龙骨,有一点空隙,个子比较瘦小的,没有直接被趸船压住的被抢救了出来,我一个同学的姐姐被船压住不幸身亡。此事已经过去几十年了,回想此事,当年的情景还历历在目,真是往事不堪回首啊!

打捞公司后来迁往厦门以后,三丘田长期作为海军航标兵维修航标的基地,海边还设有高高的起重机用于起吊航标。"海沙坡"平时都堆放着一二十个从海中拉回来保养的航标灯,以及在海中固定航标的铁链和铁锚。每当维修航标时,敲击航标铁锈的撞击声不绝于耳,起重机的卷扬机房的墙上还写着大幅标语"敲铁锈也是干革命"。后来维护航标的任务由厦门航标区接管,再后来也搬到东渡去了。

10.中谦路头和三丘田海湾的往事

　　这张照片是 1910 年从原汇丰银行公馆左侧山坡拍摄的,左下角房子是现编鼓新路 65 号,右下的栈房是中谦路头的仓库,右下角码头是中谦路头,往左依次是总船路头和救世医院路头,河仔下路头被照片中山坡挡住了

靠近三丘田码头的原中谦码头,现在已经停止使用了(林聪明拍摄)

20世纪初位于三丘田的美国领事馆(旧馆),建筑旁建有美国领事馆专用路头

1930年新建的三丘田美国领事馆,照片右侧就是中谦仓库。1985年,三丘田海湾填海造地修建三丘田旅游码头,原美国领事馆临海堤岸上修建的围墙,就是现在从三丘田旅游码头通往龙渊别墅道路的围墙

在三丘田码头旁边就是原美国领事馆,三丘田一带民众俗称为"花旗关"。这是一座建于1930年的两层以红白色为主色调的

欧式建筑。

1844 年 7 月，美国先在鼓浪屿田尾球埔边设立邮政处，代行领事馆事务。1849 年至 1854 年美国首任领事俾列利查士威林就在厦门活动，但没有建造领事馆。1871 年，美国在三丘田路头附近得到一块地产，1871 年至 1891 年，让其他外国人在此创办一所海员医馆，1893 年开始作为美国领事馆的馆址。当年的美国领事馆有一个自己的路头，在 1908 年鼓浪屿的手绘地图上有专门的标注。但是这座原美国领事馆的专用码头应该在新馆建造时就废弃不用了。从我的孩童时代起，在三丘田路头和中谦路头中间只有残留的码头的一些花岗岩石条静静地躺在滩涂上，仿佛在诉说当年的那段被人们遗忘的历史。

1930 年，美国领事馆拆除了临海而建的旧馆，馆址从原来临海较低的位置移到山坡较高的位置，重建了现在的这座建筑，临海修筑堤岸，作为网球场。至 1941 年 12 月太平洋战争爆发，美国在鼓浪屿设立的领事馆中行使驻厦领事事务，支持美国传教士和美国商人进行宗教和经济活动。抗日战争胜利以后，该馆曾借给菲律宾作为领事馆。解放以后，曾做过厦门打捞公司的办公场所，也曾一度作为厦门市干部疗养所和福建省海洋研究所，并曾作为对外开放的旅游酒店"华风山庄"。这是鼓浪屿目前保存的两座外国领事馆旧址之一。

在原美国领事馆北侧，河仔下路头的南侧，当年有一座中谦栈房，从留下来的历史老照片来看，这座栈房有四个双坡面的屋顶，规模不小。这座栈房紧邻海边，修建一座停靠船舶，装卸货物的码头，当地人称为"中谦路头"。中谦路头是由菲律宾华侨林中玉和姻亲洪子谦合资开发经营的，取两人姓名中一个字，名为"中谦栈房"。"中谦栈房"解放以后作为工厂厂房，原来是公私合营的协发塑料厂，生产纽扣，三丘田的居民习惯上称为"扣子厂"。上世纪

60年代时生产胶木电器,后来成为厦门绝缘材料厂。上世纪80年代,工厂搬迁到厦门,厂区改变用途开发成龙渊别墅。目前中谦码头只剩下一个废弃不用的码头了。

从三丘田路头至中谦栈房路头为凸出的两端,以原美国领事馆的围墙为界,形成一个长方形的海湾,这是我从小生活的主要海域。

1985年,从三丘田码头的堤岸到中谦路头修筑一条堤岸,采用绞吸式挖泥船作业,填海造地修建了三丘田旅游码头和荷花舞厅。当年这个码头只停靠轮渡公司环鼓旅游的船只,从荷花舞厅通往荷花亭的引桥成为附近居民休闲、乘凉的好去处。

2004年,三丘田的居民区在旧城改造中,被成片拆除了。随着鼓浪屿旅游业的发展,三丘田码头进一步扩大,成为外地游客进入鼓浪屿的主要码头。

11.总巡码头、救世医院码头和河仔下海湾的往事

1880年的从鼓浪屿望厦门岛的照片,当时鼓浪屿河仔下一带还没有什么建筑物,海中的码头是总巡码头

　　1948 年,已经建院 50 年的鼓浪屿救世医院全景,医院前面是河仔下码头和河仔下海湾。起重设备是起吊航标灯浮筒的,海湾后来成为厦门舢板社的船厂,上世纪 70 年代船厂搬到厦门。725 研究所搬到鼓浪屿时将海湾填掉(林聪明翻拍)

　　当年河仔下总巡码头的遗址,只剩下躺在滩涂的码头残骸,海中的方形建筑物就是 725 研究所用于油漆实验的设施(林聪明拍摄)

　　从中谦路头往北就是"河仔下"海滨了,河仔下海湾南侧紧靠中谦栈房和码头,在靠近中谦路头一二十米处有一个古路头,就是

"河仔下"路头,在我的少年时代,这个路头已经废弃不用,但是残缺的路头还在。

河仔下海湾的西侧是黄土的悬崖峭壁,距离鼓新路只有十几米,悬崖边原来生长着一排的芦竹,旁边有一小块地瓜地。鼓新路的西侧建筑就是当年的厦门海关理船厅,我们当地人称为"总巡"。从地形看,当年的厦门海关理船厅是选择建在燕尾山南侧的这块台地上的,并在河仔下海湾的北侧建造了码头。

1843年11月1日,根据《南京条约》厦门成为五口通商口岸,正式开埠后,大批帝国主义列强的商人来到鼓浪屿设立洋行、开办公司,对中国进行经济掠夺。1862年3月30日,外国列强在厦门设立海关税务司,在鼓浪屿设立海关理船厅,厦门海关和港务管理大权就控制在外国人手中了。海关和港务管理大权的丧失,意味着厦门进一步半殖民地化,成为外国列强侵略中国,进行经济掠夺和文化侵略的重要基地。

厦门海关理船厅公所是一座有地下防潮层的两层西洋式别墅建筑,南立面地下防潮层和二楼为连续五个方柱拱券柱廊,与东立面的三个拱券柱廊相互贯通。一楼两个立面为方柱横梁式柱廊,三层楼的柱廊对称中又有变化,整个立面显得稳重,又似高中低不同的节拍。一二楼柱廊的护栏采用绿色釉面陶瓷花瓶状栏杆,用花岗岩石板作为线脚和压顶,天台的女儿墙同样采用柱廊栏杆的用料,天台挑檐下有小花饰。房间通向柱廊阳台的是方形玻璃门和百叶木门双层门。厦门海关理船厅公所的东立面和北立面成锯尺状,主入口的圆拱门位于建筑锯齿状折角的部位,拉长了通向大门的阶梯,形成一种纵深感,门柱式院门与水泥阶梯直达大楼入口。

这是一段与中华民族屈辱史紧密相连的历史,随着中国人民的觉醒和解放,厦门海关理船厅公所也走入了历史。

厦门海关理船厅的码头靠海岸的上半部是水泥建造的桥墩和

墙面,桥面上铺设铁轨,用于涨潮时将海上铁制的航标用车拉到岸上,再进行除锈油漆保养。码头的下半部分是采用花岗岩石条建设桥墩和铺设桥面的,是理船厅和其他人员过渡的主要码头。当年海上航标灯的设置和维护归属厦门海关理船厅负责,总船码头的历史照片也可以佐证。

解放后,这里长期作为海军航标兵维护海上航标的基地,这里相当长时间是海军航标兵部队的驻地,当年部队还在燕尾山平整修建一个操场,是部队操练和放映露天电影的场所,每逢部队放映电影,我们一群少年就早早来到操场等候,有时看电影的人多了,我们就坐到电影幕布的背后,反着看电影,这可是当年的一大景观。当年,实实在在是军民一家亲,真正是像毛泽东主席说的"军民团结如一人,试看天下谁能敌"。"总巡公馆"作为部队的驻地,完全是对老百姓开放的,我们一群少年经常在里面玩单杠和双杠,在部队驻地的院子里逛,大门口的芒果树果子熟了,我们就爬上树摘果子。当年的部队营房也不必要在门口画上一道黄线,立个"哨兵神圣,不可侵犯"的牌子。改革开放后,鼓新路60号原"总巡公馆"曾作为厦门航标区的办公楼,现在这座楼没有人办公,空置着。上世纪90年代,厦门航标区在院子里的空地上修建了好几座宿舍楼。

厦门理船厅公所办公楼旁有几千平方米的空地,空地上竖立着两个铁制的无线电发射塔,是海关无线电台旧址,建于1933年,1935年竣工使用,是海关与船舶无线电联系的设施。

总巡码头右侧是一个小海湾,靠岸的是沙滩,下面是沙土混合泥质的海滩,原来厦门舢板社的造船厂就在这里,主要建造和维修舢板船。我的少年时代经常到这里捡拾柴火,造船工人修船时,用斧头劈下和刨刀刨下的木材碎片,就是我们最好的战利品。上世纪60年代,船厂的一个工人在总巡码头边还抓到一只水貂。这一带海域也是中华鲎产卵繁殖后代的地方,在退潮后的河仔下滩涂,经常可以看到幼小的中华鲎。

上世纪70年代初,厦门舢板社的造船厂搬到厦门岛,随后厦门725研究所搬到鼓浪屿,将河仔下的小海湾填海成为陆地,建造研究所的办公楼,总巡码头被毁掉,现在只剩下深水区的一小段残损的码头,只有在退潮时站在环岛路才可以看到。

随着岁月的流逝,原来部队平整建设的操场也已经成为厦门第二医院的宿舍区。原来救世医院改为厦门第二医院肺科,也随着厦门第二医院搬迁到集美,人去楼空,房屋也被改建,已经不是往日的光景了。我们只能从老照片中看到当年的情景。

在总船码头的北侧,燕尾山南侧建造的鼓浪屿救世医院,是1897年租借河仔下海滩地填海建造的,从鼓浪屿工部局留下的历史档案可以查到,美国归正教会租借这块海滩地所缴交给清政府的租银,在鼓浪屿工部局成立以后,却要缴交给工部局的缴款单据。从历史照片和鼓浪屿的地图可以知道,早年的救世医院建有自己的码头,称为"救世医院码头",后来救世医院主要使用厦门海关理船厅的总船码头,原救世医院码头就弃用毁掉。

解放以后,鼓浪屿救世医院与林文庆、黄奕住等华侨创办的鼓浪屿医院合并,组建了厦门第二医院,原鼓浪屿救世医院成为第二医院的肺科,直到本世纪初,厦门第二医院迁出鼓浪屿。现在的原鼓浪屿救世医院的旧址改建成"故宫外国文物陈列馆"。

第二章

依海为生"三丘田"

　　鼓浪屿的三丘田，一个有历史有故事，临海而建，依海为生的城市聚落，一个以旧城改造的名义拆迁，已经没有居民，消逝了的故土。三丘田的旧居和宽敞的海沙坡留下了我从童年到中年的记忆，也记载了与鼓浪屿发展息息相关的人和事，流淌的岁月中又有几多欢乐，几多辛酸，几多惆怅。

一、三丘田的来历

　　鼓浪屿的三丘田与三丘田码头是紧密联系在一起的，一百多年前有同安洪姓居民于此开垦三块田地，故名三丘田。三丘田海边用花岗岩条石建造的码头，就叫"三丘田路头"了。一百多年前留存下来的手绘地图和历史照片都可以佐证，三丘田这个临海的聚落与三丘田老码头相依相存。三丘田码头早已经是当时厦门和鼓浪屿海上运输的主要码头了，随着码头运输的发展，三丘田这个以船工和搬运工为居住主体的聚落也逐渐发展起来。

　　从鼓浪屿的发展历史来看，三丘田的地理位置十分重要，在1927年黄家渡一带海域还未填海造地之前，三丘田就是鼓浪屿海上运输的一个重要节点。三丘田聚落紧邻当时英国人开办的和记洋行与和记码头，三丘田的民房和洋行的栈房交错分布，互为邻里。三丘田码头旁边早年是美国海员医院,后成为美国领事馆。

上世纪 20 年代,王仔添在三丘田填海造地的土地上建造了一座两层楼房,并在楼前留下一大片空地,这块地方就称为"下三丘田",不是填海造地的区域就叫"上三丘田"。我们一家就住在下三丘田的这座楼房,原来道路名称叫作"三和路",与历史上附近曾经有一座"三和宫"相关。

这张从和记路头至中谦路头海岸线的照片,拍摄于 20 世纪 30 年代,三丘田码头位于中间,八卦楼下面紧靠三丘田码头的是一座完整的两层建筑,就是我的老家(紫日提供)

三和路改为三明路大概在上世纪 60 年代初,因为在我的少年时代,路名还是"三和路",后来才以福建省三明市的市名命名。当年三和路单号门牌起始于和记码头旁的和记栈房,三和路双号门牌起始于填海造地盖起来的这座两层楼房。早年门牌号从三和路 2 号到 12 号,后来上世纪 70 年代,鼓浪屿海军疗养院在"海沙坡"的空地上建起一座四层的楼房,门牌编为三明路 2 号,我们这座楼就改为三明路 4 号到 14 号了。我家就住在原三和路 8 号(三明路

10号)的楼下,这里是生我养我的故土,留着我半辈子的记忆。我在这里生活了36年,直到1988年我在鼓浪屿区工作时,单位分配住房才搬到鸡山路居住,但是我的父母和弟弟在这里一直居住到2004年旧城改造拆迁时才离开,搬到日光岩下居住。

二、三丘田老屋的故事

三丘田是我出生和生活成长的地方,也是我们一家四代生活的地方。外祖父和外祖母从惠安来厦门讨生活的时候,就居住在这里了。在我小时候的记忆中,外祖母就住在原和记洋行栈房旁边的一座闽南民居中,1959年8月23日的特大台风后,房子成为危房,才搬到福州路25号居住。父母也是在三丘田结婚的,我们兄弟姐妹六个人在这里出生成长,这里的码头,这里的一草一木,这里的生活深深地留在我们记忆里。

三丘田海边的这座楼房有一个奇怪的结构,一半是一层楼,一半是二层楼,从鼓浪屿的老照片可以看到早年整座楼都是二层的。我的孩童时代看到的就是一半是两层楼,一半是一层楼,靠里侧的三套房子是两层楼,靠海一侧的三套房子是一层楼。每套房子都是一厅三房,附带一个小天井的院子,我们习惯称为"后尾子",意为房子的后院。从房子整体结构和框架可以看出,靠海一侧原来的二层楼被拆掉了一半。我的孩提时代一直想不明白,这房子怎么会是这样。

到了20世纪60年代,我们一家8口人只住了一个十几平方米的房间,并且与邻居共用一个厅,小小的房间摆放一张大床,一张小床,大床挤着父母和两个比较小的孩子,小床是我和大弟弟睡觉。另外两个小孩要到福州路25号我外祖母家睡觉。当时,鼓浪屿房管所一位姓洪的管理员知道我家住房紧张,又把三明路2号

1960 年拍摄照片,与厦门轮渡码头相对的三丘田码头旁的建筑,临海二层已经拆掉一半(紫日提供)

一间用木板隔起来,大约 6 平方米左右的小房间分配给我们家,这间被称为"楼梯头"的小隔间成了我和弟弟的专有空间,虽然摆下一张床后剩下的空间已经不大,我还是在屋梁的柱子上绑了一副自己制作的吊环,作为锻炼身体的器材。

而为什么这个小隔间会被称为"楼梯头",这里居住久了的老邻居才告诉我们二楼被拆掉的原因。听说,华侨王仔添填海造地后,在盖这座楼房时,不知何因得罪了建造房子的师傅,其中一位师傅就在房子里面做蛊。房子盖好后,住进了人家,闹鬼怪的事情就频繁出现,住在这里的人家,一到晚上半夜就会听到舞刀弄剑的声音,看到一个武将挥舞着大刀,住得不安生了。后来请了更高明的师傅来化解,拆掉了靠海二层楼的三套房子,听说找到了那个做蛊的师傅安放的一把扫把,把这个蛊破解了。所以这座楼成了一半是一层楼,一半是二层楼的结构。而我和弟弟住的这个小隔间,就是当年一楼上到二楼的楼梯位置,所以才叫"楼梯头"。究竟拆房的原因是什么,我无法考证,也没有听到其他的说法,不争的事实就是这座楼拆掉了二楼靠海的三套房间。

三、城市里的"农村"

我们住的这个地方，都是一些普普通通的老百姓。有的人说什么鼓浪屿是"富人岛"，这种说法我很不认同。任何社会都是由各个不同的阶层组成的，鼓浪屿也不例外，只不过由于一些华侨来到鼓浪屿购地建房和生活，相对其他地方，"有空人"（闽南话，指有钱人）比较多一些。就鼓浪屿来讲，三丘田、福州路、龙头路、内厝沃这一些地方，居住的主要都是一些普通的平民百姓，当然也有一些有钱人夹杂住在这里，但主要还是平民百姓比较多。

"下三丘田"除了当年王仔添建造的那座二层楼民居外，就是一大片空空旷旷的我们叫作"海沙坡"的平地。现在还可以看到的花岗岩石条的围墙是大约上世纪 60 年代初才建的，当时有墙没有门，西边和北边有三个缺口可以随意进出，朝东和朝南面就是临海的堤岸了。"下三丘田"的居民住房都十分紧张，居民都在自己的屋外或者沿着围墙搭盖简易的厨房、柴草间和猪圈、鸡舍。搭建种植葡萄和丝瓜、葫芦、角瓜的棚架。

我们居住的这座临海两层建筑的 9 套房子里，整整住了 15 户人家，近 80 口人。这里的居民所从事的营生，不是搬运工，就是船工，都与海和码头分不开，是一个依海为生的城市聚落，这是三丘田最鲜明的印记。

三丘田既是城市的居民区，又有点农村的味道。我家父母早年自建的厨房又低又矮，窗户很小，光线很暗，外面一下起大雨，厨房就下小雨，做饭的柴草湿了，做饭就遭罪了，经常是煮一顿饭，被烟熏得一把鼻涕一把泪。我是家中的长子，从我懂事开始的记忆中，刚上小学的我大清早就要到燕尾山拾柴草，迟去了，柴草就被别人捡走了。父母亲为了一家的生计忙活,我就要帮助照看弟弟和妹妹。

三丘田路头左侧就是我们原来居住的老屋位置(林聪明摄影)

上世纪 70 年代,我们兄弟姐妹长大成人后,我们对厨房进行了改建,石料都是我和弟弟从附近海中的滩涂抬上来的,上面长满了海蛎壳。我家附近的码头经常有船运输砖头到鼓浪屿,搬运上岸时经常有掉到海里的,退潮后我们就下海去捡回来。建房子的黏土是到笔架山原汇丰银行职员公寓的山上挖回来的,然后再买一些水泥、白灰和用做屋顶的木头、油毡和瓦,建材差不多齐了,然后叫来几个帮手,就自己开工建造厨房了。上世纪 80 年代,又在靠着三丘田海沙坡的围墙建了一间小浴室,稍微改善一下生活的条件。当年的生活条件哪有什么家庭卫浴设施,我们那一带在"海沙坡"靠海的地方原来只有一个公共厕所,后来拆掉后在和记海滨建了一个更小的公厕,早上上厕所的人多就要排队。夏天洗澡比较方便,跳海游泳后井水冲洗。冬天就麻烦了,有时跑到厦门玻璃厂澡堂,有时就是一脸盆水擦一擦。有了小浴室就可以几天洗一次,用大铁锅烧水,用柴火灶烧火,每人提一桶热水,一个接一个洗澡,已经是不错的享受了。

我家的厨房就建在三明路 10 号大门左侧,大门右侧也有一间自建的小厨房,是邻居田嫲家的,当时我们这一列房子的前面整整建了 7 间小厨房。在花岗岩石条的围墙两侧邻居们依着石墙建有一溜的柴草房、猪圈、鸡圈。沿着石墙几乎各家各户都搭建了种植葡萄和丝瓜、葫芦的棚架,到了夏天自种的丝瓜和葫芦瓜成了我们每天餐桌上的主菜,我们用闽南话开玩笑地说:天天吃"鸡"(瓜和鸡在闽南话中是同音)。所以,当时走到三丘田,确实有点城中村的感觉。

我们家也建了一个柴草间,还建了一个猪舍专门用来养猪。当年做饭做菜都是用柴火灶,烧的柴火都是我和弟弟上山捡拾的,几乎每天都要背着竹篓子或者麻袋,拿着扒树叶的竹耙子和勾枯树枝的竹竿钩子,上山捡拾柴草。燕尾山、笔架山、英雄山都是我们捡拾柴火的地方,甚至划船到大屿岛捡拾柴火。遇到下大雨,九龙江会有很多树枝、柴草等漂流物随着潮水漂到岸边,我们就会将这些漂流物捞上岸,晒干了当柴火用。

我家当年养过"好几水"猪(从小猪养到出栏,闽南话叫"一水"),猪崽从厦门买过来,养到出栏一般要一年左右,喂养的猪食要到别人家收集残羹剩饭,当时很多人家吃剩的饭菜都会倒到一个小坛子,让养猪的人家收集,把收集的"泔水"拿回家,要用专门煮猪食的大锅煮过,加上煮熟的蔬菜,配上米糠和豆饼、豆渣给猪吃。还要给猪洗澡,放出猪舍溜达。有一年我家喂养的那头猪,真是难伺候,倒到猪槽的饲料只吃一点点,就抬起头"吭哧吭哧"地叫唤,不吃。饲养的猪吃饱了,才能长得快,才能卖钱。为了让猪吃饱,想了很多办法,最后发现这头猪"嘴白",要不停地添加酱油水,就吃得欢快,所有我们家养过一头特殊饮食口味的猪,真是大千世界无奇不有。后来我与中央人民广播电台的资深记者盛志耘合作,制作《聪明闽南话》节目,解说到"盛仔不孝,盛猪举灶"时,我就讲了我家养猪的趣事。猪长大以后,我们要将一百多斤重的大肥猪放倒,用绳子将四条猪腿捆好,再用竹杠抬到燕尾山的"猪垄"卖。猪卖完了,要买一些猪肉,送给平时为我们提供残羹剩饭的邻居,作为答谢。

关于养猪,记得最深刻的事,就是冬天奋不顾身跳进冰冷的海水追小猪崽的事。一年冬天,刚买回一头猪崽,为了把猪圈修得更好一些,就把猪崽用一个竹篱笆暂时圈在旁边的空地上。我们只顾着猪圈的修整,也没太注意圈在竹篱笆里面的猪崽怎么样。忽然间,一个邻居跑过来,告诉我们小猪崽跑到三丘田码头了。我们一看竹篱笆里面空荡荡没了猪崽的影子,赶快跑到码头边一看,小猪崽两只前腿踩在岸边,头往涨潮的海里一探一探的,好像要往海里跳。我急了用闽南招呼猪的方式大声地呼唤,那头猪崽头回了一下,四脚一蹬"扑通"一声跳到海里。看着跳海的小猪往厦门绝缘材料厂码头游过去,我赶快脱下衣服,穿着一条短裤也跟着跳到海里追赶。在冰冷的海水中,身体的热量很快就消失了,还好追赶了八九十米,猪崽也吃不消了,就游上沙滩,我赶过去一把抓住筋疲力尽的小猪崽。

三丘田生活的日子里,我不仅有过在海上追猪崽的经历,还有过海上追鸭子的经历。记得那是夏天的一个早晨,我从家里走到海边,邻居的一个老伯告诉我,海里面有一只鸭子。我顺着他告知的地方走去,在三丘田碉堡旁边和记海湾中,一只鸭子在堤岸旁边的水面划着水,我一看想从岸上跳到水中将鸭子一把抓住,当时只穿着一件短裤,也不用多想就往海中跳。没想到是人还在空中时,鸭子已经感受到危险"扑棱棱"从水面飞起,我跳入水中扑了个空。从水中抬起头一看,鸭子已经飞到距离我十几米远的海面,我又追了过去。人还没有游到,鸭子又往前飞了。看从水面难以追到鸭子,我就想潜水过去从水底抓住鸭子,在距离鸭子十来米时,我就潜水往鸭子的方向潜泳过去,当在水中看到鸭子的两只划动的鸭脚,一伸手想一把抓住鸭子时,更没有估计到的是鸭子感知到了危险,又立马从水中起飞跑了。就这样我尾随着水中的鸭子,从和记海湾追到黄家渡码头,又从黄家渡追到轮渡码头旁边的海面,又再追到厦鼓海峡之间的红灯塔附近。最后,鸭子开始往鼓浪屿岸边靠近,直到又从和记海湾游上了沙滩,被围看在那里的邻居一把抓住。当我游上和记沙滩时,也已经是十分疲劳了。一场人与鸭子的海上追击就这样结束了,提着这只好不容易抓到的"正番鸭"战利品回到家里,高兴劲还没有过去,居住在原美国领事馆旁边的一位吴老太太来到家里,说这只鸭子是从她们家里飞出来的,我就让她把鸭子带走了。

当年,三丘田的每户人家,家里面都有两个水缸,一个小点的装自来水用于吃喝;再一个大点的,装从井里挑来的井水,日常洗刷基本上都是用井水。这种生活的状况是现在的人们不能想象出来的。如今使用自来水非常方便,也好像是顺理成章的事,绝对没有从水井里打水,挑水回家使用的概念。

厦门岛在历史上的饮水靠运水船从九龙江淡水区运来转给水贩挑桶出售,叫作"船仔水",在鹭江道旁边至今还有一条"担水巷",而鼓浪屿主要是依靠几百口水井。1920年黄奕住组建"商办厦门自来水股份有限公司",建设上李水库和赤岭水厂,1927年工程全部完竣,厦门才有了自来水。1930年开始建设厦鼓上下水码头,通过船运向鼓浪屿供水,并在鼓浪屿梨子园和日光岩兴建低位水池和高位蓄水池及相应配水管道,于1932年正式向鼓浪屿居民供水。在1984年厦鼓海底水管接通之前,鼓浪屿的自来水都是依靠船运。水船先是开到水仙码头旁边,就是当时的自来水公司,现在的国际银行大厦前面,停靠在岸边接水,接完了水就开到鼓浪屿鹿耳礁旁边的自来水抽水机站,用抽水机把水抽到漳州路自来水公司的低位水池和日光岩的高位水池,供应鼓浪屿。船运的自来水有限,特别是遇到台风天,运水船停运,用水就更加紧张,鼓浪屿原来基本上一个居住区才一个卖水站,三丘田这片居住区有几十户人家,只有一个卖自来水的站。所以买自来水经常要排队,遇上水压低的时候,出水慢,队伍排成长蛇阵。

当年,三丘田一带就有七口水井,其中"黄仔厝"花园里面有三口井,原美国领事馆里面有一口井,"上三丘田"有三口井,其中靠近"下三丘田"的一口井水还有点咸。"下三丘田"因是填海而成的,一口井都没有。如果自来水供应有困难时,"黄仔厝"有一口井的水质好可以饮用,其他的水井主要供日常生活用水。遇到有的干旱年份,水井出水少了,水井就见底,我们最远的曾经跑到内厝澳梅园对面的"大井"和厦门二中旁边鼓山路口的水井挑水。所以,当年每户人家家里都有挑水的水桶,还有从井里往上提水,带有长长绳索的小桶。

当年,三丘田最热闹的时候应该是农历七月初六吃普度。普度是厦门乃至闽南的一个风俗,也不知道从什么时候开始就有这个习俗,农历七月各个地方轮流做普度。传说就是七月初一开地狱门,牛鬼蛇神纷纷出笼,为了给这些饿鬼一些吃的,就今天这个地方祭拜,明天那个地方祭拜,轮流祭祀,有一个普度众生的意义在里面。三丘田的"普度日"是七月初六。当时的生活困难,一日三餐都顾不过来,一年之间难得请朋友吃个饭,不像现在,动辄上饭馆,所以普度的那天都会请一些朋友到家里吃饭。

我的记忆中,三丘田一年中最热闹的就是七月初六普度那一天。好不容易等到这一天,就要提早做好准备。家里没什么食物,但是"普度日"之前的初一初二初三都是大潮,三丘田的青少年就纷纷讨小海，钓鱼、捕鱼，下海撬海蛎、潜水捞彩鸾，搞来各种海鲜。到了初六这一天，再杀一两只鸡鸭，"山珍海味"就都有了。于是呼朋唤友，喝酒划拳，饱餐一顿。所以到了农历七月普度日，公安局的民警就很紧张，生怕人们酒后打架闹事。随着时代的发展，平时吃的都不错，不需要乘着"普度日"请朋友吃饭了，这个风俗也就淡化了，淡出百姓的生活了。

四、三丘田的海边生活

三丘田的旁边就是三丘田码头，这个历史上的百年渡口，见证了鼓浪屿近代以来的变迁和发展，岁月流逝，潮起潮落，填海造地，船来船往，鼓浪屿的许多"古路头"都已经消失了，三丘田路头是唯一剩下来的用花岗岩条石建造的"路头"。

从我小时候，一直到上世纪80年代，三丘田"路头"都是厦门舢板社的主要运输码头，从厦门水仙码头到鼓浪屿三丘田码头的主要是海上客运航线。我的父亲，还有三丘田的许多船工和搬运工，就是依靠码头而生存的，码头对于他们来说，不仅仅是一个船只停靠的"路头"，而是关系全家生活的饭碗，俗话所说的"吃码头饭"。以前船工和搬运工生活比较艰难，赚了几个钱，只能用纸袋子买几斤米，用一个巴掌托着，闽南话叫作"五将军请米"。可见当年生活的不易。

由于三丘田特殊的地理位置和条件，这里也是厦门打捞公司和海上航标的维修基地。三丘田路头很长一段时间还是海沧东屿村渔船停靠点，渔民从这里上岸，把渔船停泊在三丘田的海域，将双桨寄放在三丘田相识的人家，然后就挑着海鲜到鼓浪屿市场售卖。东屿村的渔民卖完海鲜经常都要到中午过后才划船回家，一来二往，渔民与三丘田的居民非常熟悉，也互相帮衬。所以，在渔民卖鱼的这段时间,也是我们借船钓鱼的时光。我从小就和邻居的小伙伴不仅学会了摇橹,也学会了划双桨渔船。这样我们就可以摇橹划船钓鱼、撒网捕鱼,还经常升起舢板船的风帆,扬帆在厦门鼓浪屿之间的海域。

三丘田海边有一个当年国民党军队为了阻止解放军解放鼓浪屿修建的钢筋混凝土碉堡,是解放战争的历史见证。这个碉堡建在三丘田靠近和记海湾的岸边,少年时代,每到夏天天气炎热之时,我们一群小伙伴就坐在临海的碉堡顶上,任凭海风吹着光膀子的身子,轮流讲述着听起来毛骨悚然的神仙鬼怪的故事,讲述徐云长智慧幽默的故事,讲述令人开怀大笑的蠢女婿的故事。今天回想起来,那可是当年的开心一刻。

从碉堡前面一米多的地方至三丘田古码头就是当年填海形成的下三丘田(林聪明摄影)

在这个碉堡上乘凉,也曾经遇到过危险的时刻。那是"文化大革命",厦门的革联和促联两派武斗的时候,革联被赶到农村,市区基本上被促联占领,但是和平码头仍是革联的阵地,而相对的鹭江宾馆是促联占领。我们坐在碉堡上，经常隔岸观火，看着和平码头的 12.7 高射机枪与鹭江宾馆的机关枪的对射，尤其是 12.7 高射机枪在夜间只看到火光一闪一闪，随后就听到"格隆、格隆"的枪声。有一天晚上，促联的人在三丘田码头朝和平码头开了几枪，结果和平码头革联的人就用高射机枪朝着鼓浪屿三丘田的方向射击，我们吓得立马从碉堡顶上跳到地上，以碉堡做掩护趴在地上。过后才知道，高射机枪的子弹打到福州路 127 号，我们称作"五楼"的墙上。第二天上午，我们在三丘田码头边捡到好几颗子弹壳。

三丘田海边现在还有一棵老榕树，应该有 90 年左右的历史，树干已经很粗壮了，小时候我们一群小伙伴经常爬到树上玩。这棵榕树左侧原来还有一棵小一点的榕树，后来在台风中刮倒了，这里是我和邻居乘凉、钓鱼的地方。住在三丘田的时候，遇到涨潮时分，我们经常打上一碗饭，一手端饭，一手拿着鱼竿走到海边的榕树下，把饭碗先放在石条上，把已经勾上鱼饵的渔线甩到海里，一边吃饭一边钓鱼，遇到运气好时，吃一餐饭，就可以钓到好几条鱼。

从三丘田路头到中谦路头之间有一个大约一百米宽的方形海湾，三丘田居民习惯上叫这一带海域为"三丘田海边"。这一片海湾是我们这一代青少年游泳嬉戏的好地方，海水涨潮以后，十几个少年分成两拨，各占一个花岗岩砌成的堤岸护墩（闽南话叫"筒仔"），在海上玩追逐游戏，就要看你的游泳本事了，既要游得快，还要能够有超强的潜水本事，你才不会被别人抓到，还能抓到别人。在水面游泳时，为了不被对方抓到，或者为了抓到对方，就要依靠每个人速度最快的泳姿了。当对方还在海中洋洋得意，认为没有人能够抓到他时，可能就会被人一个潜泳二三十米从海底直接抓住他的脚，当了俘虏。也正因为有海中的游戏和锻炼，我们一群小伙伴自学了各种泳姿，我的自由泳和蝶泳在上世纪 80 年代全市职工运动会时，还获得 100 米的第五名。退休以后，参加全民体锻标准的测试,仍然可以以 50 米自由泳 36 秒的成绩获得"金海豚"等级。

这里涨潮时海水深海域宽阔,三丘田码头距离原中谦路头大约一百米左右,也是我们比赛游泳速度的好场地。对于海边的孩子,海就是最好的游乐场了。海上打水球,也是经常玩的体育游戏。此外,码头和驳岸也是玩跳水的好地方,除了站在岸边直接往海里跳水外,为了有弹跳的感觉和效果,我们还从大船上拿来了跳板,一头放在岸上,压块大石头,再站上一两个人固定,另一头则延伸出海岸,这就形成了一个跳水的跳台。有趣的是,我们还用数字编号来模仿跳水比赛的难度系数。

我们居住的房子临海而建,与海只隔着一条三米左右宽的马路,台风掀起的大浪都能够从一楼的屋顶飘进去。每逢农历九月天文大潮,海水都会淹上路面。在这出门就见到海的地方生活,海就是我们的游戏场,跑几步就可以跳到海里游泳,晚上听到的都是海浪拍击海岸的"哗哗"声,潮涨潮落,船靠船走,上下船乘客的喧哗声,货物上下水工人的呐喊声此起彼伏,汇成流年逝水的生活交响,虽嘈杂、平淡,但充满生活的韵味。这里有鼓浪屿平民百姓日复一日、酸甜苦辣、五味杂陈,沉重甚至辛酸,朴实而又欢快的生活。这些早年从同安、惠安等闽南农村来到鼓浪屿讨生活的人们,已经在这块土地成家立业,成为鼓浪屿人。

五、三丘田的童趣

三丘田三面靠海,每天在海边吃饭,枕着涛声入梦,是我最清晰的儿时记忆。儿时的记忆中基本上都是物资匮乏的年代。读小学时,晚上点的是煤油灯,后来才有了电灯,也是 15~25 瓦的灯泡,很昏暗。那时候收音机还很罕见,家中能收听到的,只有厦门人民广播电台的有线广播。每天早上听到的第一首歌,就是《厦门颂》——"厦门,厦门,你是英雄的城,千里海涛万里浪,你屹立在祖国的国防线上。大炮雷轰金门岛,打得敌人魂飞胆散,万里长空雄鹰飞,屡建奇功震四方,神勇快艇擒敌舰,威名天下扬……"这是诗人马铁丁创作,作曲家瞿希贤谱曲的一首歌曲,因为数年作为福建前线厦门人民广播电台每天早晨的开始曲,因而迅速传唱,脍炙人口。如今几十年过去了,老厦门人还能朗朗上口。

我们那个年代的孩子,可不像现在,有花样繁多的玩具。小时候玩的东西,很多都是靠自己动手制作的。陀螺,是自己到山上砍木头削成的,为了让陀螺更坚硬,还必须选芭乐树的枝干。陀螺上的钉子,则要去工厂挑选钢钉,磨得很锋利,才能力克对手。我们当年的玩法可多了,滚铁圈是最简单的玩法,没有太多的竞争性。玩玻璃珠子的游戏要看技术了,在平整的泥地上纵向等距离挖四个很小的洞,起点线距离第一个洞有 2 米以上,要按照洞的顺序滚进一个个的小洞中,在从最后一个洞往回走,谁第一个到达起点的洞,谁就赢了。在这个过程中别人可以采取破坏的方式阻止,从自己玻璃珠的地方瞄准别人的玻璃珠,将其击中,使其离小洞更远。此外,在斜坡上骑行滚珠轴承制作的滑行车、用弹弓上山打鸟、爬树上抓知了等,也是我们一群小伙伴经常玩的游戏。爬树摘果子,用绑在竹竿上的铁钩将树上的枯枝拉下来,笔直挺拔的桉树,也难不倒我们。龙眼核、柿子核、烟盒到了我们的手上都成了玩具。

在厦门二中初中部的后山,那儿有战争年代留下的战壕,我和同学经常在那里玩跳跃游戏。这里属于笔架山,因有鼓浪屿汇丰银行公馆的旧址,我们称呼这里为"汇丰",这里有条山沟,两边是山坡,我们会把人分成攻守两方,守方在山上,攻方在山脚下,用土疙瘩做武器,玩起"扔土疙瘩"的游戏,特别是进攻方,从山下往山上进攻时,山上防守的会用土疙瘩当投掷武器,瞄准进攻的人砸过来,进攻的人需要的是勇敢和灵敏,眼睛盯着投掷过来的土疙瘩及时准确地躲闪,一面回击土疙瘩,一面快速冲锋,直到对方防守不住逃跑,占领对方阵地为止,由于是用土疙瘩做武器,真刀真枪地玩,有时也会出现头破血流的事。现在的小孩子可绝对不敢玩这种游戏了,家长也不会同意这种玩法了。这种玩法有点野,但是却培养了我们的勇敢精神。

每个年代的人都有着特定时代的记忆。我们这一代人,虽然童年物质生活条件比较贫乏,但却充满了快乐和野趣。我们很亲近自然,就地取材,自己找乐子,动手能力强。而且我们总是一群小伙伴一起玩,天不怕地不怕,有团队意识。艰难的环境,也锻炼了我们坚强的意志。

六、三丘田的业余捕捞队

鼓浪屿原来就有渔民,在很长的一段时间,鼓浪屿还有一个捕捞大队,这些都是专门以捕捞鱼类为生的渔民。然而,在上世纪60年代中后期,鼓浪屿三丘田也有一支业余的捕捞队伍,在那个年代也曾经红火过一个时段。当时,正逢"文化大革命"停课闹革命的时期,三丘田的几个青年人联合起来,组建了一支"立杆网"的捕捞队,也是那个年代的一种自食其力和自力更生,也是三丘田这个依海为生的聚落文化意识使然。

据老鼓浪屿人张天水回忆,当时是张天水、陈昆成、潘友德、谭建龙和范善昆五个人,坐在一起聊天的时候决定干这件事。因为当时东屿村的渔民与三丘田的人熟悉,他们就摇着"阔头仔"小船到东屿村,五个人集资三百元购买捕鱼的渔网。要回鼓浪屿时,小船被潮水刮到红树林(我们叫作"海茄椗")中出不来,又在嵩屿码头搁浅,就在嵩屿码头过了一夜,第二天潮水上来才摇船回到了三丘田。渔网购买后，又用竹竿和树干筹备好立杆网需要的"棱篙仔"，然后就开始了"立杆网"捕鱼的作业。

这种捕鱼方式的闽南话发音接近于"驱坡"，据《吃海记》的作者朱家麟兄的考证，这也是定置网的一种，退潮时把一些鱼虾蟹栏在网线内。这种捕鱼法，讨海人称"牵箔"，专业名曰"立杆网"。

"牵箔"是在天文大潮或靠近天文大潮的时间段作为捕捞时机。"立杆网"的主网是一张宽三米左右，长一两百米的渔网，可由几张网连接组成，这样方便作业。要选择一块合适的海湾作为"立杆网"围捕鱼类的场地，当年鼓浪屿的三丘田、和记、河仔下、坞内、五个牌、美华、大德记、覆鼎岩等几处海湾都是"牵箔"捕鱼的好地方。

合适"立杆网"捕捞的潮汐节点是农历初一至初三、十五至十八，夏季的下午和冬季的早晨是天文大潮最低潮位的时间点。捕捞队的作业开始时，要先由人力用粗大的棍子扛起沉重的网具，将渔网顺着围网的线路放置，用锄头挖出泥块将整张渔网的一边压住，然后整理好渔网，间隔不大的距离用泥块将网压好，让渔网在涨潮以后不会在海水中飘动。在压渔网的同时，将树干做成的每根超过三米长坚固的立杆按照一定的间距打入滩涂中，立于海滩，形成一个围合。每根立杆的上端系着绳子，要将绳子的一端系在网的另一头，等满潮后开始退潮时用绳子将网拉起，形成整个围网，被围在网里海域的鱼虾蟹类都跑不掉了。另外，要将网的两头固定好，不能留出缝隙，成为鱼儿出逃的缺口。

渔网和杆整好后，就等着海水上涨，到了满潮平潮以后，要将网拉起。拉网固定在立杆是个体力活，也是一个技术活。如果是渔民有渔船可以操作，但是当年厦门是海防前线，船只管理十分严格，个人不可能有船只，升网的活儿只能游泳下去操作，就是冬天刮着东北季风，海水水温极低，三丘田业余捕捞队的几个好汉，喝上一口白酒，暖一暖身子就跳到海中干活了。

当时，虽然我已经小学毕业，但年纪比他们小，没有加入"立杆网"捕捞队，只是在"牵箔"捕鱼时，当一个"捡箔屑"的人，捡拾躲藏在脚印和石头缝里的漏网鱼儿。"立杆网"的捕鱼方式就是捕捞涨潮时游入围网范围内的鱼虾螃蟹，收获的多少也要看潮水、天气和运气了。

当渔网升起，潮水退下两三分潮位时，随着潮汐要游出这片海域的鱼儿触碰到渔网感到不妙时，特别是一些鲻科类的鲻仔、乌仔、粗鳞等鱼儿就会不断地从水中跃起，想要逃出网外，在渔网前面形成鱼儿跳跃的场景。等到潮水再下降，渔网顶部距离水面越来越高时，更多看到的是鱼儿在网边来回快速游动，寻找可以逃走的缺口，有些鱼儿还会不断地撞击渔网，然后无奈地离去，等待它们就是被捕获的命运了。

据天水说，当时捕获的海鲜就拿到市场去卖，也想赚一点钱，但是实际上并没有赚到钱，搞了两年，后来就解散了。

这是在特殊的时期，三丘田人自己成立的捕捞队，历经几年的辛勤劳作，也是这个依海为生的聚落海洋文化的一种特殊呈现，也给三丘田的历史留下一段别样的风景。

七、三丘田的邻居

我从出生以后在三丘田生活了近四十年，就是搬到鼓浪屿区机关分配的房子居住后，每周也都会回到三丘田父母亲的家中。几十年的朝夕相处，三丘田的左邻右舍、父老乡亲给我留下很深的印象。

和我家同住一套房的邻居是田伯和田嬷一家，我家只住一个房间，他家住了两个房间，还有一间连着后院的小厢房，我们习惯叫"后尾阿"。两家合用一个厅，各自在大门口自己盖了一间小厨房。田伯也是船工,田嫲是家庭妇女,三个女儿一个儿子都有工作。他的儿子大名我真的不知道,我们都叫他的小名"臭贱",这是闽南人为了小孩子平平安安成长,故意将小孩子的名字叫得不值钱的原因。

三明路8号的居室中住着"顾花阿伯"一家,他在原美国领事馆,后来的厦门市干部疗养所当花匠。大儿子是厦门灯泡厂的干部,我们都叫他"阿狮兄",待人和蔼可亲。小儿子"阿碰"在厦门自来水公司工作,养了十几只信鸽,鸽房就建在一楼的屋顶上,放鸽子的时候,一群鸽子会在三丘田的上空盘旋,也会飞到厦鼓之间海域的礁石上寻找食物。有一次鸽子飞到原美国领事馆的树上,我拿着气枪正在打鸟,一枪就把鸽子打下来了,一看鸽子的脚环,知道是邻居的鸽子,就拿到他家。他们家种植的葡萄长得十分旺盛,成熟的葡萄很好吃。

三明路6号是我妹夫陈亚池的家,他父亲是一名码头搬运工人,早年从惠安来鼓浪屿谋生,习惯蹲着吃饭,这可能是码头工人的生活形成的。妹夫是厦门水运公司的外海船队的船员,主要走香港航线,是个地道本分的船工。

我家楼上住着"道伯"一家,他是厦门海关的船员,大儿子后来也成为海关的船员,他的小儿子跟我们是一起的玩伴,后来到厦门工艺美术厂工作,学了一手木雕的手艺。三明路12号的楼下一套房子住着两户人家,都是厦门舢板社的船工。"珍阿"大名叫李宗珍,一家人口众多,大儿子是李永川,是厦门分析仪器厂的干部,其他四个女儿,分别叫:金角、金羡、抱治、网市,小儿子叫李永池。他们一家兄弟姐妹的名字从一个侧面反映了闽南人的生育观念,"永川"意思就是顺着再生一个弟弟。金角、金羡是父母亲对女孩子的美好的祝愿,又生了一个女孩子,取名"抱治",闽南语是抱弟弟的意思,希望再生一个儿子。结果又生了一个女儿,就取名"网市",

闽南语随便养的意思。最后又生了一个儿子,心满意足了,孩子已经不少了,家里的经济负担已经很重了,不想再要孩子了,所以取名"永池","池"与"弟"的闽南语读音是一样的,闽南语"永远是弟弟"的意思。李永池是厦门二中足球队的门将,后来也是厦门足球队的门将,是三丘田出名的体育人才,后来成为中学的体育老师。

另一户船工家的二儿子叫"阿南",是与我们一起长大的小伙伴,身体十分结实,从小的时候我们都叫他"铁人",也是厦门水运公司的船工,"阿南"教小弟弟学游泳的方式与众不同,直接把小弟弟推入三丘田码头的海水中,看着弟弟在海水中拼命拍打着海水,他才把弟弟捞上岸,他的弟弟很快就学会了游泳,真是艺高人胆大。阿南的弟弟后来也当了船工。

12号的楼上住着"火生伯"一家,火生伯是一位码头搬运工,是个百岁长寿老人,这应该是体力劳动者的福分。

三明路14号楼上住着也是码头工人的陈老伯,他的两个儿子身体非常强壮,一个叫"火木",一个叫"阿坚"。哥哥陈火木是参加第一届全运会的游泳运动员,兄弟俩上世纪50年代都是厦门航海运动员,我小时候有印象的是一种船头尖,后面有舵,船体的中间部分比较大,与瘦长的龙舟和皮划艇不同,船两侧两排划桨,运动员坐中间,背对船头划桨的船只,因为船油漆成白色,我们闽南话叫作"白玉仔船"。陈火木后来长期担任厦门航海俱乐部的教练,他只用单手就可以轻松地引体向上,我当小孩时看得目瞪口呆,非常佩服。陈火木是李永池的姐夫,三丘田的体育人才都出在他们两家。陈火木的弟弟"阿坚"后来在厦门舢板社当船工。

我们这座楼朝向美国领事馆的地方叫"店仔口",曾经开过小商店,据说商店的主人是我们邻居都称为"炎成伯"的,但是我小时候就没有看到开张的店。他的一个女儿嫁给搬运工人陈丛兴,我们习惯上称呼"丛伯",在三丘田使用四脚罾抓鱼,就属他的历史最长了,当年他在捕鱼时,我们一群小孩子经常坐在岸边观看,一看到起网时,鱼儿在蹦跳,就兴奋得叫喊起来。他的大儿子陈友京,是厦门印刷厂的工人,经常看到他在练武。二儿子陈友国,个子高高的,非常帅气,是厦门轮船公司货轮的一名船员,这种船油漆成黑色,我们称为"黑乌贼",主要航行于厦门到香港、汕头一带的航线。三儿子陈友祥与我是小学的同班同学。"炎成伯"去世得早,我没有什么印象,"炎成嬷"还有三个儿子,二儿子也是厦门舢板社的船工,其孙子也是船工。这样的一个大家庭原来都住在三丘田。

在三明路 4 号最靠海边居住的还有陈跃进一家,他父亲是厦门水运公司的领导,跃进是家中三兄弟的老大,后来也在水运公司工作,现在也退休了。

上三丘田的居民住宅实际上比较分散,从现在的龙山洞往三丘田码头走,走到一半时,有一条往左拐的道路,二三十米长的道路两侧,原来有几座闽南民居与几座两层小楼。

在这条道路右拐往美国领事馆的 T 字形三岔路口是一座两层小楼,小楼前种了两株葡萄树,形成很大的荫棚,葡萄架下的石板上经常有人在那里纳凉聊天。这是我们三丘田的名人"南伯"的家,"南嫂"个子很小,性格极好,我几乎没有见过她发脾气。他最小的儿子许天成是我小学的同班同学。"南伯"的大名是许南山,听老人讲"南伯"拳术很好,是南拳的高手,他经常在家里为摔断胳膊腿的人治疗。三丘田居民中很多都是重体力劳动者,难免腰肌劳损,腿脚扭伤,胸痛胸闷,关节酸痛等病症。在我的印象中,我们一家大人小孩有上述毛病的,就到"南伯"家求医。"南伯"都会热情地为大家义务诊疗。我家当时常年泡的药酒,配方就是"南伯"给我父亲的。我们的邻居摔伤的,也是"南伯"给治好的。三丘田的劳动人民之间那种纯朴相助的真挚感情至今仍深印在我的脑海中。

这条道路的左侧,有五座闽南民居和两座两层小楼。

几座闽南民居中居住着三户船工。其中一户的男主人叫世民,是厦门舢板社的船工,他常年在厦门与鼓浪屿之间摇舢板船运送客人和货物,是一个很老实的普通工人,与世无争,辛勤劳动。与原来和记洋行栈房的花岗岩石墙相邻,住着一位叫金锚的船工,他的大儿子后来成为远洋货轮的一名船员。

与"南伯"家小楼相对的是三明路 15 号,这是一座两层小楼,历史上曾经是共青团福建省委机关的所在地,是鼓浪屿岛上的一处革命历史遗址,可惜的是在 2004 年的鼓浪屿旧城改造中被拆掉了。

上三丘田住家比较集中的还有三座楼,一座叫作"新厝内",与一座栈房相邻,这座栈房曾经做过厦门打捞公司的大会场和食堂,后来是鼓浪屿胶木厂。听老人讲"新厝内"是王仔添所建的楼房,一层有三套居室,每套居室楼下有一个小天井,中间一个大房间,左右两个小房间,就是传统的闽南民居的格局。楼上的房子从外面砖石楼梯上去,保证楼上房间的空间完整性。"新厝内"居住着六户人家,最里面靠"黄仔厝"围墙边有一口水井,水质很好,以前哪有冰箱这类东西,夏天买个西瓜就将西瓜用篮子盛着放到井里"冰镇"。

另外一座就是三明路 27 号,鼓浪屿房管所在上世纪 70 年代分配我家居住的这座两层楼房。这座楼房原来住着五户人家,我家住在楼下一套两房一厅的房子里,房间和厅都是用红木板作为隔墙,我就是在这个房间结婚的,儿子也是在这里出生的。后来我搬到鼓浪屿区分配的住宅,房子是我父亲和小弟弟居住的。楼上原来居住两户,一户就是炎成伯的大儿子一家,一户是姓林的人家,有两个儿子,房子还给黄奕住家时搬到鼓新路居住。二楼后来只住安福伯一家,他的儿子与我是小学的同学,楼下长期住了三户人家。

另外一座楼与三明路 27 号相邻,从楼下和二楼都有小门直通"黄仔厝"的花园,二楼有个水泥外置的楼梯通往地面,楼梯旁就是当年三丘田卖自来水的地方。楼上居住着安训伯一家和谭建龙一家。楼下靠近"黄仔厝"花园,住着"黄仔厝"花园的花工一家。另外三套居室住了三户,其中有我姨母一家,他们家原来住在"新厝内",我的姨父也是从同安来到这里当船工,我的表哥林天明是厦门灯泡厂的工人,从小喜欢下海捕鱼,放绫网,用四脚罾、手撒网捕鱼,这些活儿我都是跟着他学,跟着他干的。

上世纪 70 年代,鼓浪屿房管所利用三丘田一座只有围墙,没有屋顶的废弃的栈房土地,拆旧建新,新建了一座五层楼的民居,门牌是三明路 25 号,我们都称这座楼叫"五楼",搬进来不少住户,但是他们都属于三丘田新的外来户,没有几户是我们三丘田老邻居认识的。这座楼在旧城改造时也拆掉了,住户也搬走了。

八、我的父亲和母亲

小时候看户口簿,我父亲林奕藤的籍贯写着同安马巷,知道老祖宗是同安人,但具体是哪个村的就不清楚了。每年的清明节跟父亲到金鸡亭寺对面山坡给我祖父扫墓,我们要从金鸡亭寺旁边的一个斜坡往下走,再上一个坡才到墓地,墓地位于山坡中部,前面形成一个开阔地,当时金鸡亭寺旁边还有部队的营房,这一带还是完全的闽南农村。祖父墓地周边的山坡已经被当地农民开垦成田地,只剩下一个墓碑立在田埂的小路边,从墓碑上知道祖父叫林松云。改革开放以后,厦门经济特区的建设发展很快,城市一直往农村扩展。有一年,我跟父亲去金鸡亭扫墓时,一看傻眼了,金鸡亭寺庙对面完全改变了模样,出现在面前的是一座座厂房和住宅,祖父的墓不见了,找不着了。

　　父亲生于 1926 年,他九岁时,我的祖父就去世了。父亲很少谈起过去林家的事情,也很少谈起他过去的艰难生活。有时听我母亲提起,祖父去世后,我父亲从九岁就开始谋生,在菜馆里帮人家端盘子,讨一口饭吃,当杂工谋生,当过远洋货轮的船员,到过十三港,去过巴基斯坦卡拉奇港等港口,我们家里墙上的镜框里原来还有一张父亲和同事的合影。后来我的父亲就在厦门和鼓浪屿之间的海域当船工,在厦鼓海上讨生活。

父母亲的结婚照

　　由于父亲从小就出来谋生,从他不多的谈话中,我们知道他给人当过义子,义父住在厦门水仙宫附近的水仙路,我小的时候还到过他家。我父亲谋生的舢板船,是父亲一位叫史厚德的舅父前往香港时，花钱替我父亲置办的，让我父亲有个谋生的工具，这件事还是父亲去世以后，我从他保存的信件知道的。解放初期，父亲谋生的那条舢板船晚上停靠在太古码头旁边，到了镇压反革命运动时，不知道被谁偷走驾船跑到金门了。父亲唯一的生产资料就这样没有了，为了生活我母亲只好牵头一个"标会"，给我父亲又买了一条舢板船。也正是父亲的人生经历，让他明白必须勤快才有口饭吃，所以他经常挂在嘴边的话就是，"死不要学，什么都要学"；"做事情要快，慢了，当鬼都抢不到馒头"；"要靠自己骨头生肉"。

听父亲说过，1949 年 10 月 15 日，解放军攻打鼓浪屿的战斗打得很激烈。10 月 17 日，战斗结束后，父亲摇着舢板船帮助解放军打扫战场，许多战士牺牲了，脚深陷在海泥中，海水涨潮后，牺牲了的战士一个个立在水中，战友们从船上用绳子套在牺牲了的战士身上，一个个拔起来，场面十分悲壮。解放军集中在内厝澳海滨休整，他看到解放军战士身上背着粮袋，是一些红米，战士们打了煮好的红米饭请父亲吃，战士们的生活很清苦简单。

很多人知道金门战役，但不知道大担岛战役。这是金门战役之后，解放军攻打国民党盘踞的沿海岛屿的又一次失败的战役。市委宣传部干部曾丹红的父亲是参战的船工，在攻打大担岛战役中牺牲。她告诉我，攻打大担岛时间是 1950 年农历六月十二日出发，也就是 1950 年 7 月 27 日。

我当了一辈子船工的父亲却不会游泳，但是每次掉到海里都能转危为安，只能用命大来解释了。其中一次与大担岛战役有关。当时部队全部集结在厦门港一带岸边，我父亲给部队运送给养，一天晚上父亲站在船头，一个浪打来，父亲没有站稳就掉到海里。船上的其他船工知道我父亲不会游泳，大声喊，"藤阿"掉到海里了。在船尾的船工立即抄起一支撑船的竹竿，从船尾直插到海里。我父亲从船头掉下去，刚好是涨潮，海水往船尾的方向流，挣扎着人就浮出水面，手一抓刚好抓住竹竿，被救了起来。

解放以后，父亲参加了船民的民主建政学习。从 1953 年 12 月至 1955 年 1 月参加了厦集海堤的建设，驾驶传统木帆船运载石头在海中抛填，父亲参加海堤建设现在还保存着一张油印的由"福建省厦门市集美海堤工程指挥部"颁发的《完工证》，编号为"证字第 1494 号"。后来在厦门舢板社和厦门打捞公司当工人，最后从厦门水运公司退休。

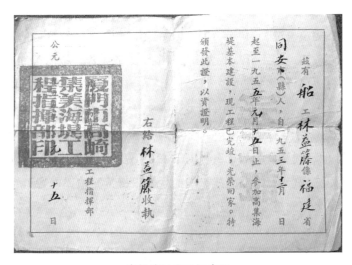

海堤建设完工证内页

我父亲解放前就开始在厦鼓之间的海上摇舢板讨生活，解放后是厦门水运公司的船工，水运公司有舢板社，主要经营厦鼓之间海上的客运和货运。还有外海船队和内海船队，外海船队主要承担厦门与汕头、香港等地的海上货运。内海船队主要承担厦门与泉州、漳州等沿海市县的海上货运。我父亲有段时间在内海船队，从泉州安海盐场运盐。父亲在内海船队工作期间，有一件事过去几十年了，至今我仍记忆深刻。有一次父亲到安海运盐时在船上突然得了急性胃肠病，等到我们接到通知到医院看望父亲时，才知道是部队的船将他送回来的,真是军民一家亲,所以这件事永远铭刻在我的记忆深处。

父亲有一段时间在舢板社当船工,主要从三丘田路头至厦门水仙码头摇舢板船载客。那段时间我就经常下船帮助父亲摇橹,所以我的手臂比较有力气。后来父亲和另外一位船工驾驶载货的木帆船,专门负责从厦门玻璃厂运载厦门鱼肝油厂生产需要的玻璃瓶。玻璃瓶运载到鱼肝油厂,有时停靠在厦门港旁边的码头,有时停靠在沙坡尾避风坞的码头旁边。货物的上水由船工自己负责,我记得从船上把一竹筐或一麻袋的玻璃瓶,搬运到岸上工钱是五分钱。为了帮助父亲,当父亲他们的帆船从燕尾山海滨一露头,我就要赶快跑到轮渡码头乘船到厦门,再从厦门轮渡边走边跑到厦门港的鱼肝油厂,帮助父亲他们将货物从船上搬运到岸上。

父亲的工作认真负责,他是水运公司的船工,却承担着厦门鱼肝油厂对玻璃瓶的质量检验工作,对准备运往鱼肝油厂的玻璃瓶认真检验是否有"冷暴"等质量问题,他的认真态度都让人会误会他是鱼肝油厂的工人。厦门鱼肝油厂的领导把我父亲作为自己的职工看待,我印象很深的是,鱼肝油厂的职工有分配的福利,我父亲都会有一份,如购买便宜的鲨鱼肝,购买乳白鱼肝油、鱼肝油丸、多种维生素丸等等。在困难时期,春节没有红糖蒸年糕时,鱼肝油厂分配一箱的果汁鱼肝油成了我家蒸年糕的原料。有一回,父亲在卸船桅时,被船的桅杆砸到头部受了伤,在家养病时,厦门鱼肝油厂的领导还专程来看望。后来,上山下乡后期,鼓浪屿的知识青年就没有再下乡到农村了,我的妹妹下乡的地点就是在鼓浪屿种树。后来工厂招工时,厦门鱼肝油厂的领导专门划拨出一个招工指标给我父亲,把我妹妹招收到厦门鱼肝油厂当工人。这就是那个年代工人的工作态度,也是那个年代工厂领导对待工人兄弟的情意。

我们家当时有一条印度的羊毛毛毯,是米黄色和咖啡色小方格样式的,可以说,是我们家唯一的一件奢侈品。我小的时候,住房条件十分紧张。在我的记忆当中,我们三明路10号的家,大约十几平方米的房间放着一张老式的铁架床,一张小木床,一个五斗橱,铁架床的后面放一个木箱和一个皮箱。与别人共用的厅,放一张木桌子,上面搁着吃饭的用具。自己搭建的小厨房,自己垒了一个柴火灶,一个煤炉子,放一口水缸。我们家的旧墙有很多破洞,用闽南话形容:我家很有"空"。闽南语的"很有康",是很有钱的意思。"康"和"空"闽南语同音。用我家墙上都是破洞,来打趣成很有钱,实际上是闽南语利用谐音字的一种正话反说的表达方式。

坚韧、勤劳、乐于助人是父亲的品格,教育我们要老老实实做人,本本分分做事,这就是我的父亲留给我们的唯一的精神遗产,我的父亲没有留给我们任何的物资财产,但言传身教给我们的是闽南劳动人民吃苦耐劳,乐于助人的宝贵精神财富。

我的母亲陈秀宝,出生于1928年7月,属龙的。母亲一生与父亲拉扯我们兄弟姐妹6人长大,不是一句不容易能够概括的。我的外祖父叫陈金元,早年从惠安后坑老家来到鼓浪屿谋生,挑着小五金维修担子走街串巷讨生活,闽南人称为"钉铜"。所以,街坊邻居都称呼我外祖母"钉铜姆",小时候我们家还有一些外祖父留下来的五金维修和开锁的工具。听我妈妈说,外祖母家有一些门口田。外祖父来鼓浪屿后,外祖母刘葱和几个小孩子也种不了田,生活所迫把田地一丘一丘地当给别人。外祖母坚持田地只能当给别人,但不能卖给别人。她说可以吃"面",不能把"里子"吃了,田地只当不卖,孩子长大了有办法时还可以赎回来。这就是中国农民视土地为生命的观念。所以,母亲5岁时,就跟外祖母从惠安老家来到鼓浪屿。

日本投降后不久,才54岁的外祖父就生病去世了。我的外祖父去世后,一家5口人生活很困难,母亲那年刚好18岁,就要扛起一家人生活的担子。她和其他2个小姐妹就去跑山场(早年厦门老市区和鼓浪屿人把禾山一带叫"山场")。母亲比她们大,既要买货,又要卖货,还要算账,赚了多少钱三个人分。因为从来没有那样劳累过,忙了一个星期母亲就病倒了。母亲对外祖母说,这种钱赚不得,我才18岁,会累垮。

母亲有一个好姐妹在卖菜,她就下午在码头等她,说要和她去卖菜。第二天下午,母亲就挑着装煤球的竹筐,一头轻,一头重地开始了卖菜的生涯。后来有赚点钱才买了一副菜担子。以后又一个小姐妹入了伙,四个人一起做卖菜的生意。当时的本钱很少,买卖蔬菜的品种也不多。菜行有一个老板看母亲她们几个老实巴交的小姑娘做小生意,要多进点货又没有本钱。就问她们:"查某娃子①,你们叫什么名字?经常看到你们要多进点货钱不够,我可以让你们进货先记账,卖完后再把钱还给我。"母亲说,她们很守信用,今天下午卖完菜,明天早上就马上还钱。彼此之间有了信用,生意就好做了。慢慢地在厦门菜行里可以一家一家地采用赊账的方式进货,到最后不论在哪一家进货都可以先赊后还。有了这样的信用就可以一次贩进比较多的货,销路就可以做大了,生意好做了,慢慢地赚了钱,家里的开支能够应付了。

听母亲说我外祖父去世时,连棺材钱都是借的,是同乡满水叔先垫付的。我母亲说,只要我活着,这个钱一定还。母亲卖菜赚了一些钱后,赶快把欠的棺材钱还了。三丘田的"新厝内"住着一个叫顺德的人,夫妻没有吃的,我妈就叫他们到家里吃稀饭。我出生以后,母亲没有奶喂我,顺德的老婆生了一个女儿死了,就让我吃她的奶。那个年代穷人虽穷,但却能够互相帮助,就是只有一碗稀

---

① 查某,闽南话,意为女人。

饭也可以分着吃。

当时母亲卖菜有了一些积蓄,外婆就把积累下来的钱,拿回惠安老家,把当年当给别人的田地赎回来,希望儿女们以后回到老家还有田地种。解放以后,只有我二舅从鼓浪屿回到惠安家乡。

母亲和父亲结婚后,24岁生下我,我与母亲都属龙,母亲先后生下三个男孩三个女孩,加上父母和外婆一家9口人生活过得十分艰辛。父亲是船工,长年在海上行船,家里就靠母亲操持,逢年过节杀只鸡,母亲把9个碗摆在桌上,好的鸡块给我的父亲、外祖母和最小的孩子,最后剩下的鸡头、鸡爪子留给自己,这样的情景永远铭刻在我们这些儿女的脑海中。母亲为了生活挑担卖菜,“大跃进”时在厦门玻璃厂当过工人,1962年精简下马回家后,长年靠蒸地瓜、芋头、菜馃子到工厂卖给工人当点心,赚点小钱维持家里的生活。

以后为了生活,母亲又重新挑起菜担子,每天清晨到厦门菜行进货,过渡到鼓浪屿,经常要挑着担子沿街叫卖,也经常在鼓浪屿龙头街心公园摆摊卖菜、卖水果。“文革”期间,母亲还到龙海的白水营进货,购买的货物就比较多了,有蔬菜、水果、木炭等,我和弟弟居住的小屋经常堆满了货物。1966年7月至1968年12月,小学毕业的我因“文革”停课了将近三年,我和弟弟还经常帮母亲挑担走街串巷卖菜,卖木柴还要帮助挑到买家家里,我就曾经帮人将一百斤烧火木柴从三丘田挑到鸡母山半山腰买家家里。当时,才13岁的聪辉弟弟就能够一个人到白水营,在当地一个农民朋友的帮助下,购买货物,并将货物从水路运到厦门东风码头。我们兄弟姐妹从小就与父母一起感受到生活的艰辛和互相帮衬的可贵。

1970年,当时割资本主义尾巴,菜不好卖了,母亲就到厦门玻璃厂当大炉的添料工,身上经常被纯碱刺激得过敏,又红又痒,我的小弟聪敏就到玻璃厂帮我妈干活。我18岁当小学老师,开始工作的历程,第一年每月工资 18 元,以后 30 来块钱,寄 10 元给下乡的聪辉弟弟,留 3 块钱,其余交给母亲。我们家经常是父母的工资只够半个月的花销,其他日子只能靠向邻居借钱过日子。现在生活好过了,但是艰苦岁月不能忘记,父母亲的恩德永远要牢记。兄弟姐妹成家立业以后,20 多年了,每星期天我们都要回到父母家中,陪父母一起聊聊天,一起吃吃饭,这就是我们感恩父母的方法。

父亲 80 岁去世后,每周日与母亲团聚仍然是我们兄弟姐妹的传统,直至母亲 90 高龄去世为止。每周星期日下午,妈妈都会打来电话问几个人吃饭。简单的问候,粗茶淡饭就是世界上最浓的亲情。当母亲生日时,我们一家都要团聚,在家里或在餐馆里为母亲庆生,祝福母亲幸福健康长寿,感恩父母含辛茹苦养育我们。

父亲林奕藤和母亲陈秀宝与六个孙子在鼓浪屿三丘田码头合影

母亲的一生吃了很多苦,为了一家的生计,为了将我们六个兄弟姐妹拉扯大,毫无怨言,含辛茹苦,是一位典型的惠安女人,是一位慈祥的中国传统的母亲,只有辛苦的付出,从不向子女索取任何的东西,从不要求子女的付出。母亲一生多数时间在贫穷中奋斗,操持家庭的生计,没有存下几个钱,但她的豁达大度使我们这样的大家庭能和谐相处,有了妈就有了家。十几年前,老妈就把自己仅有的存款拿出来,给每个内外孙一万块,作为读书的费用。给女儿和媳妇每人送一条金手链,儿子每人一个金戒指,自己身上基本不留什么钱。父母没有给我们子女留下什么财产,但是却留下实实在在做人,踏踏实实做事,勤劳坚韧,宽厚待人的榜样。

　　三丘田,鼓浪屿这个依海为生的聚落,记载着故土的历史和我的亲情,记载着流逝岁月的酸甜苦辣和历史风云。

第三章

终生难忘"讨小海"

　　我出生在三丘田,是一个在海边长大的孩子。在我的成长岁月中离不开大海,甚至可以说与大海息息相关,海上游泳、扬帆摇橹、讨小海、网具捕鱼、钓鱼、潜水捞彩鸾等串起海的生活。海是我们少年儿童时代的游乐场,是我们与自然搏斗的战场,也是我们讨生活的宝藏。可以说整个鼓浪屿的海岸线都有我讨小海的足迹,但是最主要的还是从黄家渡到坞内海域,这是我讨小海的主战场,这里有我许许多多留存在记忆中讨小海的故事。

一、海钓的乐趣

　　和记海湾和三丘田海岸线是钓鱼的好地方,和记海湾内靠近岸边的是粗砂形成的沙滩,再往下是沙土结合的海滩,在靠近海湾外延的地方过渡为软泥的滩涂,整个海湾呈"同"字形,不管是涨潮还是退潮,潮汐激流都从海湾外延而过,在湾内形成回流,闽南话叫作"倒绞流",湾内的风浪也比湾外小,是鱼类栖息的好地方。

　　在冬天东北风刮起的时候,或夏天风暴潮来临之前,蹲守在三丘田朝向和记海湾的岸边,将钓饵抛到湾内不深的水中,经常可以钓到四两甚至半斤以上的黄鲷。夏天和秋天,随着海水的涨潮,我们可以挽起裤腿,站在沙滩的海水中,脖子上挂着竹编的鱼篓,将自己用竹子做成的手竿勾上鱼饵抛向前方的海面,等到铅坠沉到海底,过一会儿轻轻地拉动鱼饵,不一会儿鱼儿咬住鱼钩,拉着鱼线往下沉,把钓竿一提,弯曲的钓竿提着挣扎的鱼儿上了水面,采用这种办法经常可以钓到俗称"三纹""梭子鱼""屎姑子"的鱼,"屎姑子"钓出水面时还会发出"咕、咕"的叫声。

我的青少年时代,由于物质的缺乏,钓鱼更多是为了生活。从小到大生活在鼓浪屿三丘田码头旁,我从小就学会用鱼竿钓鱼,钓鱼既是为了生活,也是青少年时代充满快乐的趣事。上世纪 50 年代到 70 年代,钓鱼的鱼竿都是自己制作的。到山上砍竹子,要把竹子的分叉和叶子削掉,用炉火将弯弯曲曲的竹子烘直,成为鱼竿。钓鱼的铅坠,则是到鼓浪屿岛上部队实弹射击的靶场,挖出深陷在泥土中的子弹头,放在铁罐中烧热,铅熔化后倒到模里做成的。铅坠的模是自己找来砖头,在上面用工具雕刻模型,想要什么样的铅坠,就自己铸模、倒模。

岸边浅水区可以用单根竹子做成的手竿钓鱼,或者游泳到海中的礁石上,在不同的季节,钓俗称为"赤碧仔""海中斑""狮公仔""狗更仔""象鼻"等成群的鱼类,都是用手竿垂钓最合适。

手竿钓"赤碧仔"主要季节在夏天,钓鱼可以是船钓和矶钓,我们更多的是采用矶钓。事先准备好"海蜈蚣"作为鱼饵,等到潮水涨潮或退潮到一定的潮位,带着鱼竿、鱼饵和鱼篓,游泳到厦门与鼓浪屿之间的礁石上垂钓。垂钓"赤碧仔"最多的是到三丘田对面海中的"水尺礁",我们习惯上称为"海中间"。这个礁盘是厦鼓海域之间最大的一个礁盘,十几块礁石高低错落,礁石与礁石之间水深不同,有的退潮以后可以涉水而过,有的必须游泳过去,礁石周围适合垂钓的方位不一样,有的适合涨潮时垂钓,有的适合退潮低潮位时垂钓。在水尺礁垂钓"赤碧仔"除了比较多人经常垂钓的最先露出礁盘的大石外,还有位于水尺礁中部的"相叠石",低潮位时距离"相叠石"一二十米的一块小礁石也是垂钓"赤碧仔"的好地方。这块礁石在水尺礁的外侧,独悬海中,礁石周围水深三四米,从退潮的低潮位平潮开始,一直到开始涨潮一二分潮,水流不是很急时,正是垂钓的最佳时机,有时一个小时左右就可以钓上几十条"赤碧仔"。等到海水淹到膝盖以上,在激流中站不住脚时立马游泳离开。

水尺礁,我们叫作"海中间",是我垂钓的主要场所,红灯塔所在的就是江心礁

垂钓"赤碧仔",还有一块礁盘是很好的垂钓地点,就是河仔下原救世医院外面海域的一个礁盘,这个礁盘,南北走向一连三四块礁石连在一起,退潮到四五分潮时礁石才露出来,看到海水在礁石上方打着水花时,游泳到礁石上,退潮的潮水已经不是很急了,站在朝向南侧的第一块礁石,将钓竿的鱼饵顺潮抛下,是垂钓"赤碧仔"的最佳时段。

这块礁盘还是当年垂钓黄翅鱼的好地方,当海水开始涨潮以后一个来小时的光景,朝鼓浪屿方向十米左右的海中甩杆,每次能钓到三四条三四两重的黄鲷。

　　手竿钓鱼钓到最多的就是俗称"狗更仔"的小鱼，岸边和礁石边都有，这种小鱼每条只有两三厘米长，成群结队在礁石、码头、趸船旁边游荡。厦门与鼓浪屿之间海域的礁盘、三丘田码头、黄家渡码头、鼓浪屿轮渡码头旁边的原来的电船码头都有成群的鱼儿，这些地方也是我们鼓浪屿一群讨小海少年垂钓"狗更仔"的主要战场。垂钓"狗更仔"的最佳方法就是在鱼线上分段绑好几个鱼钩，一竿下去，钓上来"一串鱼"。每次我游泳到海中间的礁盘钓"狗更仔"，回来都是一桶的鱼儿，若要论条，恐怕有上千条。

　　"狗更仔"鱼儿虽小，鱼鳞和鱼刺都很硬，钓到的鱼要做酱油水或者干煎都必须先将鱼鳞和鱼刺去掉，这可是一件不容易的事情，要用小刀片刮掉鱼鳞，用剪刀将鱼刺剪掉，成千条的小鱼处理完，有时手都会起泡了，所以我妹妹看到我要到海里钓"狗更仔"，眼眶都会红红的。"狗更仔"虽小，鱼骨和刺都硬，不好处理，但是煮酱油水和干煎都很好吃的，况且在物质比较贫乏的年代，这是我们家中很好的蛋白质了。有付出就有收获，生活的辛酸和甘苦只在其中了。

　　手竿比较容易制作，带转轮的"车子钓"鱼竿的制作就比较复杂了，在工序上要先选好当鱼竿的竹子，竹子做的鱼竿可以有整根竹子的，也可以两根竹子相套接的，甚至有三根竹子相套接的。关键工序是要制作缠绕鱼线的圆形绞盘，绞盘一般是由六个叶片或者八个叶片和木制轴心组成，叶片采用红木木板或者胶木板，用模板画好样后，采用钢丝锯加工而成。用胶水和两条铁丝将叶片固定在轴心上，然后再用铜螺杆固定在鱼竿上。最后一道工序，还要将瓷质圆珠按照一定的间距用尼龙鱼线绑在竹竿上。这样一把自己制作的"车子钓"就做好了。"车子钓"适合在深水中垂钓，也适合在岸边将鱼钩抛远进行垂钓。除了鱼竿钓鱼外，乘船在海中的深水区垂钓时,还会使用不带鱼竿的手钓。

我们还会使用主线一两百米,上百个鱼钩的"绲钓",也称"延绳钓"来钓鱼。等到天文大潮低水位时,将"延绳钓"固定在海里,等一个涨潮和一个退潮后,将"延绳钓"收上来,有时一次可以收获一二十条鱼。"延绳钓"更多的时候是摇船到海中放到海底,一个多小时就收绳,收获的鱼比较多,但是所需的钓饵量很大,工作量也是很大的。

在鼓浪屿海滨,用延绳钓钓鱼要花比较大的工夫,自己制作的延绳钓采用平底的竹笭筐,在竹笭筐沿上固定住一圈草绳,用于勾搭鱼钩。主线母绳采用粗的尼龙鱼线,每筐延绳钓长度大约一百米。大约七八十厘米固定一个钓钩,一般要用手工绑一百多个钓钩。渔民使用延绳钓都是用小鱼虾做鱼饵,我们都是到海里挖"赤虫"、"草虫"、"青虫"和"海蜈蚣"做饵料,为了保证两筐延绳钓的饵料,挖充足的鱼饵也要耗费很多时间和体力。正因为使用延绳钓需要耗费很大的成本,所以一般用于船钓施放和天文大潮连续几天的施放,使用几天以后,没有再使用的鱼钩就会生锈作废了。

我使用延绳钓更多是在每年的 4 月和 10 月,主要是钓"山蒙"。山蒙背上的三根鱼刺毒性很强,老厦门人对有毒性的鱼类排列是:"一魟、二虎、三山蒙、四象鼻、五竹甲"。魟鱼尾巴上有尖锐的毒刺,人被刺时,有时会因此而死,渔民捕捞到就会先把有毒刺的尾巴斩掉。这五种鱼类,除了头牌魟鱼外,其他几种,我都有被刺中毒的痛苦。每年四月,海水还是冰凉的,这时的山蒙每条都有两三两重以上,而且很肥。此时使用延绳钓抓捕山蒙是最合适的买卖,一筐延绳钓就可以钓到二三十条的山蒙。有一次傍晚,我从河仔下总巡码头边,往燕尾山方向施放延绳钓,第二天早上在水中收绳,一筐延绳钓收获了三四十条山蒙,几十年过去了,这件事至今仍留在记忆的深处。到了 10 月,年初产卵孵化出来的新一代的山蒙逐渐长大,成群的山蒙用延绳钓捕抓,数量是更多了,但是此时的山蒙个子小而瘦,有数量没有质量,捕抓的山蒙只能做酱油水,作为配菜了。

钓鱼使用的鱼钩,多数是从渔具店购买的,但也有自己做的。钓"狗更仔"这样的小鱼,要用小的鱼钩,有时买不到时,就用当时电话线里细细的钢线,小心地抽出来,制成小鱼钩。鱼饵,在和记海湾、三丘田、河仔下、黄家渡的沙滩,可以挖到作为钓饵的海蜈蚣。在沙土结构的海滩和滩涂,我们可以使用类似锄头,但是锄口不到十厘米的闽南语俗称"阔嘴"的工具,挖到俗称"草虫"和"赤虫"的鱼饵。挖鱼饵是一件很辛苦的体力活,挖好的鱼饵还要养好,死掉就不能用了。虾、螃蟹、海蛎、鲎膏、鱿鱼膏等都是很好的鱼饵,鱼饵的选择要根据不同季节、钓鱼的品种进行选择。

平时我们比较经常在鼓浪屿的海岸线边钓鱼,根据季节和潮水,也经常游泳到厦鼓海域中间的礁石上钓鱼,由于长期在这些海域钓鱼,对什么季节、在哪块礁石、涨潮或是退潮的潮位、钓什么鱼都了如指掌。我们也会划船到猴屿、大屿岛、鸡屿,甚至东渡附近海域垂钓。

不同的季节,不同的潮汐,垂钓不同的鱼类,对使用哪种鱼竿、铅坠、鱼饵都是有讲究的。长期钓鱼积累的经验是最宝贵的财富,直接影响到钓鱼的收获。秋季到了,秋风一吹,我们就会在三丘田碉堡旁边的岸边垂钓一种叫"水尖"的鱼,这是一种水面鱼,我就用竹筷子和浮标制作能够漂浮在水面上"钓具",竹筷子与小浮标用线捆绑固定成"T"字形,在竹筷子上等距离用小刀刻出四道浅浅的凹槽,在每个凹槽上固定绑好鱼钩,上好鱼饵后,用"车子钓"将钓具抛到海中,"水尖鱼"一上钩就在海面上挣扎溅起水花,将鱼线收起,鱼就到手了。

各种不同的海鱼咬饵的方式也是不同的,钓鱼人会从钓竿的动静中感知。厦门人比较喜欢的鱼类就是黄翅,据朱家麟先生考证,黄翅学名黄鳍鲷或黄鳍棘鲷,鲈形目鲷科,俗名还有赤翅、黄墙、黄脚立,厦门人习惯上就叫黄翅。黄翅是厦门一带海域常见的鱼类,也是垂钓的主要鱼类。从我的经验来看,小的黄翅鱼一条才一二两,厦门人称之为"神仔"或"新仔",至今我也没有搞懂准确的是何种叫法,反正这两个词基本谐音。我想闽南人这么称呼可能就是"新的黄翅"的意思,我没有考证。但是你如果遇到厦门人在钓鱼,而且他就只钓到几条小的黄翅,你问他掉了多少鱼?他只会回答你"钓到几只神仔",他不会回答你,我钓到几只黄翅。只有钓到的是几两重的黄翅,他就会肯定地告诉你,钓到黄翅鱼了,语气中肯定还有一点高兴。再大一点的黄翅,达到每条三四两重的,我们一般会用"手板"来形容,半斤以上的黄翅就用"过冬的"来形容了,说出口的时候肯定是喜形于色了。

黄翅鱼比较"鬼",它会轻轻地咬钓,又会松开,非常警觉,以前在鼓浪屿和记码头到燕尾山一线海域浅水钓黄翅鱼时,用细线轻铅坠钓时,黄翅鱼一咬鱼饵,钓鱼人不动声色地放线,尽量不惊动咬饵的鱼,等到黄翅鱼将鱼线一直往海里扯时,鱼竿一提鱼就上钩了,钓上来的黄翅很多都是将鱼钩吞到肚子里,那是十拿十稳,想跑掉绝对没门儿。狗鲨咬钓非常的轻,两三斤的鱼就像小鱼咬钓一样的轻,狗鲨上钩后往上收线时,你会感到有沉沉的重量,但是不怎么挣扎,当鱼接近水面时,狗鲨会突然使劲往水底扎,你不提防还与它较劲就会断线,让眼看到手的鱼溜走了。

黄翅鱼上钩后挣扎得很厉害,在海里呈"Z"字形来回窜,在海中的礁石上垂钓时,周边都经常有其他礁石,一不小心鱼线就可能被礁石上的贝类划伤而断线,也可能让挣扎的鱼钻进礁石缝中。如果是比较大的鱼,收线时要根据鱼挣扎的情况,鱼线要时紧时松,不能像闽南话所说的"硬锤敲硬铁",钓到大鱼更是如此,否则就会煮熟的鸭子飞走了。

钓鱼最大的魅力,就是钓鱼的过程充满许多不确定性,特别是鱼来咬钩的手感,根据鱼咬钩的状况判断是否可以起竿,鱼上钩后将鱼钓上来的过程是最刺激的。钓上鱼的喜悦和鱼逃走的惋惜,或者长时间垂钓一无所获的无奈,这些钓鱼的感受就像一种魔力吸引着你。对于钓鱼老手,久而久之,鱼咬钓时,还未拉上来,基本上就能判断大体是什么鱼,多大的鱼了。

有时候划船出海一整天也钓不到几条鱼,有时候又会有意外的惊喜。"充满未知数",充满收获的期待,就是钓鱼能够迷人的一大原因。钓鱼也能训练人的耐心,也是修身养性的一种方式,钓鱼人就是要有"平常心"。

二、诱捕"豆子鱼"

到了清明前后,鲻科的鱼产的卵已经孵出小鱼,厦门地区最多的主要有鲻仔、乌仔、加剥仔等,这些鲻科的鱼苗由于个体很小,我们俗称"豆子鱼",这时候的"豆子鱼"成群结队浮游在海面,正是捕抓的好时节。捕抓"豆子鱼"很多人通常使用家里用于防蝇罩住饭菜的竹罾,我们通常叫"桌罩"作为捕鱼的工具。更专业一点的使用请竹编工匠打造的专门用于捕抓"豆子鱼"的竹罾,这种竹罾用竹子的皮切削成很薄很窄的细长条编织,罾沿用较厚一点的竹条编成圆环,网眼很小,使小鱼小虾都跑不出去,竹罾的直径有一米多,要有一定的体力才能够将其从海水里迅速举起来,否则鱼都跑光了。

还有一种工具就是三脚罾,三脚罾使用两支三米左右长的竹竿作为渔网的支撑,两支竹竿在距离尾部四五十厘米的地方各钻一个小孔,用铜质或铁质的插杆穿过锁死螺母,中间撑一根可以拆卸的竹竿做横担,两支竹竿前头固定一张渔网,扩成一个三角形的网,由于使用三脚矕抓鱼时要把网一直往前推,我们也把三脚矕叫作"三脚推"。三脚矕主要用于退潮以后在潮间带和礁石旁的捕捞,经常可以捕捞到一些鱼虾和螃蟹,用于诱捕"豆子鱼",是一种拓展性的使用。

捕抓"豆子鱼"要在潮位比较高的时候,涨潮时分我们站在和记码头,或者站在三丘田码头倾斜延伸往水里的花岗岩条石桥面上,将竹矕或者三脚矕扎进海水中,从鱼篓中抓出小螃蟹放在嘴里嚼碎,用手掬一口海水往嘴里抿,将腥味十足的螃蟹沫喷吐向竹矕和网矕里面,如果没有了小螃蟹当诱饵,黄瓜也可以作为替代品。当"豆子鱼"整群游进竹矕和网矕里面抢食,竹矕和三脚矕里面已经有不少小鱼儿时,将竹矕和三脚矕快速提离水面,几十条、上百条的"豆子鱼"就收获进鱼篓了,一个小时就可以抓到几斤的"豆子鱼"。"豆子鱼"虽小,拿回家用清水洗一洗煮酱油水就可以当菜了,这些都是当时物资贫乏时期家庭的主要营养来源。在当时的历史条件下,也没有保护渔业资源这样的概念,获取生存的物资是当时生存的第一需要。

"豆子鱼"的这种捕抓方法还不是最佳的方法,当农历初九和二十三前后的小潮水时,月亮光比较弱的晚上,海面上只有微风徐徐,海潮比较平缓,这可是鲻科鱼苗群汇聚成团的好条件,也是我们捕捞"豆子鱼"的好时机,这还要看有没有好运气了。我好几次在和记码头的海湾和河仔下、燕尾山等小海湾中的浅滩就遇到这样"好康"(闽南语:很好收获的意思)的事情。在浅浅的海滩,鲻科的鱼苗会聚拢在一起,层层叠叠、密密麻麻汇成一团,一眼望去在海面上有一团黑影在缓慢地移动,因为鱼儿的跃动还会发出"沙沙"的声响,并且闪现忽隐忽现的荧光,"豆子鱼"汇聚成团的这种现象,我们闽南话叫作"顿"。见到此种情景,我们这些在海边长大的人都会一下子兴奋起来,提着三脚罾快速奔过去,把三脚罾往水中一插,对准颜色最重的地方一网提起,这一网就是一二十斤以上的"豆子鱼",可是大丰收了,发小财了,那高兴劲可别提了。鱼篓是装不下的,我们随身都带着一条米袋子,装上渔获高高兴兴地回家了。

三、网具捕鱼的那些事

四脚罾是闽南、台湾一带渔民在堤岸或船上用于捕鱼的工具。顾名思义,四脚罾有四只脚,用四根五六米长的竹竿作为支撑骨架,竹竿粗的一头要用火烘烤弯曲到一定的曲度,逐步细小的一端要将其用火烘烤整平直,使它接近 J 形。四脚罾有一个十分重要的部件就是十字形套筒,它作为四脚罾的主要支撑和受力点十分关键。制作十字套筒要用两根比较粗的竹筒,以能够将四根作为支撑骨架的竹竿较粗的一头插进去为宜,粗竹筒外延再用铁皮箍住,这样套筒在受力时不会开裂。在这两根竹筒的中间部位要钻一个圆孔,用一根可以锁螺母的铁螺杆穿过锁紧,使两根粗竹筒能够合拢又能够撑开呈十字,便于撑网和收网。除此之外,要有一根比四根支撑骨架用的竹竿还粗的竹竿作为四脚罾拉网放网的支撑悬臂。还要专门做一杆长四五米装有网兜的工具,以便将捕到的鱼从四脚罾捞上岸。用于四脚罾捕鱼的渔网是不能没有的,没有网就是竹篮打水一场空了。要根据需要为四脚罾编织一张正四方形的渔网,边长将近 5 米,采用尼龙鱼线编织。

捕鱼时要选好地点,四脚罾通常是以海边的堤岸为支撑,在退潮的时候还要将涨潮时放置四脚罾地方的沙滩或者滩涂平整好,把一些已经长满锋利海蛎壳的小石块捡掉,避免网被割破,也避免因为海底凹凸不平,渔网在海底随潮水晃动吓走鱼儿。东屿村等海沧和龙海一带的渔民也有将四脚罾固定在舢板渔船的尾部,这种捕鱼的方式是机动性较好,但是网具大小受到一定的限制。

这些物件准备好后,就可以准备捕鱼了。使用四脚罾捕鱼之前要在空旷的地面完成四脚罾的组装,将四根作为骨架的竹竿粗的一头插进作为中心支撑呈十字的竹筒套中,将正四方形渔网的同一边的两个网头绳子采用活套的方法套在两根竹竿的尾部,这种活结在受力时会越拉越紧。然后再把第三个网角和第四个网角的绳子,用相同的方法固定在另外的两根竹竿上,四脚罾就张好了网。

使用四脚罾捕鱼放网和提网才是真本事,为了方便放网,在条件允许时都在岸边直接张网。如果张网的地方离捕鱼的岸边有距离,就要把张好网的四脚罾抬到岸边,这也需要平衡的功夫。捕鱼者要把作为拉网支撑悬臂的竹竿扛上肩膀,将一端渔网的中间靠在竹竿上,两手抓住两根支撑骨架的竹竿,将四脚罾移动到岸边,使网面朝向海,支撑放网的悬臂一端也朝向海面,将作为固定收放网悬臂的竹筒用绳索拉住,一端放到靠近水面的位置固定住。然后手握住放网收网的绳索将四脚罾放进海里,待四脚罾放稳后就可以守株待兔般地准备抓鱼了。在将四脚罾放置到捕鱼的位置中,力量、平衡和经验是至关重要的因素。

四脚罾起一次网一般要等 15 到 20 分钟,收网时动作要非常迅速,两手交替快速将固定在套筒上的绳索拉上来,四个角的网端先离开水面,游进网里的鱼发现危险时还会蹦跳出水面,想要跃出网外逃生,如果动作不够迅速鱼可能就跑掉了,那真是"煮熟的鸭子飞走了"。在和记码头的海湾和三丘田岸边,四脚罾主要抓到的是鲻科类的鲻仔、乌仔、加剥仔、粗鳞。在这些鲻科类鱼中,乌仔体型比较大,其次是粗鳞,鲻仔和加剥仔都比较小。这些鲻科鱼儿跳跃的能力很强,只有网底离开水面,鱼儿躺在软软的网上时才老实了。这时候捕鱼者一手拉住四脚罾,一手举着长杆网兜将落网的鱼装进网兜,收回岸上,然后再将四脚罾放入海中等待下一网的收获。使用四脚罾抓鱼有时收获很好,有时半天收获寥寥无几。

在三丘田使用四脚罾抓鱼的是我的邻居陈老伯,陈老伯有三个儿子,小儿子跟我是小学的同学,他的儿子有时也帮他起网,我们一帮小年轻经常站在旁边看热闹,看到抓到大鱼一起欢声雀跃。三丘田使用四脚罾捕鱼的还有我的表哥,他是厦门灯泡厂的工人,下班后主要干捕鱼的营生,我经常和他一起下海捕鱼,有时把他的四脚罾扛到海边抓鱼,所以我对四脚罾和捕鱼的方法十分熟悉。

车罾可以看作是四脚罾的进一步发展。车罾的网比四脚罾大了许多,形状也不一样。四脚罾是四条边相等的正方形,而车罾的网是长方形的。四脚罾可以架设在堤岸上捕鱼,也可以安装在渔船的船尾捕鱼。而车罾由于网具很大,需要很大的力量才能将网提出水面,所以车罾要在岸边建一个高台,高台上安装一个绞车,车罾渔网的前端两侧固定两根木头支架,支架的另一端支撑在海底的一个支点。两条缆绳与渔网前端的木头支架固定在一起,另一头与绞车相连。为了使车罾渔网起落时不会左右摇摆,还需要在网的两侧使用绳子拉住。车罾起网时,依靠绞车的力量将网拉出水面,网中的鱼使用长杆网兜捕捞。

上世纪七八十年代,鼓浪屿的覆鼎岩附近、三丘田、燕尾山、五个牌、美华等地都有鼓浪屿人安装的车罾捕鱼。一直到90年代,位于美华海滨鼓浪石附近的车罾还在使用,后来就拆除了。目前,四脚罾和车罾这两种捕鱼的网具已经在鼓浪屿基本消失了,在厦门轮渡内厝澳码头旁边的原厦门水产养殖场的堤岸边,有时还会看到车罾捕鱼。

手撒网是一种沿海渔民比较灵活使用的捕鱼网具。手撒网是用比较粗的尼龙鱼线编织的圆形的网,网的底部设有网兜,最底部是一圈铅坠,使网撒出去后能贴住海底,不会让鱼从缝隙中钻出去。在手撒网圆心处用绳子固定，绳子的另一端一般有个活绳扣套在捕鱼者的手腕上。撒网时需要靠左右两手配合将网抛开撒圆，网底部的铅坠迅速将网底沉到海底，捕鱼者拉住网绳，慢慢将网收拢，如果网中有鱼就会撞击渔网，通过网绳传递到手上，捕鱼者就可以大致根据动静感觉网中鱼的多少和大小了。收拢渔网不让鱼跑出去，全靠经验和感觉了。有时收网时，遇到网被海蛎壳或者石块、金属物勾住，捕鱼者就要用手摸着解决，不能用力拉扯，导致网破鱼跑。

使用手撒网捕鱼是个技术活，对撒网的海域情况要非常清楚，哪个地方几分潮水刚好撒网，都要了然于胸。为了能够捕到更多的鱼，捕鱼者在退潮时，还会到海里铲一些海蛎，将海蛎敲破，撒在要撒网的地方，用两三块小石头支撑一根细竹子做标记。等到潮水涨到一定的水位，黄翅鱼等来寻食时，将手撒网抛出捕鱼。这种采用诱饵的方式，一般都能捕到比较多的鱼。我在年轻的时候，经常跟着我表哥用手撒网捕鱼，或者自己提着手撒网，背着鱼篓，根据潮水，在三丘田到燕尾山一带海域撒网捕鱼。这是一种需要体力和技术，又需要经验和判断的捕鱼方式。这种捕鱼方式，现在在鼓浪屿的海边有时还可以看到。有一次我在鼓浪屿摄影，走过黄家渡海边时，就看到在那里用手撒网捕鱼的人，捕获的多数是鲻科类的鱼儿，我随手拍下了照片。

流刺网是捕鱼者很经常使用的一种网具，网由尼龙鱼线编织而成，流刺网使用一层或多层尼龙丝所织成的长方形网片，一般会将多张网片结合在一起，厦门和闽南沿海一般采用一张长方形网片，长度可达几十米或上百米，网的上缘等距离固定木制或塑胶所制的浮子，下端系铅制沉子，将流刺网放到海中，底部铅制沉子可触碰海底，网的上缘浮子使网垂直张开，鱼类游入触碰网就被网目缠住。

鼓浪屿黄家渡码头海滨手撒网捕鱼

手撒网捕获的鱼

流刺网根据捕抓的鱼类不同,渔线和所织网目大小不同。由于它可以在不同的海域使用,捕鱼的效率比较好。早年的鼓浪屿在鹿耳礁、三丘田、内厝澳和美华一带都有人使用流刺网捕鱼,闽南人称用流刺网捕鱼为"放绫仔"。鼓浪屿人使用流刺网捕鱼时，将网放入海中，还会使用竹竿打击水面，或者在船上用木棍敲击船沿，发出声响使水中鱼类惊慌快速游动，提高鱼被网缠住的概率。

在上世纪六七十年代，厦门还是海防前线，对船舶的管理十分严格，个人使用的流刺网可以在船上放网捕鱼，没有船时，经常使用大的车轮内胎作为浮水工具，捕鱼者坐在车胎上面，用手将流刺网举起，以脚的划动控制方向，将网缓缓放入海中，在流刺网的两头用浮标作为标志。网放入海中一段时间后，开始收网捕鱼。这样使用流刺网捕鱼需要很好的水性和体力，我曾经使用我表哥的流刺网，以汽车内胎作为浮水工具捕鱼，半天放两次网就累得筋疲力尽了。

流刺网在厦门近海捕到的多数是各种杂鱼。当年海沧一带的渔民经常使用流刺网捕鱼。现在福建沿海一带的渔民仍然经常使用流刺网作为捕鱼的网具。现在鼓浪屿还有人采用流刺网进行捕鱼。

覆鼎岩海滨用流刺网捕鱼

四、讨小海的辛苦和乐趣

（一）抓海螺的乐趣

下海捡海螺是我们这些海边孩子从小就干的事情。小小年纪就跟着大一点的伙伴下海捡海螺、下小海捕抓鱼虾。闽南俗语说："脚湿嘴沾腥"。意思就是只要下海去讨小海就会得到渔获。讨小海最简单的就是捡海螺。鼓浪屿海边的浅滩礁石和滩涂中生长着锥形的旺螺、露螺和珠螺、像橄榄两头尖的苦螺，还有一头大一头尖的钉螺。抓海螺要在退潮的时候到礁石上，用长长的铁钩把躲在石头缝隙中的海螺勾出来；在潮间带将不大的乱石头翻开，将躲在石头下的海螺捡起来；露螺经常躲在堤岸的石头夹缝中，要等到晚上以后，在退潮时它们会从石头缝中爬出来吃露水，这时拿着马灯和手电筒一照，一只只抓在手上。鼓浪屿燕尾山下的海沙滩生长着一种一头大一头尖的钉螺，退潮以后就在沙地上一捡一大堆的钉螺，但是我们几乎不捡回家，因为传说钉螺会传染血丝虫病，今天想来估计也是没有的事。当年我们下海捡海螺一般两种吃法，一种就是煮熟了用针将螺肉挑出来蘸着醋或者辣酱吃；一种就是把螺肉挑出来后，将整碗的螺肉与蒜和葱一起炒，这可是美味的海鲜。

捡海螺最经常去的是三丘田到燕尾山一带海岸沿线。退潮以后，我们会在不同的潮间带礁石上，在滩涂的石头上寻找海螺，在码头的花岗岩石头缝中，见到什么海螺就抓什么海螺。海里的海螺有一些是空壳的，里面却生长着一种小小的寄生蟹，我们俗称"寄生螺"，这种寄生螺不能吃，所以我们也不抓它了。判断是否寄生螺比较容易,螺壳里的寄生蟹将脚伸出螺壳,在礁石和滩涂上爬行,速度比较快,人接近的时候,滩涂有了动静,寄生螺就动起来了,我们马上可以辨认出来。而海螺也可以在石头和滩涂上爬行,但是海螺是靠吸盘和肌肉的收缩来蠕动的,因此速度极慢,与寄生螺的移动有很大的差别。到海里抓海螺经常带的工具是铁钩子,在一根粗铁线的末端两厘米处用工具弯一个直角,形成一个钩子,专门用来对付躲在礁石缝隙中的海螺。

除了在鼓浪屿岛上的海里抓海螺,每当天文大潮,农历的初一到初三,十五到十八,潮水退到低潮位时,我们会游泳到厦门和鼓浪屿之间海域的礁盘上讨小海,经常会带上一个大木盆,用来装抓到的海产品。在海中的礁盘上抓到的海螺经常都比较大,有时运气好,一下子可以抓到一窝的大旺螺,抓到整窝的苦螺,那可不是一个一个地捡了,而是双手捧起来往桶里放了,心里可是美滋滋的。

抓海螺最远的我到过猴屿、大屿岛、鸡屿和东渡一个叫"麻尾"的礁滩,当然是要摇船过去的。猴屿面积比较小,滩涂很少,多数是礁盘,我们就在礁盘上寻找海螺,到猴屿主要是去钓鱼,一边钓鱼一边捡海螺,鱼和海螺两者兼而有之,而且两不误。

大屿岛比猴屿大多了,小小的海湾有很多个,不同的地理条件和位置的海滩出产的海产品也是不一样的,其中一个滩涂上的"赤虫"(一种鱼饵)特别多,我们经常摇船到那儿挖鱼饵。一个滩涂礁盘很大,生长着很多绿色的藻类,我们叫作"干膜",用淡水洗净后晒干炒熟了很脆很香,是厦门人吃春卷的最佳的原料,比浒苔好吃多了。另一个滩涂石头很多,石头上爬满了海螺,抓完后将石头掀开下面还有很多的海螺,不一会儿就可以抓到整水桶的海螺了。在我抓海螺的记忆中,东渡"麻尾"礁滩的海螺最多了,这个礁滩位于现在东渡同益码头外面,海中有一个灯塔,灯塔朝向东渡的方向,退潮时会出现一大片的礁滩。

　　我到"麻尾"去钓鱼和抓海螺的时间主要在上世纪 60 年代末和 70 年代初,就是在筼筜港还没有围垦之前,到那里钓鱼一个晚上就可以钓到二十几斤的鱼,而且不少是石斑鱼和狗鲨。当退潮露出"麻尾"礁滩以后,我们将小木船靠上去,这片沙土质地的礁滩上有许多的小石头,石头的上面和石头的周围密密麻麻的都是"瓮螺",这种海螺的肉质十分鲜美,不长时间就能够抓一大水桶的海螺,这是厦门鼓浪屿沿海海螺最丰盛的地方了。后来,筼筜港围垦以后,排水的闸门就靠近"麻尾"这个地方,污水从这里排入大海,东渡这一带海域的环境受到很大的影响,当年鱼类丰盛,海螺遍地的景致早已消失得无影无踪了,只有年轻时候美好的回忆还在记忆的深处久久不能忘怀。

　　有意思的还有到滩涂去抓织纹螺。织纹螺,厦门本地俗称"加锥螺",是生长在浅海滩涂的一种海螺,肉质鲜美可口,厦门造船厂鼓浪屿车间、厦门玻璃厂前面的弧形海湾"坞内"滩涂上最多。抓"加锥螺"最好的办法就是先到海里抓几个海螺,然后用石头敲破螺壳,取出螺肉,用钓鱼的尼龙丝线绑住,一头固定在小竹竿上,海水退潮后,到三丘田路头、和记路头等礁石多小螃蟹多的地方,用绑着海螺肉的钓竿去垂钓小螃蟹。然后将小螃蟹碾碎,放进小罐子,添加海水,制造诱捕"加锥螺"的汤料。经过燕尾山到海边时,在山上随手摘几根相思树枝,在生长"加锥螺"的坞内滩涂上,用相思树枝沾着海螃蟹的水洒在滩涂的浒苔上,过一会儿"加锥螺"都从滩涂的泥洞中爬出来,就可以很容易地抓到数量够多的"加锥螺"。"加锥螺"要先用海水洗净海泥,在海水中浸泡一段时间,让海螺将螺内的泥土吐出,再洗干净下锅煮。煮海螺最要紧的是掌握火候,铁锅内要放冷水,将浸洗好的加锥螺放进去,水一烧开迅速将加锥螺捞起,煮太久螺肉缩水太多,不好挑出来,也不好吃了。吃加锥螺时,先用剪刀剪掉螺尾,放到嘴里一吸螺肉就出来了,这就是我孩提时代经常干的乐事，今天回忆起来还历历在目，加锥螺的香味还在口舌之间萦绕。

当年的加锥螺绝对是美味海鲜，可今天很多人不敢吃织纹螺了，因为有人吃织纹螺中毒。加锥螺有毒与工业化过程中的环境污染直接相关，是环境污染导致加锥螺有毒。因为海水的污染，原来海边最常见到的"海蟑螂"都难以见到了。如今的环境污染已经使我们孩提时代常见的萤火虫、草蜢、金龟子不见或少见了，有的地方连蛙鸣之声都难听到。我们在享受经济发展成果的时候，需要反思发展的成本和后果，否则人类会自食其果，保护环境就是保护我们自己。

(二)潜水拔彩鸢的那些事

在厦门海域，不仅有海蛎、红蚝、海螺，还有攀附在礁岩、航标、船底的彩鸢，我们闽南话叫"彩鸢"，据朱家麟先生考证，彩鸢即翡翠贻贝，俗名海虹、海红、青口，也有不少人称之为"淡菜"。这种贝壳类的海产品，是我们当年下海捕抓的海产品之一。我当年下海拔彩鸢的那些往事，家麟兄的《厦门吃海记》中也有叙述。

由于三丘田是当年航标兵的航标养护基地，后来归厦门航标区负责。海上的航标设施主要有两种，一种是圆筒形的，航标灯的铁架固定在圆筒的平面之上；一种是底部是半圆形，上部呈圆锥状的航标，半圆部分沉在海水下面，圆锥状部分浮在海面。根据航标的具体用途，用铁链将其固定在海域的特定地点，为过往船舶指示航线。航标在海中会被海水锈蚀，过一段时间就要更换，将长满海蛎、彩鸢等海洋生物的铁质航标灯拖到三丘田的岸边，再用起重机吊到岸上，除锈上漆养护。

当需要养护的航标灯设施被船拖到三丘田岸边的时候，也是我们三丘田的少年解嘴馋的机会。当船将航标灯设施拖到岸边时，如果是夏天和秋天，航标灯尚未马上起吊到岸上，我们一群少年就会立即"扑通、扑通"地跳到海里，游到航标灯设施的旁边，手上戴上手套，一个猛子就潜到水里，用手将攀附在航标灯底部的淡菜使劲拔下来，再游到岸边，将到手的彩鸾放置在岸边的码头上。如果航标灯起吊到岸上，我们就会手持撬挖的铁具，将航标灯底座上的彩鸾和海蛎撬挖下来，装在篮子里。所以，当航标灯设施拖到岸边保养的时候，也是我们兴高采烈收获彩鸾的时刻。

三丘田至厦门水仙码头之间的海中间，原来长期有固定几只专用实验油漆的趸船，这些实验油漆的长方形趸船四周一圈是实体的，中间是空的，装置实验油漆的铁架，铁架中插着实验油漆的铁板。趸船的四周都用坚固的铁链和铁锚固定，时间长了趸船底部和铁链就会生长出海蛎和彩鸾。我经常游泳，推着能够装彩鸾的大木桶到达趸船，潜水到趸船的底部，将依附在趸船底的海蛎和彩鸾拔下来。

潜水到趸船的底部抓彩鸾是很危险的，要干这个活，需要有很强的徒手潜水的本领。在水面深吸一口气，在水中要懂得合理控制吐气，在水里的方向感要十分清楚，潜到趸船底部，立即找到目标，迅速用戴着手套的手将彩鸾使劲拔下来，沿着进来的方向迅速潜水浮出水面，如果在水底搞错了方向，后果是不堪设想的，就会把命送给彩鸾了。这种惨剧在我们三丘田这帮艺高人胆大的青少年中是从来没有出现过的。我们常开玩笑说，我们是没有执照的潜水员。

游泳到实验油漆的趸船潜水打捞彩鸾虽有危险，但是由于这种专用的趸船中间部分不是实体的，装配有实验油漆专用的铁架，与趸船外部一样有光线照射，方向性比较明确，因此降低了潜水方向错误的几率。而像厦门轮渡公司停靠船舶的趸船与和平码头的趸船，长度和宽度都是几十米以上，而且整只趸船都是实体的，潜水进去打捞彩鸢后，肺部仅存的氧气已经非常少，在水中停留的时间只能很短了，万一回程方向弄错了，那肯定就是一条不归路的。"文化大革命"期间，我和几个邻居小伙伴，摇着小船，分别两次到厦门轮渡停靠船只的趸船和和平码头趸船，下水潜入趸船底部打捞彩鸢，这两只趸船底部彩鸢很多，但是光线十分昏暗，水流速度比较急，人在趸船下面的稳定性不好，在水流的冲击下，身体一直要漂到贴近趸船底部，危险性非常大。另外，由于和平码头和轮渡趸船经常靠泊船只，趸船底拔下来的彩鸢吃起来有点汽油味，所以我们去过一次后就没有再去了。彩鸢虽好吃，命还是更重要的。

　　到海里打捞彩鸢印象最深的一次就是"文化大革命"期间，我和邻居三个小伙子摇着一条大帆船的"阔头仔"，这种两头都宽的小船，是在大帆船停泊在海中时，用于船员上岸下船交通使用。当时听说在海沧附近的"鸡屿"水下岩层，有许多洞穴，洞穴中有很多彩鸢，我们想到那里潜水捕捞彩鸢。四个人摇着小船，经过一两个小时，才到达嵩屿码头旁边一个废弃的码头旁，这个废弃的水泥建造的码头听说是上世纪 30 年代没有建造完的。当潮水退潮的时候，露出许多桥墩。按照我们当时摇船的速度，如果要到达鸡屿，还要一段时间，所以我们放弃到鸡屿潜水捞彩鸢的目标。将小船摇到废弃的桥梁旁，我们四人中就是外号叫"芋瓠"的水性最好，他家就居住在鼓新路 40 号的地下室，大家一致推选他先下水探路。他顺着废弃的桥墩潜下水，去探一探有没有彩鸢。过了一会儿，"芋瓠"浮出水面，摇一摇头说没有彩鸢，就失望地上了船。

　　从早上八点多钟摇船出海，眼看半天的时间就要过去，这时候我们看到距离废弃桥梁不远处的海军油码头，我们估计铁桥下面肯定有彩鸢，一起商议着摇船过去潜水打捞彩鸢，总不能空手而归，劳而无功。当我们摇船到达海军油码头，将船绑在桥墩后，就一个个"扑通、扑通"跃入海水中,立即潜到两三米深的地方,在海水中立刻看到油码头铁质桥墩上悬挂着一大串、一大串的彩鸾,几十个彩鸾紧紧地结合在一起,一串串的彩鸾在水中轻轻地荡着,一抱应该有十几斤。我们在水中欣喜若狂,差一点高呼"乌拉",立即游向前去,抱住一大串彩鸾,身体一扭彩鸾就在手中了,赶快踩水浮出水面,将收获的彩鸾丢进船舱中。正准备再次潜水下去时,只听桥面上有"咚咚"的跑步声,抬头一看,几个解放军战士手中端着冲锋枪,快步朝我们跑过来。我们一看不对劲,赶快解开缆绳,快速地摇着小船朝大屿岛的方向划去。这时候只听桥上的解放军战士高声向我们喊话,把船靠过来,不然就开枪了。一听这话,我们四人中没有一个敢摇船朝大屿岛跑了,只好将船摇到嵩屿油码头靠岸。

我们一上岸,就被带到嵩屿派出所,问我们到嵩屿部队的油码头干什么?我们回答打捞彩鸾。但是解放军和警察都不相信,在那个年代怀疑我们是否到部队码头想搞破坏。所以,我们就被关在一间小房子里面,等待他们调查。中午也没有吃饭,经过一个上午的摇船和下水,真是又饿又累,四个人就在房间里高唱"下定决心、不拍牺牲,排除万难,去争取胜利"。后来经过部队和派出所与鼓浪屿区的人保组(当时公检法机关已经被砸烂了,公安局改称"人保组")调查,我和另外一个家庭没有任何一点黑点的,先把我们放出来,我们又饿又累,回去时又逢涨潮,只好逆流摇着小船回到鼓浪屿三丘田,家里的人已经急得不知道到哪里去找,看到我们回来了,终于比较放心了。另外两位同伴由于家里的亲人有点什么问题,被鼓浪屿人保组的人带回鼓浪屿继续审查,最后也是放了出来。

1971年1月,我参加工作以后,仍然经常下海钓鱼,游泳潜水打捞彩鸾,讨小海已经成为我生活的一种方式,一种生活的乐趣。

一直到我在鼓浪屿区委宣传部工作,而且因为严重过敏不能吃海鲜,休息天一有空余时间还会去讨小海。有一次,我推着一只大木盆,泅水到海中实验油漆的趸船下去捕捞彩鸢,开始人是在趸船朝向鼓浪屿这一边,潜水捕捞一段时间后,我就转到趸船朝向厦门那一边潜水打捞,在鼓浪屿这一边就只看到一只大木盆,看不到人了。刚巧另一个实验油漆的"浮筒"上有一个邻居在钓鱼,只看到我的大木盆绑在趸船那里,几十分钟过去了却没看到我的人,心想可能不好出事了,急忙大声喊三丘田的人去叫我母亲。我母亲一听腿都软了,走到三丘田码头,对停靠的一只渔船上的渔民说,你赶快把我送到那儿看看! 这时,我刚好从厦门那面游泳过来拖装彩鸢的大木盆,要去收拾潜水打捞起来的海产品,那个钓鱼的邻居看到还吃惊地说,你还活着。这次可把母亲虚惊了一场,看到母亲为我担惊受怕的样子,我说算了、算了,以后不再下海潜水去捞彩鸢了。当时下海钓鱼、捕鱼、潜水打捞彩鸢和红蚝,都是为了改善生活,现在钓鱼是为了休闲娱乐,性质完全不一样了,想想真令人感慨。

(三)敲"红蚝"

闽南话所说的"红蚝"实际上就是一种大牡蛎,但是我相信许许多多的人对这种大牡蛎十分陌生,而我对它却是那么的熟悉。这种海中的大牡蛎是生长在海中礁石上的一种"大蚝",个头的大小与生长的时间长短有关,大的"红蚝"有接近手掌大,吸附在礁石上,其壳十分坚硬,一般要天文大潮低潮位时才能看到,要使用平口的钢钎,用铁锤敲击才能将其从礁石上剥离,所以我们讨小海时的专有名词就是"敲红蚝"。在厦门海域除了我们称之为"红蚝"的大牡蛎之外,礁石上还有一种个头比较小,壳比较薄的牡蛎,其形状比较接近圆形,我们称之为"珠蚝",这种"珠蚝"个头不大,但蚝肉丰满鲜美,也是我们"讨小海"的重要目标。

"敲红蚝"要选择农历初一至初三、十五至十八天文大潮的低潮位,只有这样时机才能够收获我们所需的海产品,潮位太高你就只能望水兴叹了。我们下海"敲红蚝"的主要区域在厦鼓之间海域我们称之为"海中间"的水尺礁一带,这个礁盘的范围大,十几块礁石高低错落,有好几块礁石要接近最低潮位才能够露出来,因此是我们"敲红蚝"的主战场。除了水尺礁外,位于燕尾山北面的一个我们称之为"鸟礁"的大礁盘也是收获"红蚝"的好地方,这个礁盘距离鼓浪屿有一定的距离,涨潮以后这里的潮流比较急,涉足这个礁盘讨小海的人比较少,来此"敲红蚝"往往有意外的惊喜。

燕尾山海滨的礁石,有航标的礁石我们称为"鸟礁"

天文大潮退潮到最低潮位的时间点,夏天与冬天是不一样的,夏季是下午,冬季是上午。夏季我们会准备一个大木盆,装上钢钎、铁锤、手套等工具,当退潮的潮位退下六七分潮时,我们就下水推着大木盆游往海中的礁盘,到达礁盘后,沿着退潮的潮线,寻找红蚝,发现目标就开始作业了,将钢钎的平口对准牡蛎与礁石的衔接处用力敲击,几锤子就可以将吸附在礁石上的牡蛎敲下来。由于潮水的关系,"敲红蚝"的有效作业时间就是一个来小时,因此寻找牡蛎,将红蚝敲下来,动作要麻利,才能在潮水上涨之前获得牡蛎。一般一个潮水下来都能够获得一大木盆的红蚝,待到潮水已经上涨,可以满载而归的时候,就是考验水性的时候。此时,大木盆已经被收获的牡蛎压到快撑不住了,为了保证大木盆平安顺利地推回岸上,往回游泳的时候就要采取踩水的方法,一手托住大木盆,利用一手和双腿的合力游回岸上,不小心可能导致收获的牡蛎"翻船",全部沉入海底,那就白费力气了。

从海中礁石收获的红蚝扛回家后,还要用铁锤敲破大牡蛎的壳口,然后用剥离蚝壳的专用工具将牡蛎打开,将里面的牡蛎肉剥离下来。红蚝的肉有一块圆形的干贝将其与牡蛎壳连在一起,周围的牡蛎肉有一块是红色的,一部分是白色的,因此闽南话才俗称"红蚝"。红蚝的肉裹上一层薄薄的粉油炸成"红蚝炸"最好吃,另一种吃法就是裹上一点地瓜粉煮面汤也不错。

(四)挖蚶、挖"海扫帚"

鼓浪屿的滩涂中有白而壳薄的蛴蚧,主要的出产的海湾就是鼓浪屿兆和山至五个牌之间的蛴蚧坂,后来厦门玻璃厂和厦门灯泡厂在发展中逐步把海湾填掉了,"蛴蚧"也雅化成"康泰"了。我的少年时代跟着母亲和其他大人到蛴蚧坂滩涂中挖过蛴蚧,在海中将蛴蚧身上的泥土洗净带回家,用水煮熟了就可以吃,虽然几十年没有吃蛴蚧了,但是当年吃蛴蚧的印象还是十分清晰的,打开蛴蚧的壳,白色的蛴蚧肉有个凸出的头部,上面裹着一层浅咖啡色的皮,像戴着一顶帽子,要将其去掉。当时除了煮熟吃,再就是用蛴蚬喂鸭子了。

讨小海挖贝壳类的海洋生物,比较有意思就是挖蚶了。福建沿海的蚶有数种,泥蚶、毛蚶、沙蚶、丝蚶、石蚶。我的少年时代挖蚶时并不考究其具体类别,知道怎么挖蚶就行了。在燕尾山海滨挖的形状近似半圆,壳面白色,有同心生长的纹路的蚶,与朱家麟先生提供给我的资料图片比对,比较接近日本镜蛤。在河仔下救世医院前面海滩经常挖到是一种更接近椭圆形,壳更薄,壳有点灰色的蚶,与现在市场上的花蛤不同,应该是一种泥蚶。

这些蚶都是生长在半沙质半泥质的滩涂,挖蚶只需要一根打造成尖头的直径半厘米左右的铁棍就可以了,然后再带上鱼篓就够了。挖蚶要选择退潮的时候,潮水刚退到滩涂,我们站在退潮的水线边,眼睛望着一上一下滚动的海水,当潮水退下去时,隐藏在沙土内的沙蚶会往上喷出小水柱,目标就暴露了,走到刚才喷水的滩涂前仔细看就会发现有很小的喷口,用手中挖蚶的铁器往旁边一插一撬,沙蚶就从裂开的滩涂中露了出来。

少年时代,放学回家或者星期天和假期,看到潮水合适,我就从三丘田的家中,带上工具从三丘田到四枞榕,穿过燕尾山的兴化路,到达燕尾山的海滨挖蚶。或者从家里出来,从三明路与鼓新路交界处右拐,经过原海关理船厅和原救世医院,到达河仔下海滨挖蚶。不管是炎热的夏天,还是东北风呼啸的冬天,我在这里的滩涂留下了几多的脚印和汗水,也收获了多少餐桌上香甜的菜肴。现在我还经常到燕尾山和河仔下一带海滨摄影,由于填海造地等人为的干扰,沙蚶生长的海洋环境发生了变化,有时我也站在滩涂上凝神注视,再也看不到沙蚶喷水的现象了。

花蛤是上世纪八九十年代才在厦门出现的,听说当时厦门的一些滩涂开始养殖花蛤,有一年的夏天,在三丘田码头两侧的滩涂,我们的邻居在不经意中发现滩涂中有很多的花蛤,消息一经传开,很多人蜂拥而至,手持锄头、铲子,能挖土的工具几乎全部出动,三丘田码头两侧像春耕翻土犁田一样,翻了个底朝天,挖到的花蛤一桶一桶地往岸上提。据说是养殖的花蛤苗顺着潮水漂来的,在神不知鬼不觉的条件下,隐蔽生长成密密麻麻的花蛤,才有了那唯一的一次丰收景象。

挖"海扫帚"就更有意思了,我们俗称的"海扫帚",头小尾宽,一边较平直,一边略呈弯曲,因为尾宽而略平,形状与扫帚近似,我们都叫这种属于贻贝类的海洋生物为"海扫帚"。据《厦门吃海记》作者朱家麟先生的考证,我才知道学名江珧,俗名还叫马甲、马刀、牛角蚶等。在我的记忆中,"海扫帚"生长在滩涂中,尖头插入泥沙之中,有连接贝肉的根须抓附在海底泥沙中。退潮以后在低潮位的滩涂中寻找,呈绿褐色和黑褐色的"海扫帚"与滩涂的颜色接近,"海扫帚"只露出一点点尾巴,你如果不太注意就会忽略而过,真的就是路过错了。发现"海扫帚"后,用手顺着尾巴往泥土里面插,握住"海扫帚"往上拔就出来了。在鼓浪屿的海滨挖到的"海扫帚"大小不一,一般来讲在平时难以露出水面的低潮位滩涂,发现大个的"海扫帚"的几率要高些,其他潮位发现的"海扫帚"个头不会太大,当然也有例外,那就是"捡漏"的好事了。抓到的"海扫帚"要用挖海蛎子的蚝刀将其薄薄的壳打开,就露出里面的贝肉,有意思的是"海扫帚"的贝肉其形状像一只鸟,所以我们又俗称其为"海鸟"。"海扫帚"的肉白而韧,柱圆而脆,味道鲜美,但是与其他贝类相比较,我的印象是比较腥一点。当年讨小海挖到的"海扫帚"一般用豆瓣酱煮咸,配稀饭,还有就是与芹菜、蒜一起爆炒,成为家中的一道美味佳肴。而现在菜馆里通常采用清蒸的方法,卖给顾客。

（五）捡麦螺，洗"虾仔"

在鼓浪屿的燕尾山与兆和山之间历史上有一大片的滩涂，这片滩涂朝东可以延伸到燕尾山北侧，老鼓浪屿人称为中线、外线的浅滩，南侧以兆和山为界，西侧至现在的内厝澳康泰小区门外的道路。这片滩涂叫作"坞内"，一大片滩涂里生长着一片绿色的浒苔，浒苔养育着泥土中"虾仔"，也是麦螺、花螺生活的好地方。坞内海滩是我当年经常光顾的"讨小海"的一片理想之地，收获之地。

有浒苔的地方就有麦螺，浒苔与麦螺共生共长，春天和夏天浒苔生长旺盛，退潮以后的坞内海滩一眼望去就像一片绿色的田野，只不过有海水的地方在阳光的照耀下，不停地闪着光。我小的时候经常到这里拖浒苔，在海水里洗净后，再用井水洗掉海盐，切碎了喂养鸭子。在上世纪 60 年代的自然灾害年代，浒苔也成为我们充饥的食品，将浒苔和上一些地瓜粉，煎成浒苔饼，当粮食吃了。

我们一群捡麦螺的小伙伴，或穿着短裤或高高地卷起裤脚，光着两只脚丫踩在布满浒苔的滩涂上，深一脚浅一脚地行走着，看到绿色的浒苔上爬行的麦螺，手一伸，手指一夹，就把麦螺捡进鱼篓或者铁罐。或者手脚麻利地配合着，不停地将浒苔翻起，将躲在浒苔下面的麦螺拾起。从退潮到涨潮，一潮水能捡几斤的麦螺。捡麦螺的当中看到花螺也是不会放过的，花螺近乎圆形白色的壳上，点缀着点点似淡黄又似淡紫的斑点，看起来淡雅高贵，吃起来更是味道好极了。在海螺类中，要我评说，花螺绝对属于上品。捡到的麦螺我们洗净了，放在陶罐用盐腌好，就是配稀饭的好菜了。

坞内海滩也生长着闽南话叫作"虾仔"的贝类，也就是现在有的称为"海瓜子"的海产品。在滩涂的泥土中，一个个的"虾仔"之间互相用黑色的丝连接在一起，相互交错形成一坨坨，一团团，所以闽南人有时会用"虾仔"一大坨,来形容父母拖带一大群儿女。

"虾仔"是一种生命力强,繁殖生长极快的贝类,只要你有力气,舍得吃苦,到海中一个潮水连拖带洗搞回一大水桶是不成问题的,难的是还要将连接"虾仔"的丝线绞下来,方法是用筷子伸进成串成坨"虾仔"中,旋转搅动过程中用手将一个个的"虾仔"剥离下来,这种做法我们叫作"洗虾仔"。然后将一大桶的"虾仔"倒进大锅,柴火灶很快就将水中的"虾仔"煮开了,将煮熟的"虾仔"连同水倒进水桶,在水中不停地搅动,让"虾仔"的肉从壳中脱落,这样获得的"虾仔"肉就可以与蔬菜搭配,炒出不同的菜肴。当然,更多的是将"虾仔"下锅炒熟,边剥边吃。

当年鼓浪屿的海滨不仅坞内滩涂有许多"虾仔",有段时间退潮至低潮位的时候,我们从三丘田码头下水,踩在原来泥沙的海底,忽然感到海底有些软软的感觉,潜水一摸发现码头前的泥沙海底竟然生长了许多"虾仔",结果被我们一群小伙伴潜水打捞了不少。后来随着三丘田旅游码头工程的进展,从码头附近的海底抽沙填海造地,海洋环境被人为地改变了,"虾仔"也消失了。

(六)打捞公司和我们这些业余"潜水员"

三丘田不仅是厦门与鼓浪屿之间海上运输的重要码头,由于它的地理位置和条件,还曾经是厦门打捞公司的主要基地。厦门打捞公司在三丘田和原美国领事馆设有办公场所,在下三丘田还建有翻砂车间,当时主要打捞抗日战争后期,在鹭江被盟军飞机炸沉的日本军舰,老鼓浪屿人称为"兵锭",意为运兵的军舰。

打捞公司在打捞吊运的过程中会有一些小块的钢铁掉到海里,潜水员不可能回头再去打捞这些小东西,这些掉落海里的废钢铁成为我们打捞的目标。那时已是"文化大革命"的时候了,我们长大了，都是年轻小伙子了，停课没有什么事干，就到海里去打捞那些钢铁，卖了可以换取几个钱。我们用粗铁线，打出一个海里的打捞工具，我们闽南话俗称"海东京"（谐音），四面是四个弯钩，用电焊焊在中间有铁环的铁棒上，系上一条绳子，抛到海中必有两个铁钩着地。将沉入海底的"海东京"在海里面拉着走，拉到礁石它也钩住了，拉到钢铁它也钩住了，就用这种土办法寻找海底的废钢铁。没有船时，我们就因地制宜用土办法，把绳子绑在木盆上，人泅水推着它，到拉不动时就潜水到海底，观察勾住的是什么东西，发现可以打捞的钢铁，就潜水用绳子将钢铁绑住，再想办法用船起吊出水。

我们的邻居有好几个是船工，平时会把船停靠在三丘田码头。当年，海沧东屿村渔民的小木船也经常停靠在三丘田码头，然后渔民们就挑着海鲜担子，到鼓浪屿菜市场去卖。我们寻找钢铁都是在退潮低水位的时候，发现目标后就用绳子在海里把钢铁绑好，绳子的另一头绑一块木头作为浮标，等有船的时候我们再划船过去起吊。如果起吊的钢铁不大，就直接吊上来；如果比较大，拉不动，就把绳子系在船头，固定住，然后好几个人坐在船尾等涨潮，依靠潮水上涨的浮力，加上人在船尾像坐跷跷板一样用劲压的合力，把有一部分埋在沙里的铁块拉起来。当时一斤钢铁可以卖 5 分钱，一百斤 5 块钱，就是半个月的生活费了。

在没有船的条件下，我们也曾经将一根八米多长，重量几百斤的工字铁，仅仅依靠人的力量，从三米多深的海中打捞上来。记得那是一次天文大潮退潮的时候，我游泳到河仔下厦门第二医院肺科外面海中一块礁石钓鱼。我们一个邻居的小伙子在附近潜水打捞"红蚝"。不经意中却发现海底有一根工字铁，他叫来我和另外一个邻居的小伙子，我们先后潜水到海底查看了，决定三人合作将工字铁挪到浅水的地方，然后再用船弄到岸上。我们三个人分工，两人前后端，中间一个，同时潜水到工字钢的地方，用双手将水底的工字钢抬起来，在水中行走三步，再浮出水面换气，然后不断重复这样的动作，最后将工字钢挪到浅水的地方。

就在大功告成的时候，我感到右脚的大拇指踢到一样东西，而且马上感到疼痛，抬起脚一看，没有流血的伤口，估计是踢到虎鱼，这种鱼的鱼刺是有毒的，在我们沿海的有毒鱼类中排行第二，仅次于魟鱼尾巴的毒刺。这种虎鱼在海中也是懒得游动，我们闽南谚语有一句："疲劳得像虎鱼"，所以，才会踢到虎鱼，中招了。我赶紧往家里跑，再过一会儿，可能就会疼痛得走不动了。回到家里，当时舍不得花钱到医院打针的，就采取土办法自己治疗。用儿童的尿浸泡，再将火柴头的火药剥下来，放在被虎鱼刺中的伤口上，这时脚已经肿大，虎鱼的毒素已经起作用，将火柴头的药点燃，"啪"的一声火花一闪，当时并不觉得疼痛。然后再用棉花沾着汽油敷在伤口上。到了第二天，肿痛消退后，用火柴头烧过的地方起了水泡，更加难受，熬了几天也就过去了，要是换成今天，到了医院不知如何折腾了，最起码又要打破伤风针和止痛针了。

（七）三丘田的"冰冻"年代

厦门的天气四季温暖如春，是许多北方人十分羡慕的。若要问我，你记忆中最冷的年代是何时，有什么特别鲜明的印记？那么，我要告诉你，在我的记忆中 1968 年和 1969 年的冬天是我这辈子感觉最冷的时候，记忆也特别鲜明，因为那两年的冬天，海里天天有冻死的鱼和乌贼。除此两年，再也没有遇到这等好事了。

年轻的时候，下海抓鱼、钓鱼是平常事了，所以几十年过去了，那些往事还深深地刻在我记忆的磁盘中。也许令很多人意想不到的，厦门的冬天也曾经有过冻死鱼的岁月，让我们这些海边的孩子遇到空手捡鱼的这等好事,好似天上掉下林妹妹。

那是 1968 年和 1969 年,正是"文化大革命"停课的时候,当冬天来临时,忽然间感到从未有过的寒冷。当时老百姓日常生活的物资条件是很贫乏的,冬天床上只能铺上用稻草编成的一层垫子,闽南话叫"草铳"取暖,如果能够有一床薄棉被铺在床底就是很好的享受了。现在的 70 后和 80 后对于当年铺床的"草铳",没有任何的概念,因为他们没有睡过。那个年头,能够穿上一件羊毛衣就好像现在穿上一件裘皮大衣一样。很多人只能穿用棉线自己编织而成的线衣,这种线衣还是用棉线手套拆下来的线,自己用手工编织的。至于现在每个人脚上穿的鞋子,我印象中一年中基本是赤脚,到了冬天最多能够穿上一双胶鞋就很高兴了。当年冷得受不了时,最佳的办法就是边煮饭边取暖,当年用柴草灶做饭,煮饭时烧火就可以取暖。到学校上课,太阳出来时,下课了一群小孩子就在有阳光的墙边,贴着墙互相挤撞取暖。或者在操场中,一人背着一人,玩起"骑马打仗"的游戏。

那一年的北风吹得"呼呼"直叫,三丘田的房子又是三面临海,风顺着破损的窗缝直往里钻,有时候冷得直发抖。人冷得受不了,连海里的鱼也冻得受不住了,冻死的和冻得半死的鱼漂浮在海面上,随着潮水的流向,在东北季风的作用下,漂近了岸边。退潮以后,被冻死的鱼儿和海上的漂浮物就一起搁浅在沙滩上。

当年被冻死的鱼有不少是"加网仔",还有一种马面鱼,也叫"剥皮鱼",有时连石斑鱼都会冻死,我的邻居就曾捡到一条十几斤重的"朱斑鱼"。不少"剥皮鱼"被冻死之前就浮上海面,在海面上挣扎,平躺在海面上的"剥皮鱼"尾巴打起的水花,是我们最容易发现的目标。

更有意思的是很多闽南话叫"墨贼",学名叫乌贼的冻死了,小一点的一只七八两,大的乌贼就有一两斤,我们就叫"飞机",实际上就是"花枝",成为我们的盘中餐。

闽南海边人有句谚语:"乌贼断锚,小管仔没命",据说,乌贼是依靠自己头部一条带有吸盘功能的长长的须来捕抓东西的,也是依靠这条须来固定自己的身体。如果这条带有吸盘的长须断了,乌贼就活不了。如果乌贼都活不了了,小管仔就更活不了。可能那年头,不仅寒冷,而且东北季风又特别厉害,所以造成不少乌贼被冻死漂浮到岸边。

在潮汐的作用下,海中冻死的鱼和乌贼会随着潮汐线移动。因此,为了捡到冻死的海鱼和乌贼,白天涨潮时,我们会沿着海岸线,跟着海中的潮汐线,眼睛盯着海中飘动的潮汐线,寻找我们的目标。

当然,捡冻死鱼的不是只有我一个人,我们邻居的青少年都是竞争对手,所以一般情况下都喜欢"单兵作战",不希望别人与自己分一杯羹。但是我们是有约定俗成的规矩,谁先看到说出来就是谁的战利品,别人都不会跟他相争了。所以,就要看谁把握住了先机,谁的眼睛比别人尖。

当发现海中冻死的海鱼和乌贼后,你还要跟随潮汐线行走,等到靠近岸边时,用长竹竿绑着的网兜将冻死的鱼捞起来。我曾经跟随潮汐线,从和记海湾一直到河仔下海湾。有时候潮汐线就是靠不了岸边,你也只能干瞪眼,眼睁睁地看着冻死的鱼和乌贼漂走。有一次,一条漂浮的潮汐线中有十几只乌贼,在东北风鼓起的风浪中离岸边越来越远,为了捡到这些乌贼,我只好将身上的衣服脱下来,跳到冰冷的海水中,游到潮汐线将乌贼一个个捡到随身所带的鱼篓中,再游回岸边,全身已经快要冻僵硬了,赶快跑回家换衣服。

遇到凌晨到清晨退潮的时候,天还暗摸摸的,却是捡拾冻死鱼的好时机。早起的鸟儿有虫吃,别人还在被窝中,我经常就已经起床,穿上薄薄的衣服,脚上只穿着一双拖鞋,手上拿着用报纸卷着电池的自制手电筒,从岸上跳到退潮的沙滩上,在寒冷的冬天寻找着搁浅在滩涂上冻死的鱼和乌贼。碰到运气好的时候,一个清晨就可以捡到一二十斤的冻死鱼和乌贼了。

捡到的乌贼最经常的煮法就是与"高丽菜"(包白菜)一起煮,当作家中的三餐的菜肴。有时候乌贼捡多了,一直吃乌贼煮"高丽菜"也腻了,就把乌贼拿到鼓浪屿菜市场卖,当时一斤乌贼只卖四毛钱,卖了乌贼的钱就到鼓浪屿菜市场卖鱼的水产品摊位购买白带鱼,当年的白带鱼每斤也是四毛钱。这样就等于拿乌贼换白带鱼了。

在那两年冬天捡拾冻死鱼的过程中,有件事至今想起来还有点后怕。那是一个清晨,我从家里走到三丘田码头旁的岸边,潮水刚退到距离驳岸三四米的地方,码头右侧的第一个用花岗岩石头砌成的护墩,我们叫作"筒子"的前面。走到岸边看到我的楼上邻居"福阿"也已经站在岸边观看海中是否有冻死的鱼。我跳到"筒子"上,站在堤岸的边沿,也赶快往海里看,一看到有一只乌贼在沙滩上,赶快喊:那只乌贼是我的。没有想到意外发生了,穿在脚上的人字拖鞋断了,脚一滑身子失去平衡,人就从距离海滩五六米高的"筒子"顶,顺着近八十度陡峭的堤岸滚到海里,身体被撞不知道多少处,都痛得麻木了,站起身才发现身体被海蛎壳割伤了十几处,揉一揉被撞痛的身体,捂住鲜血直流的伤口,爬上岸赶快回家治疗。还好命大,只是一些外伤,没有伤筋动骨,已经命大万幸了。几十年过去了,2018年遇到已经近二十年不见的"福阿",聊起当年的这件事,两人都感慨万千啊!

（八）"讨小海"的林林总总

"讨小海"的方式是与要获得的海产品密切相关的，通过有效手段向海洋索取生存的物质，可以说体现了人与自然的一种关系。当年"讨小海"的环境和条件可以说，已经一去不复返了，今天的人们随着时代的变迁和生活条件的变化，可能再也不会重复我们青少年时代的那种生活，一个时代有一个时代的历史印记，一代人有一代人珍藏的难忘记忆。当年的"讨小海"虽然主要为了生活的需要，但是今天回想起来仍然十分珍贵和有趣。这些岁月的留痕已经深刻在我们记忆的磁盘。也许，这些往事能够成为现在人们了解过去年代的一个窗口。

第四章

填海造地福州路

　　鼓浪屿的福州路北侧止于当年的"和记崎"，西侧沿着陡坡与鼓新路相邻，在陡坡下面往东到海岸就是一片平地，南侧与龙头路相接。福州路这一带在鼓浪屿的早期都是一片海湾，从和记崎到现在的鼓新路、龙头路、福州路交叉地带，是鼓浪屿东部一段陡峭的海岸线，退潮以后就是一大片的海滩，早年这一带叫"埃海角"。由于鼓浪屿面积小，多为丘陵起伏的地带，而从和记崎至靠近龙头路头附近，往西延伸到靠近现在街心公园一带，是一大片海湾，涨潮时海水浩荡，退潮时是一大片的滩涂，所以，鼓浪屿的中华路、市场路一带老鼓浪屿人还保留"大沟墘""河仔墘""芦竹仔脚"等旧地名的称呼。

　　从鼓浪屿的历史老照片也可以看出，在福州路一带和黄家渡一带填海造地之前，已经有一些小规模的填海造地，并且已经在填造的地块上建造房屋了。

一、填海造地的福州路地块

　　20世纪初至30年代，是华侨回到鼓浪屿买地建房的黄金时期，苏拱南、苏谷南兄弟早年到菲律宾经商致富。1927年，苏拱南和苏谷南兄弟联合其他人组建了利民房地产开发公司，在现在龙

这是 1869—1871 年英国摄影家约翰·汤姆逊拍摄的历史照片。左侧山坡上毗连的三座楼房就是当年英国伦敦公会厦门和会和省议会总部,这座楼临海而建,下面的海滩后填海造地成为今天的福州路

山洞以南的海滩筑堤填海造地,然后建房卖地。苏拱南和苏谷南也在开发地块各建一座三层红砖楼居住,现编福州路 58 号为苏拱南住所,福州路 39 号为苏谷南住所,并将房子前面一千多平方米的地块捐给福民小学作为体育场。这一带原来有香港路、广东路、汕头路、南靖巷四条路名,上世纪 40 年代合并成福州路。由于福州路一带是填海形成的地块,道路统一规划为南北走向的三横,东西走向的四纵,形成鼓浪屿少有的"田"字格的道路,以及由方形道路分割而成的方形建筑区块。由于鼓浪屿地形所致,岛上道路形成十字路口的仅有 14 个,而福州路一带就有 3 个十字路口,与这片土地的填海造地密切相关。

原来的福民小学(后改为笔山小学)的操场挖下去都是当年填海的沙子,上世纪 70 年代改建笔山小学的校舍时,就在操场挖了个大坑,把下面的沙子挖出来建房子,再把建筑的土头回填。我外祖母居住在福州路 25 号,住在一楼,地板铺的是闽南传统的一尺二寸的红砖,在潮湿的春夏之交地板从来不会返潮,原因就是下面全部是填海的沙地,后来我弟弟修建厕所挖化粪池时,挖了几米深,都是当年填海的沙子。

当年,在没有什么机械的条件下,是如何完成填海造地的工程呢?因为我家居住在三丘田,我们居住的下三丘田就是华侨王仔添填海造地盖的房屋,听老一辈人讲述,是采取先建造堤岸后填沙土的方法,在填海造地的地块用花岗岩石块建造坚固的堤岸,为了增强堤岸的抗压力,防止堤岸崩塌,在堤岸外都建有花岗岩建造的护墩,闽南话叫作"筒仔"。从三丘田码头到黄家渡码头(后来填造的和记海湾除外),有十来个护墩。在建造的堤岸留出一个运沙的船只可以出入的缺口,等待涨潮时,从九龙江等地运载沙子的船只趁着高潮位,将船驶入堤岸里面,把填海的沙子卸到海中,然后再将空船驶出。等填沙到一定程度时,再合拢堤岸,完成最后的填海造地工程。

二、福州路一带的往事

在福州路一带尚未填海造地之前,从历史资料考证,早在 19 世纪 60 年代,这里曾经有伦敦公会建造的毗连的三座二层建筑,是原英国伦敦公会厦门和会和省议会的总部,里面有男子学堂、礼拜堂,英国伦敦公会牧师居住于此。

目前的福州路 199 号建筑与历史照片比对,形状有很大的变化,可以确定不是原来的建筑,是否移位重建还需进一步考证。当年这座濒临海滩的百年建筑,如今显出沧桑,周围环境比较荒芜,原本红色的灰泥已经铅华退尽,只留少许残余,几乎成为一座灰色的建筑。

福州路 199 号是一座两层拱券回廊的欧式建筑,这座百年建筑曾是英国伦敦公会牧师楼

英国伦敦公会牧师楼北边就是英国伦敦公会创办的福民小学。当时外国教会创办的学堂都很小。据吴炳耀牧师介绍:"初期小学,男女分校,校舍多附在教会旁边小厝,设备简陋,形同书塾。"福民小学从福州路的操场到位于鼓新路的大门,整个地形成三个阶梯状抬升。福州路操场地段原来就是海滩,苏拱南和苏谷南的利民房地产公司填海造地后捐给福民小学作为运动场。福民小学靠近鼓新路一侧校内大操场北侧的一部分旧校舍,在 20 世纪 70 年代初被拆除改建成新校舍。原来闽南职业中学的教学楼曾作为教师宿舍,后来曾作为鼓浪屿业余学校的教室,20 世纪 70 年代末期因火灾拆除后,改建为教师宿舍。三层楼红砖建筑的校友堂于 1997 年拆除,现在只留一块空地在那里,街道在此开辟一个羽毛球场,供居民打球使用。原闽南职业中学的教学楼在上世纪 70 年代末因火灾倒塌拆除,后改建为教师宿舍。

原福民小学的旧校舍如今都已经不在了,只留存位于鼓新路的一个校门门楼。

鼓新路 28 号原福民小学(后改名为笔山小学)的大门

福州路最重要的历史遗址是:1930 年 12 月至次年 4 月之间,福州路 127 号为中共福建省委军委机关所在地。

这幢依山势而建的五层楼房,从一楼到五楼都由窄窄的阶梯相通。这座掩映在老榕绿荫和深藏小巷之中的楼房——其中的二楼便是昔日中共福建省委军委的"中枢神经"。

当年,军委租用的是 127 号的第二层,一厅两房可以相通,每间 12 平方米左右,站在房间的凉台上可观望厦鼓海峡。蔡协民时任军委书记和军委秘书,他和夫人曾志在那里一起办公和居住。蔡协民就在这里指挥全省的武装斗争和兵运。军委文件交换则由秘书曾志办理。曾志与鼓浪屿虎巷 8 号的省委小交通员有约,每天上午,曾志以家庭主妇的打扮到市场买菜,把文件带到黄家渡一棵树下与交通员交接。

蔡协民是湖南省华容县人,1901 年 12 月出生。1925 年加入中国共产党,任中共华容特委书记,参加1927年8月1日的"南昌起义"。1928年与朱德、陈毅等转战湘南,任红七师党代表,上井冈山同毛泽东会师,后跟随毛泽东、朱德进军赣南、闽西,创建闽西革命根据地。蔡协民1934年4月离开厦门前往中央革命根据地,行经石码时因叛徒出卖被捕。在狱中坚贞不屈,7月在漳州英勇就义。

曾志原名曾昭学,湖南省宜章县人,1911年4月4日出生。1926年8月考入湖南衡阳农民运动讲习所。1926年10月加入中国共产党。1928年4月跟随红七师上井冈山,任红七师党委办秘书。曾任红军后方总医院总支书记。红四军进军闽西时,任红四军工农运动委员会民运股长兼妇女组长。"古田会议"后,任共青团闽西特委书记,在她的领导下成立"少共师"。1930年6月从闽西调来厦门,任中共福建省委军委秘书,同军委书记蔡协民一起,住在鼓浪屿福州路127号军委机关,领导全省军事工作。蔡协民同志牺牲后,曾志与陶铸结婚。

福州路127号边门门楼

三、福州路的个人记忆

福州路有我少年时代的许多回忆,1959年大台风后,外祖母从三丘田搬到福州路25号居住,一直到上世纪80年代初去世。少年时代父母亲忙于讨生活,好几年时间我们一家白天都在福州路生活,晚上才回到三丘田家里睡觉。

现在鼓浪屿海底世界和龙泽花园之间的道路原来是福州路一带居民到黄家渡的主要道路,两旁的地很长一段时间都作为培育绿化树苗的苗圃,树苗下是整片的荒草地,我们孩提时代经常在这里抓金龟子、蚂蚱(俗称"草蚂公")、萤火虫玩。每到夏天知了叫了,我们一群小孩就会用自己制作的黏胶粘在细长的竹竿头,爬上凤凰木、桉树和一种俗称"苦苓仔"的树上,知了特别喜欢歇息在"苦苓仔"树上,我们骑在树杈上,手里小心地举起粘着黏胶的竹竿慢慢靠近爬在树上的知了,靠近了就迅速将黏胶黏住知了的翅膀,将其抓住。被黏住的知了挣扎着,"嘀、嘀、嘀"地叫唤着,有时还会洒下一泡尿。

抓到知了后,我们会把它们放进装有树叶的鱼篓里,鱼篓口用渔网罩住,听着知了的叫唤好像在听着动听的自然音乐一样,这就是我们童年的玩法,童年的乐趣。大家都知道蝉蜕是一味中药,很多人并不知道知了可以作为治疗小孩子晚上尿床的民间偏方,我们将知了的肚子去掉,知了的头部都是肉,将盐巴抹在上面,拿一张土法制作的草纸放到水里浸湿,把抹上盐巴的知了头部包裹好,当家里用木柴烧火煮饭熄灭后,将此塞进余火中烤熟,就可以吃了。

爬树抓知了,不下心就可能从树上摔下来。有一次我爬到黄家渡聚会所教堂后面的一棵树上粘知了,脚踩在一根权枝上,手上竹竿的黏胶距离知了只有一点距离,我的手和身体往前倾,没想到踩在脚下的树枝支撑不了身体的重量,"啪"的一声断裂了,我的身体失去了平衡,直接从2米多高的树上摔了下来,倒在地上昏迷不醒,跟我一起抓知了的小伙伴们吓坏了,赶快跑到福州路25号告诉我外婆,我那从小绑脚,跟我外祖父从惠安老家来鼓浪屿谋生的外婆刘葱,一听我爬树摔在地上,生气得手上随手拿了一根经常教训我们的细竹子,踩着草地颤巍巍地走来。这时我已经有点意识了,想爬起来就是动不了,这时看到外婆来了,听到外婆嘴里念叨着:"叫你不要爬树你就不听,看我不收拾你。"这时不知哪里来的一股劲,突然"哇"的一声哭出来,人也一个骨碌从地上坐了起来,然后爬起身子,边哭边跑了,我的命大,从那么高的树上摔下来竟然头没有破,手脚没有摔坏,后来听小伙伴们说,才知道我是背朝下平平地摔在地上的,所以才会开始时连话都说不出来。

福州路1号朝东隔着马路原来就是一片用龙舌兰围着的空地,路旁有一棵高大的朴树,是荨麻目榆科朴属植物,落叶乔木,高达十几米。朴树的果实是绿色圆圆的,成熟时红褐色,我们叫作"朴仔籽"。小的时候用竹子自制的玩具,就是将"朴仔籽"塞在里面,用竹筷子削成的推杆插进去,压缩空气,将朴树子打出。有一次,我要爬到树上摘"朴仔籽"时,不小心碰到龙舌兰上的一个马蜂窝,被惊扰的马蜂一下子飞起来,叮在我的鼻子上,结果连眼睛都肿得睁不开,几十年过去了,还记忆犹新。

福州路上的一些别墅多数集中在朝北靠近和记崎的地段,朝南的地段不少是"竹筒屋",居住的是普通市民,有勤劳本分的"清洁嫲"、有印尼归侨的"黑番仔"、卖"风车饼"和玩具的"阿发"。这些普普通通的老百姓整日为了生活而打拼,妇女们整日操持着简朴的日常生活,男人们经常来几句闽南语的"国骂",女人们也会来几句带"荤"的玩笑,但是他们身上透出的中国人的勤奋和善良,那种乐天的精神,给当时物质贫乏的生活增添了一些活力和乐趣。

住在外祖母隔壁的"上海嬷"和"上海伯"是我们一家忘不了的好邻居,真是远亲不如近邻。父母亲的辛勤劳作艰难地支撑一家九口人的生活,经常是入不敷出。只要我妹妹走进邻居"上海嬷"的家里,老人家就会拿出10块钱(当年10块钱就是一个人一个月的生活费)借给我们,顿解无米之炊。父母亲有了钱就赶快还,然后再借,信守有借有还的一份诚信。这种常年雪中送炭的帮忙,在淡淡的流年中,充满深厚的邻里之情,这种行为也深深地影响了我们。

福州路1号离我外婆居住的福州路25号只相隔三户人家和一条不到4米宽的福州路,当年鼓浪屿有名的"臭贱姑"就住在与此楼相隔两户人家的地方,与我外婆家相距只有十来米。在我的小学阶段,白天都生活在福州路外婆家里,在我的印象中,个头矮小的"臭贱姑"经常手挎着一个大大的篮子,步履缓慢却透出顽强的生命力。当年黄家渡码头旁就是垃圾运出岛的中转站,鼓浪屿的生活垃圾都集中在此,"臭贱姑"就靠捡拾垃圾中的物品卖钱为生。捡拾的破烂主要堆积在她家马路对面的空地上,每次爱国卫生运动,居委会都要组织人马帮忙清运。长期在垃圾堆中讨生活反而使她具有抵抗病菌的超强能力,她去世时应该有八九十岁了。她的母亲也是高龄才去世的。"臭贱姑"有儿子、儿媳和三个孙子,大孙儿我们都叫他"大目",在鼓浪屿建筑公司工作。

在福州路"臭贱姑"家的斜对面,原来有一个"基督徒聚会所"的教堂,也就是小群教派在鼓浪屿聚会的场所。1922年,祖籍福州的倪柝声于在福州创办了基督徒聚会处,也称地方教会。1930年,倪柝声等人常来鼓浪屿讲道。1940年,由本地信徒和南洋信徒陈则信等人捐款购房,在内厝澳352号建筑教堂,俗称"四枞榕聚会所"。1949年,又在黄家渡租地另盖两幢房屋为会所。我外祖母居住在福州路 25 号,这座教堂就坐落在福州路 13 号和 27 号路口的前方,门牌是福州路 122 号。我的印象是前面有一个庭院,教堂大门朝西,整座建筑下部是砖石结构,上部为木头结构,大约于 20 世纪 70 年代就已经倒塌,那片空地改为鼓浪屿建筑公司的仓库用地。龙泽花园征地后,1997 年在复兴路口建造了基督教鼓浪屿复兴堂。

在福州路 20 号朝东靠海的地方,现在的环岛路旁还保存着一座花岗岩石墙的两层楼房,这是 1957 年建设的厦门航海俱乐部,当年在石头房子的南侧竖立一座高 4 米左右的木制秋千架,顶端是一条宽度只有十几厘米的平衡木,是航海运动员训练平衡和胆量的器材,当时少年的我们不懂得什么叫怕,从垂直 90 度的梯子爬上去,走在上面平衡木上如履平地,荡秋千荡得高高的落下才爽快。

厦门航海俱乐部为厦门培养了许多划艇、帆船、帆板运动员,每当训练时,厦门岛和鼓浪屿之间的海面上白帆点点,十分好看。改革开放以后,这里也曾经是帆板、OP 帆船运动的基地,每当涨潮时分,这里就十分热闹,很多航海运动员都是中小学生,从各个学校来到这里接受训练,此时的鹭江海面帆板在风浪中劈风斩浪前进,OP 帆船在海里走着“之”字形的航线,鹭江海面五彩的船帆在飘动,一幅海岛的特有景观。可惜上世纪 90 年代,厦门航海俱乐部搬迁到厦门岛,充满生机灵动、美丽的海上运动画面从鹭江的海面消失了,只留存在我们这些老鼓浪屿人的记忆之中。这里保存的两层石头房子还在告诉我们,这里曾经是厦门航海运动的摇篮。

从福州路 20 号到原厦门航海俱乐部东西向道路为基线,往南到现在厦门海底世界一带,在上世纪五六十年代是一大片空地,靠近航海俱乐部附近这块地,当年是种植地瓜的田地,孩提时代的我

50 年代建造的厦门航海俱乐部

和小伙伴还经常在人家收获过的地里翻找漏网的地瓜。到了上世纪 70 年代,鼓浪屿煤球店从现在的鼓浪屿农贸市场搬到这里,鼓浪屿居民用作燃料的煤球和煤砖就在此生产销售,直到大约 90 年代初期,厦门市政府取消在城区用煤做燃料,改用天然气为止。

如今,福州路已经物是人非,我时常走过,看到的已经没有几户老邻居,不少外地人在那里开店,住户很多都是陌生面孔。往日的柴米油盐酱醋茶的味道已经消散,那平凡日子的场景也已经不再。只有记忆的纽带把我拉回往日的生活,走过路过,还有福州路的红砖建筑群,给人一种别样的视觉享受。

第五章

百年不遇大台风

在厦门,说起"风台",60 岁以上的老人记忆深刻的就有三次在厦门正面登陆的超强台风,这几次台风造成的严重损坏,人们记忆犹新。

一、历史记载中的台风

历史上厦门所经历的超强台风,我看到有历史资料记载至少有三次,还有一次龙卷风。1891 年 12 月 31 日,海关税务司许妥玛的报告中写道:

> 1884 年 8 月 22 日,是灾难最惨重的一次。当时台风横扫厦门,无论在水上还是陆上,损失都十分惨重。无数船只遇难,3 艘船只被冲上岸而毁坏,驳船和其他小船的损失很大。不少船只或桅杆断裂或丢失链条和锚,许多人丧生,其中有三个外国人。厦门岛上外国租界里的房子由于受到它们背后当地楼房的保护,避开台风的全力冲击,损失很少。但鼓浪屿岛上的房子则无一可以幸免。

1901 年 12 月 31 日,海关税务司习辛盛的报告中写道:

1893 年 9 月 11 日，一场台风经过本口岸，鼓浪屿的许多道路和海滩受到破坏。当时潮水涨起如此之高，在港口的厦门一侧，海关高出岸坝 3 尺。

1901 年 4 月 25 日，鼓浪屿岛遭到龙卷风袭击，财产普遍遭受重大损失，对风力大小有不同估计，最低估计是 12 级，这是飓风的级数。

从历史老照片还可看到 1917 年 9 月，强台风袭击厦门以后，鼓浪屿遭到严重毁坏的情景，鼓浪屿和记码头被毁，一条被台风摧毁的破船，搁浅在堤岸前，和记栈房的屋顶和墙被台风吹塌。

1917 年 9 月的台风袭击厦门，和记码头和栈房受损严重。人物背后和右侧的两座栈房就是当年和记洋行的栈房（紫日提供）

　　1917年9月台风后和记栈房南侧海域受损情况。照片右侧在填海造地堤岸上建造的栈房就是和记洋行的仓库，高坡上的建筑物是泰利船行，1903年鼓浪屿成为公共租界后，工部局曾租此楼办公，左上角建筑是八卦楼（紫日提供）

　　1917年9月，厦门遭受超强台风受灾后，从现在鼓浪屿轮渡避风坞往鹿耳礁方向拍摄的照片，可以看到海中的滩涂上有搁浅的台风毁坏的船舶，一片狼藉，岸上是被台风摧毁的房屋（紫日提供）

二、1959 年的"8·23"大台风

我这一辈子就遇到三次超强台风正面登陆厦门,台风对社会财产和人民的生命带来的巨大破坏,可以说是令人触目惊心,印象深刻的。

1959 年 8 月 23 日,我这一辈子第一次遇到了超强台风。那一年,我刚七岁,对台风的印象十分清晰。那一天的晚上天气特别的闷热,我们一群邻居的小孩在海边的榕树下和碉堡上乘凉后,十点多回到家里睡觉时,天仍然是那么的沉闷,几乎没有一丝的风。料想不到的是,下半夜忽然狂风大作,暴雨倾盆而下,我们居住的楼房距离海面仅有三米左右,平时大潮高潮位海水都会淹上马路。这一天是农历七月二十,中元节刚过,半夜过后的海潮乘着强劲的台风淹上三丘田的道路和房屋。当我被厦门打捞公司的工人背出家门的时候,海水已经涨到我家门口,我们被安置在原美国领事馆,我家隔壁一个邻居原来不肯离开家,等到海水涨进屋子后才离开。第二天台风过境,我们回到家里一看,海水虽然已经退去,但是从水淹的痕迹可以看出楼下房子淹了被将近一人高。我们这座楼屋顶的瓦片全部飞走了,二楼的钢筋混凝土阳台在台风中坍塌了下来。三丘田与和记海滨岸边的一棵百年的老榕树被连根拔起。黄家渡海滨和厦门航海俱乐部附近被海水淹没了一大片,几成泽国,海上的漂浮物到处都是,一片狼藉。

海面上到处是被台风毁坏的木船,一条残破的木船搁浅在和记海湾,随着风浪一进一退撞击着堤岸。破船上有一些木头,我跳到船上将木头丢到岸上以后,两手抓住船帮要跳到岸上,结果一个巨浪打来我还没有跳起时,船帮就已经撞击到堤岸,我的两个手掌被撞得鲜血淋漓,跳上岸后,还是厦门打捞公司的医生为我包扎治

疗的。那一次的超强台风破坏力巨大,厦门和鼓浪屿的不少夫妻船和渔民遭了殃。

我至今印象最深的是这次大台风正面袭击厦门后,由于强台风导致的强降雨,九龙江沿岸洪水一泻而下,从九龙江出海口直接注入厦门湾,龙海一带九龙江的很多淡水鱼也被洪水冲进海里,由于下大雨和九龙江水大量入海,当时海水盐度下降,淡水鱼在海里都能够成活,我的邻居陈老伯使用四脚罾在和记码头旁的海岸边就抓了很多的大头鲢鱼。

2018 年 4 月 12 日,我在采访殷承典老师时,他告诉我港仔后岸边原来有四座楼房,靠近马路有三座红砖建筑,在 1959 年 8 月那次台风中全部被摧毁了,当时连木麻黄树都被台风刮得树根翘到天上了。国民党厦门市最后一任市长陈荣芳家在日光岩西林大门对面,全家人都去了香港,交代花匠看家。那天晚上,花匠没有关窗户,结果台风一到,把里面的东西全部刮跑了,房子也倒掉。

从历史老照片看到,1959 年 8 月 23 日强台风过后,原英国领事馆前面海边的一排粮食仓库也被摧毁。菽庄花园四十四桥被台风的风浪冲击得桥墩垮塌,桥面毁坏,眉寿堂等建筑几乎全部被毁。

从 1959 年的超强台风到 1999 年 10 月 8 日的 14 号强台风,这中间整整相隔了四十年的时间,虽然没有再发生超过十二级的超强台风,但是强台风还是会不断地严重影响厦门,甚至直接在厦门正面登陆。

三、台风和风暴历险记

在我的记忆中,上世纪 70 年代,夏天的一次台风严重影响厦门,厦门造船厂鼓浪屿车间在坞内海滨的木头围栏被毁坏,围栏中的许多造船用的木料随着海浪和潮水漂浮出来,随着退潮的海流飘过燕尾山外面的海面,随波逐流从厦门与鼓浪屿之间的海面往外漂流。我们站在三丘田码头上,看着风大浪急中就要漂走的好木料,感到十分可惜。我和邻居的几个小伙子跳进海中,在风浪中向前奋力游泳,不久就接近漂流的木头,每个人抱住一根木料,用尽全力将木头推向岸边。

在一两米高的大浪中游泳,对于水性好的我们实际上并不是太危险,但是在这样的风浪中靠近码头上岸才是真正的危险。大浪一个接着一个涌向码头,撞击在花岗岩石条建造的码头,发出巨大的轰鸣声,激起几米高雪白的浪花,冲击力非常大。如果上岸的时机没有掌握好,动作稍微慢了,就有可能被后面的大浪打在码头的石头上。安全上岸只能在第一个大浪打完,第二个大浪还没有冲击过来的时候,完成登岸的动作。我在海浪中踩着海水,随着第一个海浪朝码头靠近,在浪头冲击码头的一瞬间,立即加快速度冲向码头,一个潜水双手抓住码头的花岗岩条石,身体一缩两脚踩住码头的石条迅速站起跨步离开水面上岸了。这时,后面的第二个大浪就冲过来了。

上岸后,再用绳子将几米长的木料吊上岸,捡到木料的高兴劲还没过去,当天下午几个造船厂的工人来到我家,说木料是国家财产,应该归还工厂,随后就用板车将木料拉走了。

厦门的海域除了有台风的危险外,对于船工来说,反常的气候都可能造成船毁人亡的严重后果。闽南地区沿海一带有句谚语:"走船跑马三分命"。我的一辈子当船工的父亲,宁愿我下乡去当农民,也不愿意让我去当船工。在上世纪上山下乡的浪潮中,厦门舢板社招收学徒工,每个月当时才 15 元,我想去当船工,我父亲坚决不答应。

少年时代,恰逢"文化大革命"停课的时期,下海抓鱼就成为我的主要事情。上世纪 60 年代,厦门的筼筜港还未填海围堤,现在厦门同益码头外有一个灯塔，灯塔附近退潮以后会露出一大片的浅滩，我们叫那个地方"麻尾"，那里可是我们当年讨小海的好地方。

印象极深的一次海中突遇风暴就是在"麻尾"钓鱼的时候，大概是七八月份的时候，我们是三个人摇着一条"阔头仔"，到东渡附近的"麻尾"，抛锚后就开始钓鱼，刚有收获时，忽然乌云密布，看那云层几乎要压到海面一样，我们一看不对劲，知道海上的风暴就要到来，赶紧收拾钓具，起锚后摇着船往鼓浪屿方向前进。不一会儿狂风裹着暴雨，小船在风浪中颠簸，大浪使海水不停地涌进船里，倾盆大雨从天而降，不一会儿我们的小船就积满了水，整条小船就像要沉下去一样。我们只好一边往船外拼命地瓢水，一边顶着风浪奋力摇橹，身上的短衣短裤早已湿透，又遇到涨潮的潮流越来越急，整只小船被风浪冲到猴屿旁边，我们已经是又饿又累，筋疲力尽。还好风暴的时间不是很长，说来就来，说停也就停了，我们赶快将小船摇回三丘田码头。这是我青少年时代的一次海上遇险的经历，这时我才体会到，船行海上遇到风暴的危险，才深刻体会到父亲不让我去当船工的良苦用心了。

四、1999 年的 14 号强台风

1999 年 10 月 9 日，厦门又再次遭遇 12 级以上的强台风的袭击，这就是人们所熟悉的 14 号强台风。10 月 9 日上午 10 时，14 号台风在漳州龙海县镇海角登陆，台风中心从距离厦门机场西侧 10 公里左右的地带通过，是自 1959 年 8 月 23 日超强台风重创厦门 40 年来的最强台风，打破了鼓浪屿岛上建造了郑成功塑像以后台风不再正面袭击厦门的当地传说。

对于那一年的 14 号台风，我的印象特别深刻，台风正面袭击厦门的前一天，刚好是美国侨报的郑总编和欧洲时报杨社长到厦门考察访问,商谈对外传播合作事项,扩大厦门的对外影响力。10月8日下午,我陪同两位朋友到鼓浪屿,到达鼓浪屿皓月园参观时,杨社长问我,根据天气预报,台风正向厦门靠近,会不会在厦门正面登陆。我还对他们说,你们放心,厦门有郑成功护佑,台风向厦门走来,郑成功手一挥,台风就会绕道而行了。

可是,当天晚上风力越来越大,我家当时住在鼓浪屿兴化路2号丙栋的五楼,窗户的雨披被大风吹得"啪啪"直响。到了9号上午,风力更大了,轮渡船停航,我只好放"天公假",待在家里。我的卧室窗口直对着厦门岛,可以直接看到鹭江道一带的情况。我儿子也不能到厦门双十中学上课,就站在我家卧室的窗口前看台风登陆厦门的情况,忽然间儿子大喊,轮渡的趸船在下沉了,我赶快跑到窗口一看,轮渡公司停靠船舶的趸船已经下沉一半,一会儿就没有了踪影。鹭江之中巨浪翻滚,风夹着雨,风卷着浪,还好厦门港中的船舶已经开走避风了,否则后果不堪设想。

我家附近的树木被狂风一阵又一阵地扫荡着,满眼都是倒伏的树木和被风吹断的树枝,空中还飘着被台风刮着的雨披、瓦片等物品。过了不一会工夫,我家窗户上的雨披已经无影无踪了。大雨直接打在窗户的玻璃上,雨水在台风的作用下,顺着铝合金窗户的下沿直接灌进屋子里,我们赶快拿毛巾去塞进窗户缝中,过一会儿拿出来拧干水,再重新塞进去,避免雨水灌满房间。

这时候,我赶快给住宿在厦门海景大酒店的杨社长打电话,问她情况如何?杨社长告诉我,她从没有遭遇过台风,确实太可怕了。她告诉我房间的窗户都差点被风刮开。她问我,"你不是说,郑成功手一挥,台风就绕道走了吗?"我解嘲式地告诉她,哎哟,我忘记台湾9月21日发生大地震,郑成功到台湾巡视去了,没有在厦门守卫,14号台风乘虚而入,袭击了厦门。

根据后来的报道,14号台风在厦门登陆时,正面袭击达5个多小时,厦门地区出现狂风暴雨,最大平均风速 25.3 米／秒,瞬间最大阵风 47.1 米／秒,风力 15 级。厦门全岛大部分地区停电,自来水和燃气中断,大部分企业停产,机场关闭,轮船停航,铁路停运,市内公交及厦鼓轮渡停班;大中小学和幼儿园停课。

市区 7 万多株树木被折断或连根拔起,全市 95% 的户外广告牌被毁坏,200 多间房屋倒塌,海堤决口 40 处,全市经济损失达 19.37 亿元,可见台风威力之强大。

在几乎全市停电的时候,很多人家是点着蜡烛,用收音机收听,了解厦门台风和抗台风的消息。在那次强台风中,厦门人民广播电台的主持人和记者,心系人民,坚守新闻直播的岗位,及时报道了台风登陆的消息,报道了全市人民在市委和市政府的领导下,万众一心,抗击强台风,在台风过后恢复生活和生产的感人事迹。

欧洲时报的杨社长告诉我,她亲眼看到了厦门人民在台风过后恢复社会秩序的能力,不到一二天的时间,厦门主要街道就基本被清理干净,社会就恢复了秩序。对于这些目睹的情况,杨社长感慨不已。

五、2016 年的"莫兰蒂"超强台风

2016 年 9 月 15 日,超强台风又再一次正面登陆厦门。这次超强台风是我遇到的第三次正面袭击厦门的超强台风。

当晚,我在厦门湖滨中路的家里,风狂雨大,露台洗衣间的门被风吹得"啪啪"作响,风一会儿将门往外拉,一会儿往里面压,整扇门好像要被台风吸走似的。我赶紧冒着风雨,将家中的一个铝合金梯子拿来当顶门杠,再将露台上的几个大花盆移过来顶住梯子,避免了整扇门被风刮走的后果。但是从阳台上可以看到,小区花园的树木已经被风刮得倒的倒,断的断,一片狼藉。第二天,台

风过境之后,风小了,但是雨大了,厦门市区街上的行道树在台风的摧残下,倒伏折断的不计其数,能够幸免于难的不多,全市总动员,上街清理道路,扶正挽救倒伏的树木。

此时,我一直挂念着鼓浪屿的家不知如何?轮渡恢复航行,我就立即乘船赶往鼓浪屿的家里。打开大门一看,客厅的地上灌满了水,原来是台风的风力正面打在客厅玻璃窗的时候,压力将雨水直接通过铝合金窗户的底槽挤进了室内,窗户下面的墙面被雨水泡得膨胀起来。灌进客厅的雨水顺着地板流进木地板装修的卧室内,木地板被泡得膨胀起来。窗户朝向西北的书房更加的惨不忍睹,被台风强压进入房间的雨水,把窗户下面的整堵墙泡得白色的泥灰掉到地上,污水横流。我赶紧进行清理,并且亡羊补牢地购买了帆布和塑料锁扣,准备以后台风再来时,将帆布固定在窗户的护栏上,抵挡正面风力,避免雨水再次被狂风压进窗内,造成损失。

接下来连续两天时间,我带着照相机去拍摄鼓浪屿被莫兰蒂台风破坏的境况。从我家出来经过原福州大学厦门工艺美术学院校区往五个牌海滨,校园内一棵高大的木棉树倒伏在地。五个牌海滨沙滩的涨潮线一溜的海漂垃圾物,岸上大叶榕倒伏在地上。美华海滨鼓浪石旁两棵树木倒在沙滩上,岸边满地是折断的树枝和倒伏的树木,工人正在用油锯将粗大的树木锯成小段。英雄山山体的两处地方,也在莫兰蒂台风中出现松动和塌方的问题。

港仔后海滨到处都是折断的树枝,陆军疗养院临海的一棵大榕树倒伏压塌了墙体,靠近菽庄花园的沙滩旁,高大的凤凰木被连根拔起,延平公园内到处都是树木折断的树枝。

当我从日光岩西林大门进入景区,景区里面空无一人,上山的道路旁一溜的大王椰子被风刮倒。沿着上山的步道向日光岩顶峰行进,靠近山顶有一块巨大的花岗岩石壁上,原来有几棵榕树生长在岩石之上,榕树根沿着石壁往地下伸展,陡壁的上头榕树的枝叶向空中伸展,生出一片绿色的天地。望着这样的榕树,你可以感受榕树的顽强和坚韧。看着与崖壁合为一体的榕树,你忽然感到这不正是一个天然而成的榕树盆景吗!然而,这么美丽的风景已经定格在 9 月 15 日之前,莫兰蒂台风将这样美好的东西无情地摧毁了,这就是台风给自然风景带来的悲剧。台风过后,巨大的崖壁上只剩下残存的几条榕树根,景象十分凄惨。

走到鼓新路上,我看到好几棵大树在台风中遭了殃,鼓新路 40 号围墙内的一棵老榕树被台风刮倒在地,在八卦楼大门前,工人用油锯处理完的粗大树干堆了一地。八卦楼墙内一棵高大的木棉树倒向马路对面的房子,整棵树干横跨鼓新路。

对照历史的老照片,我们就可以看到,如今的鼓浪屿风光如此秀丽,正因为有许多老榕树、樟树、木棉树等各种树木和奇花异草形成的景观,与风格迥异的建筑,蓝天白云,金色的沙滩和蔚蓝的海水形成调色板,才使鼓浪屿拥有令人赏心悦目的风光。

可是,莫兰蒂台风却刮倒了鼓浪屿岛上几十棵老树,使原本的风光黯然无光,风景不再。房子倒了可以修复重建,但是几百年的老树倒了,这样的风景就永远从人们的视野中消失了。

曾经号称中国第一别墅的黄家花园别墅,宽大的花园中有几株老榕树和老樟树,给豪华的建筑更增添了几许生机和秀丽。在莫兰蒂台风的摧残下,中楼前造型独特的老榕树倾倒在花园的路上,原有的风景逊色了几分。

内厝澳路 1 号大门内,一棵老榕树两个分岔伸展向蓝天,形成大大的树冠,更奇特的是榕树气根成排列队深扎入土,形成一幅"树帘"的景观。但是却没有经受住台风的考验,整棵老榕树倒伏在地,横跨了内厝澳路,堵塞了道路。那美丽的榕树景观随台风飘逝。

内厝澳岭上的那条花岗岩石板路,不规则的花岗岩石块垒成的挡土墙上爬满了榕树的根。在上世纪 70 年代笔山洞修好以前,

莫兰蒂台风中，内厝澳 1 号的老榕树被风刮倒（林聪明摄影）

这是从安海路和永春路通往内厝澳的必经道路。几棵老榕树把整条斜坡小道遮掩得只能洒进几缕阳光，榕树的气根垂到一堵砖墙上，好像墙上长树，好似形成一堵榕树气根的墙，这是一条最具鼓浪屿风情的小道。然而，莫兰蒂台风过后，砖墙倒了，榕树的气根断裂了，自然而成的气根墙奇观不见了。原来小路遮天蔽日的榕树树冠被风刮得七零八落，有种遭到轰炸的感觉。

港仔后海滨附近，港后路 18 号院墙内有一棵高大的老榕树，巨大的树干不知要几个人才能手拉手环抱。巨大的榕树树冠形成一把绿伞，夏天从树下的小路经过，多了几丝的凉意和惬意。想不到这么高大威武的老榕树，还是被莫兰蒂台风连根拔起，你就可以想象，当时台风的风力有多大，大自然的破坏力有多么的可怕。

鼓浪屿鹿礁路与福建路相交界处的天主教堂旁边有一棵高大的木棉树，每当春天红色木棉花盛开的时候，白色的教堂，映衬着蓝天白云，形成一幅只有鼓浪屿独有的美丽画面，我曾经拍下这样美丽的照片。莫兰蒂台风过后，当我再次来到这里，只见高大的木棉树倾倒在地,树枝砸在天主教堂的屋顶。木棉花开时节,建筑与木棉相映成趣的美景已经成为历史。

　　厦门市音乐学校大门隔路相对的院子里生长着一棵巨大的老榕树,我还在厦门二中读书的时候,这棵老榕树已经久久地立在那儿了。老榕树经过多少春夏秋冬,迎来送往多少鼓浪屿的学子。它郁郁葱葱的枝叶伸向校门,就像一位老者迎接学子的到来。当莫兰蒂台风的强力袭来的时候,老榕树也没有挺住,巨大的树干顷刻之间倒向学校的大门。别了,老榕树;别了,我们的青葱岁月。

　　中华路口,鼓浪屿干部疗养院大门往菽庄花园的路旁,原来生长着六棵老榕树,一棵连着一棵,树冠几乎相连形成一条特殊的榕树林荫道。这几年,不知何故,海上花园酒店门前的两棵老榕树先后枯死,还剩下四棵老榕树。莫兰蒂台风却又刮倒两棵老榕树,看着倒地的巨大树身横跨马路,倒伏的榕树被锯成一段段的树墩,我们只能感慨大自然巨大的破坏力,给我们留下多少的遗憾。现在这段路只剩下头尾两棵榕树了,多么令人痛心的损失。

中华路口倒伏的两棵老榕树(林聪明摄影)

中华路23号和25号这段路,是鼓浪屿闽南建筑的代表路段。在这里,两棵高大的木棉树伸向高高的蓝天。每当春天时候,枝头的英雄花开得红红火火,像一只只火把,似乎要将蓝天烧红。当风吹来,花儿掉落地上,清晨满地落英充满了诗情画意。这房、这树、这花、这人,这就是鼓浪屿闽南文化的风情画卷。莫兰蒂台风把中华路23号前面的木棉树摧折了许多树枝,又将中华路25号门前的木棉树刮倒在地,马鞍形屋顶上盛开英雄花的景象不能再现了。

这就是我亲眼所见和相机记录的"莫兰蒂"超强台风肆虐破坏的景象。

第六章

渔人渔业今安在

　　鼓浪屿这个小岛确实是麻雀虽小五脏俱全,但不少人不知道鼓浪屿不仅有菜农,而且还有渔民。我的父亲是船工,我从小在海边伴着潮涨潮落长大,对鼓浪屿与海有关的人和事有着一种天然的情感和天生的兴趣。在我的少年时代的印象中,夫妻船就停靠在鼓浪屿轮渡码头右侧的海滨,那里海中有块大石头,上面还有一个小小的妈祖庙,经常有十几只夫妻船停靠在那里。从上世纪50年代到90年代,鼓浪屿捕捞大队就是鼓浪屿渔民的生产组织,从小渔船发展到大渔船。1984年,鼓浪屿捕捞大队改为鼓浪屿渔业公司,2004年,鼓浪屿渔业公司改制,实际上是名存实亡,如今只剩在鼓浪屿旧庵河的"渔民新村",是鼓浪屿原来的渔民集中生活的社区。随着时间的推移,鼓浪屿的渔民和渔业越来越淡出人们的视野。

　　为了追寻鼓浪屿渔民和渔业的这段历史,我专门采访了当年鼓浪屿捕捞大队的领导阮万岩和捕捞大队的文书陈季琛,通过他们对往事的回忆和口述,力求将鼓浪屿渔民和渔业的缘由、发展过程和消失的历史过程呈现给大家;并在厦门市图书馆张元基的帮助下,查找到上世纪五六十年代,《厦门日报》刊发的关于夫妻船的报道,作为本章的历史资料,更好地还原历史的过程。

一、鼓浪屿的渔民来自那里？

从 19 世纪的历史材料来看，当时鼓浪屿主要居住的是从同安来到鼓浪屿开发的黄姓和洪姓的居民，集中居住在内厝澳、岩仔山下和鹿耳礁一带，以农耕和海上运输为主要生计，因此有"黄山洪海"的说法。除了早期海沧嵩屿渔民到鼓浪屿停靠居住的记载外，没有看到其他鼓浪屿专门从事渔业生产的历史记载。那么，鼓浪屿的这些渔民来自那里？

阮万岩说，鼓浪屿捕捞大队有三大姓，三小姓。三大姓是阮、黄、张；三小姓是方、杨、欧。阮姓是从海澄来的，黄姓是石美来的，张姓是厦门港这边的渔民，三大姓中黄姓最多。1969 年第一次渔区整顿，查三代是从哪里来的，评渔民的身份，身份最后没有确定，但是基本知道渔民的来源地。

龙海一带的渔民来到鼓浪屿的时间可以追溯到抗日战争之前。阮万岩说，从龙海石美一带出来的渔民，有一个原因就是当年那里土匪比较多，而靠近厦门沿海一带土匪比较少，他的一个姑丈就是被家乡那里的土匪打死的。当时龙海一带出来外面打鱼，在鼓浪屿能够停泊渔船，可以卖鱼，就慢慢地在这里停留靠岸了。当时龙海渔民的船主要停靠在鼓浪屿内厝澳坞内海滨一带，还有"西仔路头"和龙头路头一带。

阮万岩的妻子黄女士告诉我，她小的时候经常听奶奶说，从海上看日光岩只有一小块，鼓浪屿很多地方都是填出来的，岛上不少房子都是"番仔"来建造的。按照她奶奶的说法，龙海的渔民应该是日本侵占厦门之前就从龙海一带出来，来到鼓浪屿。她奶奶还经常讲,"番仔"和"日本仔"有礼没体。①

陈季琛也告诉我,早年渔民的一家生活和生产都在一条船上,因此称为连家船,当年鼓浪屿的这些连家船,祖籍都是龙海的,有海澄、石码、紫泥等地。因为厦门与龙海相比,比较靠近外海,所以他们就到这里来讨海,就在这个地方休息停泊。鼓浪屿的当地人将这种一家人集生活、生产为一体的连家船,称作夫妻船。

20世纪40年代鼓浪屿龙头路头旁,妻子划桨,丈夫用手撒网捕鱼的夫妻船(紫日提供)

黄女士还说,姓黄的拜祖宗是拜冬至的,这几年他们每年都还回到石美去祭拜祖宗,黄姓的祖庙很大。而阮姓是海澄的,但具体哪个村落还在寻找,有的说是海澄大港,但还需要进一步查证。

---

① 有礼没体,闽南话,意思:西洋人和日本人的行为看起来很有礼貌的样子,但是不符合中国传统文化的体统。

阮万岩还告诉我,鼓浪屿捕捞大队的一些渔民是当年支援解放军,运载解放军解放鼓浪屿后留在这里的龙海渔民,不少渔民在战斗中牺牲和受伤了。渔民黄平家腿上受了伤,到去世时,子弹还留在腿上。黄福兴的老婆当时怀有身孕,在战斗中受伤了,伤病影响了孩子的健康。黄亚国是烈士的子女。当时解放军是从嵩屿的象鼻角,就是现在集装箱码头的地方出发攻打鼓浪屿的。

二、夫妻船渔民的生活和生产

解放初期,连家船是一家一户,鼓浪屿的夫妻船有二三十只渔船,到高级社时最多三四十只船。厦门港的勾钓船也就是三四十只,后来才又分家分船。

关于夫妻船,现在很多人没有任何的概念,1958 年 1 月 1 日《厦门日报》第 3 版刊登了陈维廉采写的《"夫妻船"的欢笑》,文中写道:

> 我在鼓浪屿龙头附近的小山上站着,等着前进社返航的渔船。人们告诉我,前进社的渔船都是夫妻船。一对夫妻一只船。他们世世代代都是这样:孩子长大了,父母就给造新船,给他娶亲,让他们去独立生活。他们本来没有固定住所,到处漂流,大海就是他们的家。直到解放后政府才帮助他们在鼓浪屿定居下来。
>
> ……
>
> 渐渐地,船帆越来越高大了,几十只夫妻船回港了。我爬上一只小小的夫妻船。主人叫阮凤。船上放着炉灶、锅子、水桶、柴火、渔网、钓绳……。地方虽小,但样样东西都安排得适当,叫人感到并不狭小。阮凤说:我们世世代代都没有田园厝

宅,一切就在这船上啦。

这篇新闻报道的细节描写,让我们对于夫妻船渔民的生活生产有了一个具体的了解。

1962 年 1 月 18 日,《厦门日报》第 2 版刊发了《夫妻船上办喜事》一篇报道:

> 本报讯 1 月 11 日,鼓浪屿夫妻渔船队渔民阮吉生和黄阿卿,按传统习惯在渔船上举行婚礼。这是海洋捕捞大队新年第一件给社员备船办喜事。这天清早,阮吉生满面春风,轻快地划着大队给他安排的渔船,到黄阿卿家娶亲。渔民结婚时,最注重的是渔船。渔船是新房,也是新婚夫妇生活生产的地方。
>
> 当阮吉生的渔船,划到黄阿卿的渔船边,停靠在右旁,他的父亲阮凤兴高采烈地掀起遮棚,正要披在亲家的渔船上,看到亲家的船也掀起遮棚,拿着遮棚的正是生产大队长黄丰美。原来他是新娘黄阿卿的叔父,来为甥女成亲的。阮凤和黄丰美拱起遮棚互相对望着微笑,黄丰美的妻子张淑贤挽着黄阿卿从遮棚下跨到阮吉生的渔船,船头响起鞭炮声,新婚夫妇和公婆一起合桌共进午餐。甲板上摆了十二大碗,有鱼有肉,十分丰富。

这篇报道还写道:

> 公社化后,渔民不再担心没船娶亲了。从 1958 年以来,大队新造了三十二艘新渔船。船越来越多,越造越新式,有三艘还是机帆船呢。现在全大队已有五十多艘渔船,比解放初

期增加了二十来条船，产量也有很大增加。

1961 年 11 月 12 日《厦门日报》第 3 版"海燕"第九十九期文艺副刊还刊登署名"阿盈"写的一首短诗《夫妻船》：

疏星垂海空，秋月浮浪中。船儿出海，银光满舱。妻摇桨夫撒网，桨声伴涛声。网影扰银浪，鱼儿满舱。

当年鼓浪屿这些渔民的作业方式也有所不同，黄姓渔民主要是以手撒网为主，阮姓渔民主要是采用流刺网，我们俗称"放菱仔"。鼓浪屿的渔民主要是采用手撒网、放菱网、放棍钓，厦门港渔民作业的方式与鼓浪屿的不一样，主要是放勾钓。放棍钓和放勾钓都属于延绳钓，但是又有区别。放勾钓不用鱼饵，勾钓鱼钩之间的距离比较密，鱼钩比较大，下沉到海里时，鱼钩要距离海底一点，这样鱼游过去才会被鱼钩勾住，主要捕抓鲨鱼、魟鱼等大一些的鱼。放勾钓的船也比较大，基本上是在厦门港外和靠近外港的地方作业。放棍钓要用鱼饵，棍钓鱼钩之间的距离比较大一些，鱼钩可大可小，主要靠鱼儿讨食咬钓上钩，抓获的鱼比较小，如黄翅、加力鱼、白鲳等杂鱼。厦门港和鼓浪屿渔民作业的海域主要在白石炮台，大担、二担岛附近，浯屿和浯屿北部海面，一直到刘五店、欧厝一带海域。

我家就在三丘田海边，我也是经常下海捕鱼，在我的印象中，鹭江和鼓浪屿周边的海域也是渔民作业的海域，甚至还有龙海和海沧一带的渔民来此捕鱼的，主要采用手撒网、放菱网、延绳钓和船上四脚罾。在港仔后外侧海域，还有采用"虎网仔"捕鱼的，实际上也是一种以夫妻船为主的定制网。当时都是人工操作，捕鱼的成本低。

三、合作社时期的鼓浪屿渔业

阮万岩告诉我,解放初期,鼓浪屿的渔民就成立了初级社,初级社是一种松散型的合作经济组织。1956 年才成立高级社,鼓浪屿的渔民合作化的时候成立了"前进渔业合作社",厦门港成立"金星渔业合作社",两个合作社组成捕捞大队。渔业合作社的分配制度是比较初级的合作方式,以单船为主,带有互相帮助的性质。

阮万岩的说法,在《"夫妻船"的欢笑》这篇报道中也得到印证:

> 阮凤这一家解放几年生活一年比一年过得好。1953 年参加互助组,他全年收入一千三百元,比单干时,收入多得多。他买了一只新船,给大儿子讨媳妇。1956 年参加渔业社以后,全年收入一千六百元,有比互助组收入多。

1958 年"大跃进"的时候,捕捞大队合并到厦门市养殖场,养殖场是在集美,有养殖,也有海洋捕捞,渔业合作社作为它的组成部分。但是合并到厦门市养殖场后,变成吃大锅饭,不管你干不干,干得好,还是干得不好,抓到的鱼全部交公,每人每月工资 33 块。这样就没有积极性了,有的渔民还把抓上来的鱼放了,把好的鱼自己吃了。这样搞了两三年不行,又再分开了。1960 年,又把渔业合作社交给鼓浪屿区管理,名称就改为鼓浪屿捕捞大队了,陈季琛说,他就是 1961 年到捕捞大队的,一直工作到 1999 年退休。

在我的印象中 1959 年"8·23"大台风,夫妻船是遭遇了大灾难。据陈季琛说,当时损失了大约十几条船,最惨的是一只船全家 14 口人全部遇难,总的死亡几十人。

阮万岩 1947 年出生于鼓浪屿的渔民家庭,从小就在海上捕鱼。1969年渔区整顿时,成立革命委员会,他和张和平代表渔民进入革委会担任副主任,当时虽然当了领导,但还是要跟着渔船下海。到了1975年左右,鼓浪屿捕捞大队归市水产局管理,市水产局派人来当领导,但这些派来的领导都待不住。1980年实行改革开放后,阮万岩就一直负责捕捞大队的工作。

上世纪70年代初期,福建省在全省范围内对连家船开始进行整顿,让连家船的渔民上岸居住,就是为了改善渔民的生活条件。在连家船整顿的过程中,刚好遇到"文化大革命",有不少华侨的房子就由房管所安排渔民居住。随着连家船的整顿,就开始建造近百吨的大渔船,冬天到舟山群岛去捕抓带鱼,夏天使用封网,采用灯光诱捕温仔鱼。灯光诱捕作业在台湾海峡和东山、汕头一带海域,当时捕捞温仔鱼,渔业资源非常丰富,采用围网捕捞,用两条灯艇,把强光灯放进海底,温仔鱼看到灯光就围过来,大船再拖着网走,这种捕捞方式产量很高,有的一网就是上千担的鱼,有时一网就回来,还载不完,还要倒掉一部分。捕捞完后就在汕头和东山卖掉,这样下海捕抓的时间比较快。尤其是夏天月暗的天气,晚上捕捞完后,上午赶到岸边卖掉,下午又到渔场作业,当时捕捞的巴浪鱼、温仔鱼很多。

阮万岩还告诉我,捕捞大队还曾经与福建水产研究所合作,用温仔鱼做原料,在厦门罐头厂试生产沙丁鱼罐头,后来由于捕捞的鱼到达工厂后的新鲜度达不到要求,就没有继续生产,当时国外全部采用自动化生产,边捕捞边加工,工厂加工就在船上,我们当时达不到这样的条件。

1969年渔区整顿时,又遇到清理阶级队伍,凡是在出海作业时,被台湾军警抓靠过渔船上的渔民,都上岸集中办学习班。1970年鼓浪屿农牧场归鼓浪屿捕捞大队管理,当时鼓浪屿农牧场是合作社形式,据阮万岩回忆,有勇阿、永峰、黄国庆的父亲等七户人家,这些都是当时在鼓浪屿养牛和种菜的菜农,农牧场在美华一带有四五十亩农地,都划归捕捞大队管理。当时还提出亦渔亦农亦工的口号,不要单一经济。后来捕捞大队办学习班时,也组织参加学习的人员到那里参加劳动。

上世纪70年代,我的印象中鼓浪屿捕捞大队不少渔船就是停靠在鼓浪屿"西仔路头"这里的岸边和海中,就是原解放军194医院至自来水抽水机站一带海域,我当时会跑到那里从渔船上购买冬蟹,记得当时的冬蟹一斤卖一角五分钱。当时,我在鼓浪屿教育系统工作,区属民兵海防站岗的哨位就在鹿耳礁附近的,鼓浪屿捕捞大队在鹿耳礁至覆鼎岩海域养殖海带,海带经常被海浪冲断,随着潮流漂到岸边,我们捡到了就作为民兵执勤晚餐的菜煮了。

据阮万岩讲述,当时厦门的思明区、开元区、鼓浪屿区三个区有三个渔业大队。鼓浪屿就是捕捞大队,思明区在曾厝垵和白石炮台那里有定制的网槽,组建成一个渔业社。开元区在筼筜港这一片,是采用两条渔船放网围捕,叫"鼓罾"。厦门港是渔捞公社,是由五个社组建的。1975年左右,鼓浪屿捕捞大队才归市水产局管理。

1969年,渔区整顿时,鼓浪屿的渔民在海上的劳力有三百多人,渔民家的少年也都下海捕鱼了,渔民和家属的人数应该在一千二百人左右。当时在陆地上还有一些从事后勤工作的,织渔网的是计件工资。

讲到当年渔业资源时,我的印象上世纪80年代初,鼓浪屿还可以经常买到大条的黄花鱼。阮万岩很惋惜地说,黄花鱼都是龙海石码那边的渔民搞完的,石码渔民围罾的船一来,在船上"敲叩仔",黄花鱼头上的两块珠受到震动就浮上来,全部绝种了。

在我的印象中,鼓浪屿捕捞大队曾经在厦门第二医院办公过,问起捕捞大队的办公场所,阮万岩告诉我,1959年大台风之前,鼓浪屿捕捞大队办公室在鼓浪屿轮渡码头旁边的粮食仓库，"8·23"大台风刮倒后，捕捞大队办公室就搬到现在农贸市场旁边的原来搬运工会的楼上。1969年渔区整顿时，当时厦门第二医院搬到龙岩，鼓浪屿捕捞大队办公室就搬到厦门第二医院门诊部那里。厦门第二医院回到鼓浪屿后，办公室就搬到鹿礁路51号，这里原来有一座庙，后来鼓浪屿房管所将其改造成鹿礁路51号的建筑。

四、改革开放时期的鼓浪屿渔业

1980年，改革开放初期，捕捞大队改称鼓浪屿渔业公司，原来的渔业公司行政归鼓浪屿区管理，业务上归厦门市水产局管理。1985年左右，就全部划归厦门市水产局管理了。

在上世纪70年代，鼓浪屿捕捞大队已经有三四条大渔船了。到了1978年十一届三中全会后，捕捞大队基本上都是大渔船了。当时拖网渔船有两对，灯光诱捕封网渔船有七八只，大概就是十一二只大渔船。从上世纪80年代开始，渔业产量有比较大的增加，当时渔民的收入大大提高，尤其是拖网渔船产量高收入高。

阮万岩说，鼓浪屿捕捞大队在上世纪80年代末至90年代初，是渔业发展的高峰期，当时有十几条大渔船，载重量都是上千担，排水量都是一百多吨。当时鼓浪屿捕捞大队的每船平均单产是福建省最高的，一条船一年产量最高达到三万多担，公司最高的一年产量是十二万多担，每担是一百斤。上世纪70年代中期，阮万岩担任主要领导时，鼓浪屿捕捞大队所有的家底八十多万，包括资产和贷款。当时有对资产进行评估，八十多万中银行贷款四十多万，还有另外一些借款。捕捞大队的自有资金，包括已经投资建造的渔船，只有三十多万。当时一条一百多吨的渔船，大约十三万元。一条灯光诱捕渔船一般带两只灯艇，最早是用汽灯，后来才改为使用电灯。

捕捞大队有一段时间还发展远洋捕捞,90年代初捕捞大队的铁壳渔船还到帕劳去捕鱼,两条船到帕劳去钓金枪鱼,捕获的金枪鱼卖到日本。到帕劳捕鱼的时间大约有五六年的时间,采用勾钓的方式,为了保证金枪鱼的品相,金枪鱼钓上来时船上还要铺设地毯,不能让金枪鱼外表受伤。后来由于产量不高,亏损,就没有再到那里钓金枪鱼了。

随后几年,渔业公司的产量就开始走下坡路,主要原因是渔业资源减少,这是过渡捕捞造成的问题。另外一个问题就是成本提高,船用柴油的价格提升,一条渔船出海一趟,不管你捕捞的产量多少最少要一两万元的成本。所以,当时出海捕捞作业,不同的渔船产量不一样,收入的差距也是很大的。现在的渔船作业也是这样,好坏差别很大。

当我问到,原日本博爱医院旁边,鼓浪屿捕捞大队建的"琴岛酒店"一事时,阮万岩告诉我,建琴岛酒店的那个地方,1962年就是捕捞大队的仓库和开会的会场。1990年开始向市里申请建设鼓浪屿渔业公司的综合楼,1996年就在这里建造了这座楼,地下室一层作为办公室,后面一部分是宿舍,楼上作为酒店。当时酒店经营不好,一个原因是鼓浪屿的旅游还没有发展起来,第二是渔民不懂得经营。

鼓浪屿渔业公司在五个牌海滨还启动一个海底世界的旅游项目,当时为了这个旅游项目,阮万岩跑省里做工作,又到国家海洋渔业局,国家海洋渔业局出了一个公函,厦门市规划局先是批了一千平方米,后来再扩大面积。1996年与台湾合资的海底世界的旅游项目,当时包括建造堤岸和其他工程,已经投入四五百万元了,开挖的水池建设已经投入大约百分之六十,资金是台湾方面投入的,渔业公司出地。但是后来在黄家渡鼓浪公园地块,鼓浪屿区与新加坡合作开始建设海底世界项目,台湾的投资方就不再投入了。后来这块地以一千多万元的价格卖给湖里区的一个姓黄的房地产开发商,是以他女儿的名义来投资的,当时想在这里建设一个会所,后来市里不同意,要拿厦门的地进行置换,业主也不同意。那块地现在还闲置在那里,红线图是九千多平方米。

五、渔民新村建设

在渔业生产丰收,渔民收入增加的情况下,鼓浪屿渔业公司的领导开始考虑解决渔民住房和多业经营的问题。

阮万岩说,当时渔业丰收,渔民赚一点钱,但是渔民的住房非常拥挤。1982 年开始,他就跑省里要求给渔民一个生活区,让渔民有一个定居的地方,当时省里有一笔款项,用于补助渔民的定居。当时厦门市分管规划建设的副市长,找了好几块地,最早是位于泉州路、中华路之间的菜园子地块,后来在此建了鼓浪屿法院,也曾经看过"梨仔园"那块地。后来市里提出龙头路以东的地方不要找,以后要发展旅游。所以就找龙头路以西的地方,最后找到旧庵河这块地了。市里给我们一万平方米做规划,1985 年拿到地,1986 年就开始建设。

鼓浪屿捕捞大队原来在覆鼎岩有个修造船的地方,上世纪 70年代,厦门市革委会就下文要我们把造船的基地搬到内厝澳的五个牌海滨。1984 年,皓月园的主体建筑郑成功石雕像奠基后,市建委要我们把造船的地方一起搬到五个牌海滨。这样鼓浪屿渔业公司的生活基地与造船修船基地都集中到五个牌一带了。

旧庵河的渔民新村一共建造了十一幢居民住宅楼,八千多平方米面积,住了一百多户,渔民现在多数还住在那里。第一期建好后,鼓浪屿的房屋建设被市里停止了,第二期整整跑了三年。当时鼓浪屿区的人说，我们区里要建宿舍都没有办法，你们捕捞大队却一栋一栋楼建起来。

当时，建设渔民新村是为了解决渔民的住房问题，也为了正确引导渔民的消费。当时很多渔民赚了钱，如没有引导到住房消费，可能就喝酒、赌博花光了。当时我们是集资建房，第一期建造四栋住房，安排三四十户，每套六十多平方米，两万元。第二期建造四栋住宅楼，安排五十多户，每套就要四万二千元。1997年第三期建造三栋，每套就要十一万多元。我们退出复兴路口机修车间那块地，市里给了教会，建造了小群教派的教堂"复兴堂"。

当时旧庵河宿舍开始建造时，不少渔民对阮万岩不理解，还骂他是拿公司的钱在那里损，公家的碗打不破。他哥哥来问要不要买房子，阮万岩告诉哥哥说，第二期花了那么几年才建起来，以后不知有没有，你又那么多子女，要买就赶快买，以后可能就没有了。他哥哥才去交钱买房。大家看到阮万岩的哥哥买房了，才赶快去买，错过时机就没有了。现在位于旧庵河的渔民新村成为鼓浪屿渔民集中居住的聚落。

六、鼓浪屿渔业公司的终局

阮万岩告诉我，2003年，当时市政府的指导思想就是不让渔业在市区存在，实际上厦门这个港口最早就是渔港，后来才逐步发展成商港。改革开放以后，厦门港也是从东渡渔港开始建设起步的。当时厦门市进行产业调整，提出在厦门岛和鼓浪屿不再搞渔业，要把渔业归到社会，把厦门岛内的渔业大队和厦门港的渔业公司都解散了，实际上组织也没有解散，渔业公司的牌子还在，印章还在他这里。

说到改制拍卖鼓浪屿渔业公司的资产一事，阮万岩和陈季琛都感到十分痛心。那是他们辛辛苦苦奋斗,好不容易建起来的产业。2003 年改制,渔业公司自己没有多少钱,渔民个人又不愿意集资经营琴岛酒店。2004 年市水产局要求卖给别人,现在这个坐落在鼓浪屿轮渡海滨黄金地段的酒店成为别人手中的金饭碗。当时这座琴岛酒店卖了一千两百万,扣掉税收和土地出让金,实际上才拿到八百万,卖楼的钱作为渔民的安置费,还有剩余的资金在公司的账户里。

2003 年,渔业公司改制过程中,渔船就是内部拍卖的,很多就是船长买走了,当时一条船才卖了几十万元。渔船拍卖给个人,原来鼓浪屿的渔民还在这些渔船上捕鱼。原来船长和渔民就是同事关系,现在变成雇佣关系。当时有十来条渔船,现在剩余的渔船比较少了,拖网渔船产量减少,有的经营不下去就把渔船卖掉,现在只剩下两条船还在生产。改制后有人需要,渔民就被人雇佣当渔工。原来每条渔船的渔民有三四十人,当时有渔民三四百人。随着设备技术的进步,需要的人就越来越减少,十几个人就够了,没有继续当渔民的就被推向社会,渔民的后代很多都转向社会的各行各业了。

阮万岩伤感地说,改制以后,鼓浪屿捕捞大队就这样消失了。渔业也从此淡出鼓浪屿,只有老鼓浪屿人还留有对鼓浪屿渔业的记忆。

第七章

潮起潮落说海滨

　　有人说,到厦门没有到鼓浪屿,等于没来厦门,到鼓浪屿没有登上日光岩等于白来鼓浪屿。这话虽有点夸张,但却有几分道理,因为鼓浪屿的历史文化和优美的自然风光是厦门的标志和代表。

　　鼓浪屿之所以受到海内外游客的青睐,美丽的南国海岛风光和独特的历史人文独具魅力,像鼓浪屿这样中西文化交融,自然和人文景观有机融合的岛屿在中国是独一无二的。因此,到厦门旅游的人几乎都到过鼓浪屿,到鼓浪屿的很多都游览过日光岩、菽庄花园,走过鼓浪屿的大街小巷,品读过鼓浪屿历史风貌建筑的韵味。这些大多数来过鼓浪屿的人都有的大同小异的经历,我不说,你也是懂得的。

　　如果我要问,你在鼓浪屿海湾的沙滩上漫步过吗? 你有没有在鼓浪屿的海滩涉水嬉戏? 你有没有坐在鼓浪屿的岸边观潮听涛,看着潮涨时的潮涌浪击,看着潮落时形态各异的礁石和光线不断变化的滩涂? 你是否坐在三丘田码头的岸边,看着海浪冲击着花岗岩石头建造的古路头,去追寻 19 世纪中叶厦门五口通商时,鼓浪屿古路头的模样和舟楫繁忙的景象? 你是否坐在岸边,任凭海风吹拂你的脸庞,随着思绪跨越时间的维度,去追寻海岛变迁的印记,去感受海岛的自然之美和人文之美呢?

　　我想,很多人会摇摇头,或者一脸茫然,似乎在问:鼓浪屿的海湾,鼓浪屿的沙滩在哪里？鼓浪屿海的故事？或许还有人会说,我到过港仔后沙滩。

然而,我可以断言,由于很多游客在鼓浪屿游览的时间有限,他们匆匆地来又匆匆地去,随着导游走马观花遛一遛,留下的记忆就是高高低低的道路,弯弯曲曲的小巷,异国情调的建筑,密密麻麻的人潮,时起彼伏的叫卖声,每个人的关注点不同,也就有不同的感受。有一次我陪同北京来的一位领导到鼓浪屿,他说曾经到过鼓浪屿,我问对鼓浪屿有什么印象？他沉思了一下说:鼓浪屿吗？一条街两边卖海鲜。这样的回答差点没让我晕倒,但实际上也不奇怪,因为这是商业街的餐馆给人留下的印象。2012 年国庆节,一天上鼓浪屿的达到 12 万人,我在微博上看到一个游客说,来个鼓浪屿原想要看海,但是看到的却是"人海"。2017 年 7 月 8日,鼓浪屿申遗成功后实施每天上岛五万的限客的措施,2018 年国庆,我在鼓浪屿家中住了几天,专门到海滨、景区、街道看一看,限客后节日的鼓浪屿,游客实实在在可以看海玩海了。我还在个人微信公众号推送了一条《鼓浪屿国庆节的海乐和游趣》图文并茂的信息。

有的人虽然在鼓浪屿的家庭旅馆住过几天,有着比较宽裕的游览时间,但是也未必关注过鼓浪屿的海湾,更少有人了解蕴含在海岛自然景观之中的人文历史了。因为在所有介绍鼓浪屿的攻略中,几乎没有多少关于鼓浪屿海湾和与鼓浪屿的海相关的历史人文的介绍。

到鼓浪屿旅游,走过路过,千万不要错过鼓浪屿美丽的海湾,这是鼓浪屿美丽海岛自然风光的重要组成。从天空俯瞰鼓浪屿岛,正是一个个环绕这个小岛的海湾,构成鼓浪屿蜿蜒曲折的海岸线,给予鼓浪屿曲线美,形成鼓浪屿与众不同的形状。海湾中螃蟹、贝类、小鱼小虾、藻类繁衍生息的泥滩,经过千万年日积月累形成的金黄色的沙滩,长满海蛎和类似小小火山锥的"蚝礁仔"的礁石,可以让你直接感受大自然神奇的力量,不一样的海湾,不一样的景观。大海拥抱着鼓浪屿,鼓浪屿就是大海之中的一颗璀璨明珠。

千百年来,鼓浪屿的变迁和发展无一不与海密切相关,不管是最早登岛垦殖的先民,还是国姓爷的水师;无论是清军将领王得禄奉朝廷之命率领征剿蔡牵的水师,还是鸦片战争抵抗英国舰队对鼓浪屿的进攻;不管是五口通商,还是鼓浪屿人走向世界,海都是鼓浪屿通向远方的路,海是鼓浪屿人进入梦乡的摇篮,海给予鼓浪屿鲜明的底色,海赋予鼓浪屿人鲜明的性格,且听我这个老鼓浪屿人给你讲述关于海的那些悠远而又生动的故事。

一、鼓浪屿东部海滨的人文风光

从厦门鹭江道一水之隔看鼓浪屿,首先映入眼帘的就是琴岛朝向厦门岛的岸线和起伏的天际线。给人整体的感觉就是:高低错落曲线美,绿树红瓦颜色美,风貌建筑人文美。

(一)海上运输主岸线的变迁

厦门岛和鼓浪屿之间的海域称为"鹭江",鹭江之名源于厦门岛称为"鹭岛"。鹭江是外海的船舶进入厦门港的一条主航道,海中有不少礁石和浅滩,航标灯是船舶入港的安全标志,从靠近厦门港的"外户碇""内户碇"的航标,从南至北,依次有关刀石灯塔、章鱼礁的红灯塔、狗头礁的黄色灯塔、江心礁的红灯塔、燕尾山与厦门建行大厦对角线上的黑红灯塔、黄礁(我们称为"鸟礁")的灯塔,这些任凭风吹雨打,狂风巨浪冲击在礁石上岿然不动的灯塔,是船舶出入港的安全守护者,是忠实的海上航行安全的卫士。

　　从一张 20 世纪初期反映鼓浪屿龙头、黄家渡和福州路一带海湾历史变迁的老照片,可以比较全景式地了解当时的地理状况和龙头一带渡口的状况。照片从和记崎往英国领事馆方向拍摄,现在的黄家渡、龙头和福州路一带大片的区域在当时还是海滩。在现在轮渡码头的位置已经修建一座电船码头(早期简易木结构),电船码头旁是龙头路头。靠近电船码头房子前有旗杆的建筑是原英国领事馆。在英国领事馆后面可见旗杆和旗子的是原德国领事馆。升旗山前左侧依稀可见房前有旗杆和旗子的方形两层建筑是建于 1898 年的原日本领事馆。黄家渡一带尚未填海造地,海湾的边界在靠近现在农贸市场附近。鼓浪屿的德国领事馆在 1918 年第一次世界大战德国战败后就将业务合并到上海,黄家渡填海造地是在 1927 年,可以判断这张照片拍摄的时间大约在 1919 年之前。

这是 20 世纪初期反映鼓浪屿龙头、黄家渡和福州路一带海湾历史变迁的一张十分珍贵的照片(紫日提供)

　　一百多年来,厦门岛与鼓浪屿之间的海域就是水上交通的集中地。从鼓浪屿的老照片可以看到,鼓浪屿从原来的英国领事馆旁边的龙头路头到"和记崎"就是一个很大的海湾,涨潮时海水可达现在的街心公园和福州路一带。从 1880 年拍摄的老照片可以清楚地看到现在福州路、黄家渡、海底世界一带的海湾,以及临海的一些建筑。

1880 年拍摄的现在福州路、黄家渡、海底世界一带的海湾,靠近海滨白色洋楼是英国伦敦公会牧师楼,前面海滨是黄勖斋船坞。照片右侧山坡上的建筑是泰利船头行,海滨已有填海造地的地块,上面有闽南建筑

原来的鼓浪屿旧菜市场至芦竹仔脚一带的旧地名叫"河仔墘",据说当年海湾港汊延伸至此,后来黄姓族人填河为地,1928年1月,王紫如和王其华兄弟就是从黄源生手中购买 170.063 平方丈,换算为 2.834 亩,1889.59 平方米的土地,在此建造了鼓浪屿菜市场和戏院。当年的日兴街就是黄奕住先生填掉一个避风坞建造的商业街。据有关文字记载和历史老照片,可见当年鼓浪屿的东部岸线也是蜿蜒曲折的。

在黄家渡一带海域尚未填海造地之前,在现在的农贸市场到锦祥街之间,原搬运老工人俱乐部附近,原来有一座用杉木搭建的鼓浪屿通商公所的专用码头,称为"通商码头"。

关于通商公所和通商码头的由来,我们今天可以透过历史的档案来了解。根据《近代厦门鼓浪屿公共租界档案汇编(上册)》清同治十年(1871年)九月二十九日《福建分巡兴泉永海防兵备道潘关于设立鼓浪屿通商公所饬》的历史档案,我们可以了解到,当时清朝官员认为鼓浪屿华洋杂处,商舶云集之区,雀角鼠牙层见叠出。鼓浪屿原设有汛防,但何时裁撤无案可稽。五口通商以来,凡遇中外交涉事件,悉由兴泉永海防兵备道督同厦防同知暨石浔巡检及通商委员与各国领事官恭约办理,历久相安。因鼓浪屿与厦门间隔一江,遇有华洋交涉事务,地方官鞭长莫及,兼顾难周。如果复设汛防,对于通商事务也不能熟谙,因此决定在鼓浪屿设立通商公所。清朝政府派同通一员专驻,副手一名和长差数名,常川住宿梭巡,遇有该处窃案及商民口角细故,责令该委员随时讯明发落,一面禀道移厅查考。其中外交涉别项事件,只准就近查明禀移核办,不得擅行受理。[1]

1871年已是第二次鸦片战争以后,清政府被迫与各国列强签订一系列丧权辱国的不平等条约,通商委员在办理涉洋事务时,也是处处仰洋人鼻息,看洋人脸色,一幅弱国无外交的生动写照。

从通商公所章程来看,要求通商委员专驻鼓浪屿,如果遇到外国领事官送到小偷,随审立时发落,不得设监所管押,如需管押或枷号锁碇者,仍送地方官核办。"至窃案亦必真正偷窃,洋人讯认属实,方准起赃发落,尚讯有别情,及牵连别案,仍送地方官确讯,照会各国领事官察办。"[2]"委员办理洋人送讯案件,必须正副领事

① 厦门市档案局(馆)编:《近代厦门鼓浪屿公共租界档案汇编(上册)》厦门大学出版社2018年版,第9~14页。

② 厦门市档案局(馆)编:《近代厦门鼓浪屿公共租界档案汇编(上册)》厦门大学出版社2018年版,第15~16页。

官及税务司知会者方准受理"，从上述规定可以看出，在中国的土地上，遇到洋人送到通商公所的小偷，清朝官员都无权根据法律和事实判定是否偷窃，而须由洋人说了算。要办理的送讯案件还要报送外国领事官和税务司知道认可才能受理。

通商委员听闻洋人的船在就近海口百里之内，遭风搁浅及打破船只，或洋商知会不及缓待者，通商委员一面要飞报道厅，一面带领差人会同洋人，驾坐洋船驰往弹压，妥为保护，以避免搬抢滋事。从章程的规定来看，好像这样的通商公所是洋人办的，专为洋人服务的了。

随着社会的发展，尤其是 19 世纪 40 年代，厦门成为五口通商口岸以后，人员和物资交流增多，鼓浪屿与厦门岛相对的岸线从南往北先后曾建有新路头、西子路头、义和码头、电船码头、龙头码头、东方汽水厂码头、黄家渡码头、和记码头、三丘田码头、美国领事馆码头、中谦码头、河仔下码头、总巡码头、救世医院码头等 14 个码头，1937 年又建造了轮渡码头，鹭江之中舟楫穿梭十分繁忙，厦门岛和鼓浪屿之间的人员和货物往来十分频繁，鼓浪屿朝向鹭江道的岸线是两个岛屿之间海上运输的主岸线。

黄仲训填海造地修建的黄家渡，目前是鼓浪屿主要的货运码头，当许多人还在睡梦中时，黄家渡码头就在晨曦中开始了一天的忙碌，机帆船停靠的轰鸣声打破了黎明的宁静，运载货物的机帆船靠在码头，工人们忙着卸货装船，板车工搬运货物的身影投射在晨光中。鼓浪屿是无车岛，因此板车成为主要的运载工具。黄家渡码头成为鹭江海滨的一道充满浓浓生活气息的风景线。

1976 年，725 研究所搬到鼓浪屿，将原中谦码头至救世医院的河仔下海湾填海造地。1985 年又将三丘田码头至中谦码头的海湾填海造地，建造三丘田旅游码头和候船室。上世纪 80 年代中后期至 90 年代初，鼓浪屿区修建龙山洞时，将和记海湾筑堤填海造地。在人为的填海造地下，多数古路头都损毁消失，如今只剩下三丘田、中谦、黄家渡三个古路头，还有退潮以后可以寻觅到的新路头、和记路头和总船码头等几个遗址了。如今承担厦门岛和鼓浪屿之间海上运输的主要是轮渡码头、黄家渡码头、三丘田旅游码头，鼓浪屿用花岗岩石头建造的古路头已经退出海上运输的历史舞台。

三丘田古路头与现代的三丘田旅游码头相依相伴，构成一幅从过去走向现在的历史画面，见证了近两百年鼓浪屿的历史变迁。三丘田旅游码头已经成为游客进出鼓浪屿的主要渡口，码头经过扩建，运载能力已经大大提升，可以适应旅游高峰期的客运需求。

（二）和记遗址与摩崖石刻牵出的历史

从原厦门航海俱乐部的石头房子往北行走，我走过当年和记海湾填海造地而建成的环岛路段，这里海风依旧，但是和记海湾与和记古路头已经埋身在厚土之中，只有天文大潮退潮低点时还可见和记路头的遗址躺在临水的滩涂之中。历史的变迁改变了地貌和海岸线，但是鸦片战争以后那段屈辱的历史永远刻写在历史的时光轴上，也镌刻在现在还保存的原和记洋行栈房的遗址上。

我出生居住的三丘田的老屋，原来的路名叫作"三和路"，源于附近历史上有一座三和宫，三和宫早已淹没在历史的岁月中，而三和宫后面悬崖峭壁上的一幅摩崖石刻，还记载着当年的往事。

摩崖石刻的这块巨大的花岗岩峭壁形状奇特，一面是如刀一样的石背，一面是自然天成的平整的石壁，石壁之上完整地保存着鼓浪屿最大的一幅摩崖石刻：《重兴鼓浪屿三和宫记》，记载着清朝嘉庆八年（1803 年），清朝将领王得禄奉朝廷之命，统帅水师前往剿捕海上武装蔡牵和朱濆。当战舰停泊鼓浪屿修葺时，王得禄见

重兴鼓浪屿三和宫摩崖石刻（林聪明拍摄）

供奉妈祖的三和宫很残破，便在三和宫前许下心愿：若能得妈祖保佑，最终得胜班师，他愿意重兴此庙。嘉庆十一年（1806 年）王得禄大战蔡牵于鹿耳门，1807 年 7 月又败朱濆于大鸡笼澳外，9 月与杨廷理再破朱濆于苏澳。1809 年 8 月再追击蔡牵，蔡牵兵败，毅然引爆船上巨炮，举家和同船兵士一起沉入大海。王得禄因平乱有功，皇帝下诏提任浙江提督，并封二等子爵。王得禄为了还愿，于嘉庆癸酉年（1814 年），重兴鼓浪屿三和宫，并题刻此摩崖石刻。如今，当年的三和宫早已经不见片瓦，但是巨石上的题刻将两百多年前的往事告诉我们。

追溯历史，在这块悬崖峭壁之前的土地上，还曾演绎了鼓浪屿寺庙兴衰的历史。在三和宫之前，康熙年间这里兴建的庙宇最早叫瑞晚庵，当时厦门虎溪禅寺住持石龙和尚的徒弟瑞光法师来到这里，与众弟子倾力而建，发展成庄严巍峨的寺庙。后来不知何种原因，瑞晥庵破败了，现在也无从考证从何时开始改为祭拜妈祖的三和宫了。王得禄在嘉庆年间来到鼓浪屿见到的就是衰败了的三和宫。虽然王得禄于1814年重兴三和宫，但是三和宫的香火也只是又兴盛了一段时间，并没有一直兴旺下去，三和宫又改名为法海院。最后，这里已经难寻寺庙的踪影了，只有悬崖峭壁上的摩崖石刻让我们可以追寻这段史实。

王得禄与蔡牵上演的是清朝嘉庆年间，官军与海上民间武装之间的一场战争，而蔡牵又与鼓浪屿著名的大夫第的主人黄勷斋有过一段不解之缘。清朝嘉庆元年（1796年），同安洪塘石浔村人黄勷斋来到鼓浪屿置业开发，买下当时还是荒草满地的草埔仔一带土地，首先建造了今海坛路31号之3的房屋，作为落脚点。该屋两扇大门分别题写"石浔绵派"与"金柄传芳"，说明业主是从同安石浔到鼓浪屿繁衍开发的，而石浔的黄姓，又是从同安新墟的金柄传衍的（如今两扇木制大门已经不见）。后来黄姓族人在此地繁衍生息，因自石浔来鼓，黄家祠堂称"景贤堂"，灯号"石鼓"，也被称为"石鼓黄"。

据说，有一天，黄勷斋在厦门水仙路吃蚵仔粥时，遇到当时海上武装集团首领蔡牵吃饭忘记带钱，与店主争吵，黄勷斋虽不认识他，仍慷慨为其付钱，并拿银两给其当路费。后来黄勷斋行走南北的货船被蔡牵的手下扣押送到一个小岛。蔡牵认出当年的恩人黄勷斋，为其松绑，并送一面令旗，告知将此旗插在船上，可保安全。因此，黄勷斋的船通行无阻，发了大财。

黄勷斋就在当年的草埔仔建造了现今海坛路58号两落三开间两护厝燕尾翘脊的闽南大厝，其长子黄昆石出仕官至户部监印，四品京官，即选知府、盐运使、中宪大夫，悬挂"大夫第"牌匾。后随着家族人丁增加，又在大夫第南侧建造现编中华路23号燕尾翘脊两落大厝，以及中华路25号和海坛路33号马鞍形屋顶的两座两

黄勖斋所建海坛路 58 号大夫第(林聪明拍摄)

落大厝。这几座闽南两落大厝是鼓浪屿现存最早的闽南民居。据龚洁先生考证,黄昆石的儿子将中华路 23 号和 25 号两座两落闽南民居卖给了在印尼和台湾做茶叶生意的同安丙州人陈玉露。黄勖斋还购买了现在福州路一带的海滩,作为私人船队的船坞。

LONDON MISSION HOUSE, AMOY.

英国人手绘的位于鼓浪屿和记崎附近的英国伦敦公会厦门和会总部和黄勖斋船坞(叶克豪提供)

黄勖斋与蔡牵的传说没有历史资料可考证,但是今天当你走进海坛路 58 号大夫第两落之间的天井时,你会惊讶地发现地砖是专门定制的看似有波浪涌动的水纹砖,从一个侧面反映了黄勖斋与海为生,靠海发财的人生道路。另外从历史老照片和历史资料可以看到,当年在现在福州路 199 号和原福民小学前面有一个船坞,这就是福州路一带尚未填海造地之前的黄勖斋家的船坞,这个船坞也从一个侧面印证当年黄勖斋拥有的船队规模。

王得禄当年停靠并修葺战舰的地方极大可能就是三丘田一带海滨,从当时的三丘田路头经过一个不到百米的山坡就到达悬崖峭壁下的三和宫。而当年的鼓浪屿已经具备修造船舶的条件,据方碧勇先生考证,鼓浪屿在清雍正年间已经具备建造能够远航东南亚和台湾的大型海船的能力,史料记载,当时鼓浪屿的郑合弟兄四五人造船三四只。嘉庆十二年(1807 年),同安县民申请在鼓浪屿造船"料照"的申请报批禀文中称:"兹自备资本欲往厦门古浪屿置造小商船一只,梁头一丈七尺八寸,往各港贸易。"[1]当时清朝政府规定,商船梁头限制在一丈八尺,船上水手八十人左右,可以搭乘客一百余人。1810 年 4 月,同安知县报告发现鼓浪屿等澳船匠为厦门商行建造的六艘商船梁头涉嫌超过标准。从这个史料可以佐证清嘉庆年间,鼓浪屿的造船业已经相当发达和具备实力,这也许就是当年王得禄水师在征讨蔡牵之前,会到鼓浪屿修葺战船的重要原因。

关于"梁头"是指什么,我专门请教了当年厦门水运公司船厂的老师傅和大嶝岛造船的师傅,"梁头"是指从船头到起落船锚的绞车的这部分。梁头一丈七尺八寸,就是从船头到"锚车"的距离

---

[1]　方碧勇:《清代鼓浪屿的民间造船业管窥》,载何瑞福主编:《鼓浪屿研究》第九辑,社会科学文献出版社 2019 年版,第 143~144 页。

等于 5.93 米。据我了解，当年在福建沿海航行的三支桅杆的传统大木船，我们习惯上称为"三桅五舱面"的"大钴"，载重量一般在一百吨左右，"梁头"可能没有达到近六米。

二、鹿耳礁海滨的人文风光

从鼓浪屿的历史老照片可以确定，日本博爱医院往东南方向延伸到林氏府外墙，历史上原来是一个小海湾，当年的"西仔路头"就大约在鹿礁路 1 号和 2 号之间道路的位置。上世纪 20 年代开始，这一带经过几次填海造地，将海岸线向东推进到目前临海的堤岸处，形成目前鹿礁路临海的居住片区。这里历史上有英国领事馆、德国领事馆、海景酒店和西仔路头、新路头。

这是当年林尔嘉的居所"林氏府"，围墙外就是海（林聪明翻拍）

（一）外国列强侵华的遗迹

从历史资料我们可以知道，当年的德国领事馆位于英国领事馆的右侧，就是现在从避风坞海边南北向道路右拐，前往原日本领事馆道路的左侧位置。1918年德国在第一次世界大战中战败,领事业务归属上海德国领事馆,撤销了鼓浪屿的领事机构。当年除了位于海滨的德国领事馆,德国在旗尾山还建有一座领事公寓,这两座建筑都消失在历史的岁月中了。

目前比较显眼的就是建在坡地上的原英国领事馆旧址。从现存的鼓浪屿历史老照片来看,当年建于鼓浪屿龙头路头旁的英国领事馆十分的显眼,在许多从日光岩和升旗山上拍摄的照片中都有它的身影。原英国领事馆建于1870年左右,原来是一座两层的清水红砖楼,北侧连着一层的副楼,楼前竖立着一根钢管旗杆。

我们现在看到的红砖建筑不是原来的建筑,原英国领事馆20世纪70年代末期遭遇火灾,屋顶被烧毁,1998年重建时将原建筑拆掉了,增加了楼层,现在主楼是三层红砖楼,副楼为两层结构。原建筑南面,还有一座单层的欧式建筑,也被改建为两层的红砖建筑。这座建筑一度曾作为鼓浪屿——万石山风景名胜区管委会的办公楼,目前作为鼓浪屿遗产地综合历史陈列馆对外开放。

1841年8月26日,英国30艘军舰3500余名远征军进犯厦门,经激战,厦门和鼓浪屿陷落。9月5日,英军留下三艘军舰和500多名士兵驻守鼓浪屿,舰队北上浙江。直至1845年3月22日,清政府根据《中英南京条约》分五批赔款洋银2100万圆,英国侵略军占领鼓浪屿长达4年7个月后,才从鼓浪屿全部撤走。在英军占领鼓浪屿期间,许多岛上居民逃离了鼓浪屿。

1843年,根据不平等的《中英南京条约》,厦门成为五口通商口岸后,西方列强开始在厦门派驻领事,最初派驻领事的是英国和美国。1843年11月,英国在厦门设立领事事务所,由英国海军的舰长纪里布任领事,副领事苏里文、翻译威妥玛、医生温傲斯特。据何丙仲先生考证,当年英国领事馆是租借鼓浪屿民房作为馆舍的,1845年3月,英军撤出鼓浪屿后,英国领事官员害怕返回鼓浪屿的民众报复，还要求清政府派兵保护他们。

帝国主义列强要求清政府在厦门岛建造领事馆，由他们租用。清政府在厦门岛兴泉永道衙门所在地建造好"夷馆"后，英国领事馆又移至厦门岛的"夷馆"中。当时他们在鼓浪屿田尾租用民房作为暂时的寓所，每天乘坐快艇前往位于厦门岛的"夷馆"上班。外国领事官员们看中了地理上空间独立、环境优越、与厦门岛交通便利的鼓浪屿。1863 年，后任的英国领事阿礼国接手，选址在鼓浪屿鹿礁顶上兴建英国领事馆。从英国著名的摄影家约翰·汤姆逊1869 年至 1871 年来厦门时拍摄的鼓浪屿老照片中，英国领事馆还在建造中来判断，英国领事馆应该在 1870 年左右建好。

从这里我们也可以看到当年的外国驻中国领事机构是伴随帝国主义列强的武力侵略而来的，弱国无外交，这是主权丧失的具体表现。

清光绪四年(1878 年)，英国领事事务所更名为厦门英国领事馆。当时，领区兼管闽南、闽西地区。领馆有翻译、打字、汉文抄写3 名雇员。翻译员也代领事检验英国进出口船只。1936 年，该馆升格为厦门英国总领事馆。马尔定为代理总领事。他曾经代领过意大利、丹麦、挪威、比利时、西班牙等国家的领事。1941 年 12月，太平洋战争爆发，英国领事馆被日军封闭。1945 年 9 月，抗战胜利后重新开馆复办，1949 年又停办。厦门英国总领事馆于 1951年 3 月闭馆，末任副领事为史谧民。

作为最早登陆鼓浪屿的西方列强，英国领事馆是鼓浪屿早期的西洋风格建筑，它也是西方列强在鼓浪屿统治秩序的象征。从1843 年 11 月到 1949 年 10 月，整整 103 年的时间，英国驻鼓浪屿领事馆在此策划组织了多少侵略掠夺中国的阴谋，鼓浪屿的英国领事馆就是外国侵略中国，奴役中国人民的罪证。随着新中国的成立，公共租界时期帝国主义列强为所欲为的时代一去不复返。

(二)寻访"六个礁"

在鹿礁路和漳州路路口附近海中,有一块自然形成的"鹿耳礁",就是这里地名的由来。鹿耳礁北侧原来鼓浪屿自来水抽水机站旁边,是鼓浪屿新路头的所在地。

从鹿耳礁到覆鼎岩之间的海域,最明显的自然标志就是鹿耳礁和覆鼎岩。鹿耳礁因石头的形状类似鹿耳而得名,这块大自然的天然奇石是鼓浪屿海滨一块著名的礁石。退潮后的鹿耳礁近在眼前,你可淌过沙滩,靠近巨石的近旁,欣赏这大自然巧夺天工的杰作。

这一带海滨以自然天成的花岗岩奇石之多而出名,老鼓浪屿人说"六个礁",实际的地理概念就是指现在的鹿礁路、复兴路和福建路一带。而闽南话"六个礁",直接的意思就是海中的六块礁石。但是"六个礁"的具体名字和具体方位在哪里? 解释也是众说纷纭。我曾经采访了好几位居住在鹿礁路、复兴路一带的老鼓浪屿人,没有人能够说清楚。

从闽南话的发音来说,"鹿耳礁"和"六个礁"是有点谐音的。另外,我原来推测"六个礁"的具体方位可能在鼓浪屿的东南海滨,其中以"鹿耳礁"最为醒目和有名。海天堂构的仿中式门楼有一匾题词"鹿礁千顷",即显示楼群的前面就是鹿耳礁,又表达了楼主人立于楼内,却有大海千顷波涛的胸怀。

后来,我查找到《闽南文化研究》2008 年 4 月出版的第 14 期,有一篇杨纪波(厦门市地名专家组成员)和杨浩存(厦门市闽南文化研究会秘书长)合作的《鼓浪屿具有特色的数字地名景观》,文中写道:六个礁取名来自鼓浪屿东南海滨上有六块礁石,其中一块形似鹿耳,取名"鹿耳礁",其他五块礁石,以其形或其地貌分别取名

鼓浪屿著名的鹿耳礁(林聪明摄影)

为"狗头礁""章鱼礁""面前礁""江心礁""水尺礁",这一地域俗称"六个礁"。鹿耳礁是其中唯一一块高出水面的礁石,附近道路称为鹿礁路。升旗山麓、复兴路、漳州路一带又称"顶鹿耳礁",当年的新路头、西子路头、日本博爱医院周围一带称为"下鹿耳礁"。这段文字虽说明了六块海中礁石的具体名称,点明了鹿耳礁的具体形态和特征,但是并没有说明其他五个礁石的具体位置。

到 2019 年春节前,我能够确定的是两块礁石:鹿耳礁和章鱼礁。鹿耳礁现在还巍然屹立在鼓浪屿鹿礁路、漳州路和复兴路交界路口前方的海中,北侧就是历史上的鼓浪屿自来水抽水机站和新路头。

从历史老照片可以看到,鹿耳礁的西侧原来还有一块形似"牛蹄"的巨石,这块巨石在 1959 年的"8·23"大台风中被飓风吹倒,现在只剩下一块基石。有人撰文说,1959 年的"8·23"大台风吹倒的巨石就是鹿耳礁。鹿耳礁如今还安在吗?

《鼓浪屿的侨客》一书的《艺苑双雄》一文专门介绍了鼓浪屿两

位美术家林克恭和周廷旭,该书第10页刊登了林尔嘉六子林克恭在上世纪30年代所创作的一张标注鼓浪屿鹿耳礁的油画作品,这张油画作品所画的鼓浪屿奇石"鹿耳礁",就是如今安然屹立海滨的巨石。由此可以确定1959年"8·23"大台风吹倒的并不是鹿耳礁。我到厦门文史专家何丙仲先生家中拜访时,谈到"六个礁"之事时,何先生说,林克恭的那张鹿耳礁油画就是他收藏的。

林克恭20世纪30年代的油画作品:《鼓浪屿鹿耳礁》(林聪明翻拍)

我在考证撰写鼓浪屿百年古路头时,紫日提供了几十张老照片,其中有一张是爱德华兹1880年代拍摄的一张老照片,照片的右上角题写"鼓浪屿德国路头",左下角题写"在海中章鱼礁上照"。照片右侧是原英国领事馆,照片中间楼前有旗杆的一层建筑是原德国领事馆,德国领事馆左侧两层拱廊建筑是海景酒店。在德国领事馆前的码头就是西仔路头,从这张照片拍摄的角度可以判断,就是从现在鼓浪屿轮渡码头外面有红灯塔的礁石上拍摄的。因此红灯塔所在的礁石就是所说的"章鱼礁",同时印证"六个礁"的说法是有客观依据的。

爱德华兹 1880 年代从海中章鱼礁拍摄的照片,在德国领事馆前的码头是西仔路头,此张照片称为"德国路头"(紫日提供)

从鹿耳礁至覆鼎岩,再到大德记和田尾海滨,是鼓浪屿海滨各种形态奇石最多的一段海滨,在这片海域比较知名的礁石还有皇帝殿、覆鼎岩、印斗石、关刀石等天然奇石,还有许多叫不出名的礁石。这些海中的礁石随着潮涨潮落呈现不一样的形状,构成鼓浪屿自然天成的海滨风景奇观。

2019 年 2 月 11 日,在厦门的一个文史微信群中,我看到一张1980 年《厦门地名录》中的地图照片,标明了"六个礁"在鹭江海域中的具体位置。我从旧书网购买了一本 1980 年厦门市地名办公室编辑出版的《厦门地名录》,"鼓浪屿区地名图"从南至北依次清楚地标示了鹿耳礁、章鱼礁、狗头礁、面前礁、江心礁、水尺礁的方位。

我家就在三丘田码头旁,"水尺礁"就是我们称为"海中央"的那片礁盘,距离三丘田码头一百米左右,靠北侧有块礁盘最高的礁

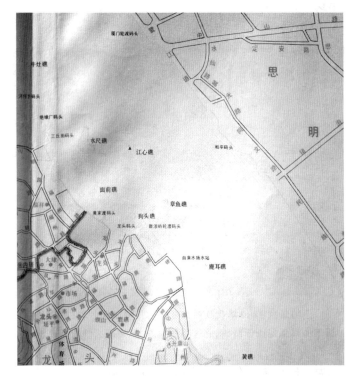

1980 年出版的《厦门地名录》中,地图标示了六个礁的具体位置

石,高潮位时海水才会淹没,为了避免船只触礁,在这块礁石上原来插着一根竹竿,我们叫这块礁石"插竹子石",退潮快露出礁石,水花还在礁石上拍打时,我们就带着鱼竿游泳登上礁石钓鱼。与地图标示一样,这是厦门岛与鼓浪屿之间最大的一片礁盘。在这片礁盘中,十几块礁石高低错落,形态各一,在中部有块礁石叠在两块礁石之上,我们叫作"相叠石",在靠近海中浅滩附近有块长方形的礁石,我们叫作"面包石"。这些礁石旁的海水深浅不一,不同的季节我们都会在不同的礁石钓不同的鱼类。这片礁盘曾经搁浅过好几条船,也给我留下了青少年时代讨小海的许多记忆。

"江心礁"就是位于鹭江中部的几块礁石,礁石上建有一座红

前面靠近滩涂的是面前礁,后侧一片礁盘是水尺礁(林聪明摄影)

色的灯塔,指引着进入鹭江的船只的航向,"江心礁"距离"水尺礁"外侧的礁石不远,比较靠近和平码头,我们叫"中塔"或"红塔",与章鱼礁的红灯塔相区别。由于这块礁石位于鹭江中心地带,潮水的流速极快,我们游泳到"江心礁"钓鱼的次数比较少,但是划船到江心礁附近钓鱼是比较多的。

"面前礁"就是黄家渡码头北侧的礁石,距离鼓浪屿的黄家渡海岸线不远,大潮海水退到最低点时,滩涂距离礁石就很近了,应该就是由此称为"面前礁"了。由于这块礁石方方圆圆,不规则的巨石搁在一个大礁盘之上,好像一个孕妇的大肚子,我们叫作"大肚町"。这块礁石也是福州路、三丘田一带的青少年经常游泳到上面垂钓的地方。

"章鱼礁"就是鼓浪屿轮渡趸船外面红灯塔的礁石,这块礁石也是黄家渡和鹿礁路一带老鼓浪屿人垂钓的地方。由于鹭江中有两座红色的灯塔,我们三丘田一带的人称为"轮渡开身的红塔",将"章鱼礁"与"江心礁"相区别。

"狗头礁"就是原来鼓浪屿电船码头旁边,龙头路头外面的礁石,轮渡码头扩建后,就在码头旁,礁石上有黄色灯塔。

(三)历史风云际会的史迹地

这里是一个追忆历史,凭吊英雄的史迹地。覆鼎岩海滨的皓月园是上世纪80年代为纪念民族英雄郑成功驱逐荷夷,收复台湾的历史功绩而专门建造的一座主题公园,占地二万多平方米。

明末清初,郑成功为了抗清,先在广东南澳招兵,后在厦门鼓浪屿扎营训练,后袭杀割据厦门岛的郑联,拥有厦门、金门为抗清基地。1659年3月,郑成功挥师北上,兵临南京城下,北伐失败后退守厦门。

1661年3月,郑成功亲率水师进军台湾。1662年2月1日,占据台湾的荷兰殖民者投降,郑成功收复台湾,并极大促进台湾的开发,在台湾的台南等地建有"延平郡王祠"。

鼓浪屿岛上保存着当年郑成功屯兵的遗迹,厦门海域曾经是郑成功水师扬帆训练的地方,大德记海滨的覆鼎岩、关刀石、印斗石还流传着郑成功出兵收复台湾的传说。皓月园的主体就是覆鼎岩上竖立的郑成功石雕像和园中郑成功收复台湾的铜雕。

翻开鼓浪屿的历史,覆鼎岩和附近的山头、海滩既是中国人民抵抗外国侵略,又是帝国主义侵略者占领鼓浪屿的史迹地。

福建沿海的对外港口经历了一个发展变迁的历史,宋元时期,福建主要出口港是泉州后渚港,设市舶司。明初,市舶司仍在泉州,15世纪中期泉州市舶司废,市舶司迁往福州,泉州后渚港衰落。随后,漳州月港以走私港的身份成为重要出口港,1567年官方正式承认漳州月港出口港身份,纳入官方管理,史称隆庆开海。1631年,月港关闭。1684年,清政府设闽海关,在福州、厦门各开一个口岸。从 1684 年起,厦门港正式成为福建最大出口港。

厦门是中国对英贸易中心之一,厦门港优越的地理条件,英国人早已垂涎欲滴。1835 年,东印度公司派遣的胡夏米对厦门进行侦查后,在同年回答英外交大臣征求对华问题意见的信中主张:如果对华发动战争,一定要封锁并占领厦门。1839 年 8 月 7 日,伦敦侵华集团在讨论侵华战争时就决定要占领厦门。

19 世纪中叶,清政府在鼓浪屿建有炮台,设置 70 多门火炮,防卫中路,与厦门岛上的炮台和现在属于漳州的屿仔尾炮台共同拱卫厦门港。

1841 年 8 月 26 日,英军对厦门岛和鼓浪屿发起进攻。英军在南普陀附近海边登陆。26 日晚英军用大炮对厦门城内轰击了一整夜,“官署街市皆毁”,27 日,英军进城,烧杀掳掠,无恶不作。英军从厦门劫走大批白银,火药及其他物资。

英军从鼓浪屿覆鼎岩海滩攻上鼓浪屿,在鼓浪屿烧杀抢掠,将鼓浪屿炮台全部摧毁,并将大炮架设在覆鼎岩山上,控制厦门和鼓浪屿。

英军的暴行激起了厦门人民的反抗,厦门人民自发组织了两支抗英武装队伍,利用熟悉地形的有利条件,不分白天黑夜,神出鬼没地袭击敌人营房。清政府报告说“(英军)畏民之心,甚于畏兵”。英军在厦门城内立足不住,无可奈何地在 9 月 5 日退出厦门城,但仍留下三艘兵舰和三艘运输船及官兵五百名,占据鼓浪屿。

清朝在第一次鸦片战争战败以后,被迫签订《中英南京条约》,厦门正式开埠,成为五口通商口岸,美国、英国的教会和外国商人纷至沓来,进行宗教文化侵略,开办洋行抢掠财富。

(四)两岸对峙的前哨阵地

今天,当许多游客来到鼓浪屿观光旅游,欣赏秀丽的海岛风光,感受历史人文的时候,很多人并不知道,在两岸军事对峙的年代,作为福建厦门前线的鼓浪屿人民的生活状况。

1949 年 10 月 17 日,厦门解放后,由于蒋介石的军队退守台湾,海峡两岸处于敌对状态,厦门、鼓浪屿面对金门和大担岛,成为两岸对峙的前沿,鼓浪屿覆鼎岩、大德记一带海滨成为海防前线的军事禁区,覆鼎岩附近曾经有高炮部队和守备部队驻守,白天不能随便进入,有部队和民兵站岗放哨。到了改革开放以后,海峡两岸关系缓和,这一带才逐步对公众开放。

1971 年 1 月,我从厦门二中走上小学老师的工作岗位,在那个全民皆兵的年代,鼓浪屿小教系统也有武装基干民兵组织,仍然要参加海防站岗放哨。在上世纪 70 年代和 80 年代初期,从鹿耳礁到大德记一带,晚上六点以后就是戒严的区域,漳州路口由鼓浪屿区属单位的民兵站岗放哨。

当时我担任鼓浪屿小教民兵连的连长,每周都要带领武装基干民兵站岗放哨,任务就是防止下海投敌和特务从海上登陆搞破坏。我们的哨所就是鹿礁路 109 号二楼,执勤管辖的范围从自来水抽水机站到现在的皓月园覆鼎岩一线。当时戒严之前,还要对管辖范围的海滩、岩洞和山体进行搜查,以防止准备下海投敌的人躲藏,等天黑了乘着夜色和潮水泅渡到台湾国民党当局控制的大担岛和二担岛。

当时鼓浪屿小教武装基干民兵由年轻教师组成,装备 63 式全自动步枪。当时的几十支步枪和配备的弹药由我负责保管,放在区直武装部办公室内。我们在这里站岗十几年,不管春夏秋冬,风

鼓浪屿小教武装基干民兵,配备的是 63 式全自动步枪

雨无阻,尽职尽责。黄雅云老师还抓捕过一个下海投敌的人,荣立三等功。她的照片还上了军队的杂志。毛主席的"飒爽英姿五尺枪,曙光初照演兵场,中华儿女多奇志,不爱红装爱武装",就是那个年代的真实写照。

1976 年 9 月 8 日,农历八月十五中秋夜,那一个晚上天上看不到十五的圆月,刮着风下着雨,半夜执勤的民兵向我报告,海边有发现可疑的人影出现过。我立即带着几个民兵冒雨进行搜查,结果没有发现可疑的人。第二天上午,由于淋雨和疲劳等原因,我发高烧住进厦门第二医院治疗,当天就从广播中听到毛泽东主席逝世的消息,这个经历终生难忘。

为了能够完成站岗放哨和承担打仗的军事任务,武装基干民兵每年都要被抽调参加 15 天以上的军事训练。射击科目有一百

鼓浪屿小教民兵黄雅云抓获下海投敌分子,荣立三等功,这张站岗照片上了杂志,照片中港仔后沙滩上的碉堡已经倾覆拆毁(黄雅云提供)

米固定目标射击、隐显目标射击、夜间射击和 12.7 高射机枪的训练。还有手榴弹投掷训练和实弹投掷。当年,面对苏联的军事威胁,自制炸药包打坦克的假想敌就是苏制 T62 坦克。进攻和防御不仅要训练单兵技术,还要组织班进攻、班防御的战术配合训练。而且,全面进行防原子弹、防细菌战、防化学战的训练。我还是民兵的射击和爆破教员,虽不是当兵出身,但经过长期的训练,"民字当头,兵在后头"的民兵也是浑身武艺。正因为如此,1983 年 5 月我这个没当过解放军的民兵,还被调到鼓浪屿区直武装部担任专职人武干部,配备一支 54 式手枪,负责区属单位民兵的训练和管理。这段工作期间经历了难忘的事:1984 年 2 月 8 日邓小平同志到鼓浪屿考察,我参与警卫工作,警卫的位置就在当时的鼓浪屿宾馆(黄家花园别墅)中楼前。邓小平同志与王震等中央领导到日光岩后下山到宾馆休息。当邓小平同志走进鼓浪屿宾馆大门以后,看到体育场有足球赛,他就直接走到宾馆墙边朝大家挥挥手,踢球的人们停下球赛,热烈鼓掌欢迎小平同志。一会儿,小平同志就进中楼休息。1984 年 9 月,经过统一考试,我被录取脱产去读书,离开了专武干部的工作岗位。

三、大德记海滨的人文风光

覆鼎岩的岬角往南的一个小海湾就是大德记海滨,这个海滨记载着一百多年前鼓浪屿的那段屈辱历史,也记载着那段两岸军事对峙的民兵岁月。

(一)大德记海滨的历史记忆

鸦片战争以后,厦门成为五口通商口岸,外国人纷纷来到厦门开办洋行和经济机构,加强对中国的经济掠夺。当年鼓浪屿岛上就有英国德记洋行、和记洋行、旗昌洋行和宝顺洋行等外国洋行。

1845 年有名的英国人口贩子德滴身兼西班牙等国领事,在鼓浪屿开办"德记洋行",并在覆鼎岩一带建造贩卖华工到国外做苦力的"猪仔馆",从事人口和鸦片的肮脏买卖,现在鼓浪屿的大德记地名由此而来,记载着这段不能忘却的历史。

上世纪 80 年代之前,在皓月园草坪的位置上还留有当年"猪仔馆"的两根石门柱,后来在皓月园扩建中,被建筑工人作为一般的石料砸断当墙基了。大德记是帝国主义列强侵略中国这段历史的一个文化符号,记住这个地名就是不忘中国历史上的那段任人宰割的悲惨历史。

1900 年拍摄的从同文顶眺望升旗山至覆鼎岩一带海滨,升旗山上有原德记洋行住宅,海中停泊外国轮船(紫日提供)

大德记海滨面向台湾、金门、大担岛的山坡上,原来屹立着一座烈士墓,安葬着 1949 年 10 月解放鼓浪屿战斗中牺牲的 271 团(济南二团)团长王兴芳和 272 团副参谋长张钦芝烈士。当年 271团在王兴芳团长的带领下,部队从九龙江口出发,乘船冒着国民党军队的猛烈炮火,奋不顾身,浴血奋战,从鼓浪屿旗尾山和美华海滨一带攻击,在战役中牺牲 367 人,失踪 411 人。在攻打鼓浪屿的战斗中,王兴芳团长身负重伤,牺牲之前留下遗愿,要把他埋葬在可以看到金门、台湾的地方。我小时候到英雄山还看到山坡上都是烈士墓,后来烈士的遗骸才被迁葬到厦门岛的烈士墓。为了缅怀纪念英烈,将旗尾山改为英雄山。每年清明节时节,当英雄花开满木棉树枝头时,社会各界都会到烈士墓前祭扫,缅怀英烈。直到上世纪 90 年代,因为皓月园的建设,把王兴芳和张钦芝烈士墓移到英雄山的英雄园,让英烈长眠在英勇战斗牺牲的地方。

(二)大德记海滨的民兵印记

1968 年 12 月,经历"文革"三年的停课,学校开始复课,我是 1966 年的小学毕业生,这时开始上厦门二中读书了。当时 1966 年、1967 年、1968 年小学毕业的学生同时上初一年级,称为"新三届",与"文革"前毕业的"老三届"相区别。由于处在对敌斗争的前线,厦门二中组建了武装基干民兵连,当年厦门二中的武装基干民兵在福建省可是响当当的。我是武装基干民兵连二排的一员,在那个年代能够当上武装基干民兵就说明政治上可靠。当年民兵的军事训练十分严格,训练内容包括队列操练、射击投弹、拼刺刀、进攻防御、站岗放哨等军事技术。当年我们配备的武器主要有 79 式步枪、7.62 苏制步枪、53 式步骑枪、50 式冲锋枪、捷克式轻机枪和加拿大轻机枪。后来厦门二中武装基干民兵配备了 56 式半自动步枪和 56 式冲锋枪。

当年厦门二中武装基干民兵的哨所就在鼓浪屿自来水低位水池管理房,哨位就在大德记海岸边,我们手持 53 式步骑枪,站在哨位的掩体之中,两眼注视前面的海面,耳朵注意倾听周围的声响,防备国民党"水鬼"登陆,防备大陆的敌对分子下海投敌。每当夜深人静的时候,随着涨潮和南风,我们都可以清晰地听到金门岛方向国民党军队喇叭传来的"共军弟兄们"的声音。我还清楚地记得,当时晚上站岗的夜餐费每人 7 分钱,学校只能煮咸稀饭给我们吃,我们正是长身体的时候,晚上站岗时肚子都是饿得咕咕叫。记得新中国成立 20 周年时,厦门二中武装民兵被抽调参加厦门市国庆阅兵式,为此我们整整强化训练了几个月的队列,在中山公园举行的庆典活动中,以正步走的队列,高呼"提高警惕,保卫祖国"的口号,通过主席台的检阅。

厦门二中的民兵岁月中,有几件事给我留下永生难忘的记忆。参加民兵后,经过一段时间的射击训练,武装部组织我们进行实弹射击,科目就是 100 米有依托五号胸环靶的精度射击,每人 5 发子弹。当时使用老掉牙的 79 式步枪射击,靶场就在现在的皓月园,射击位置在现在皓月园入口的地方,靶位在覆鼎岩山脚下,当年那里是驻岛六九医院的菜地和养猪场,也是部队和民兵进行射击训练的靶场。由于是第一次实弹射击,没有经验加上紧张,枪托抵肩没有按照要领靠紧,射击子弹出枪膛的后坐力把肩窝撞得又红又痛。

厦门二中武装基干民兵在进行刺杀训练

有一天晚上值班,听到岗哨报告说哨位周围有可疑的情况,班长命令我和另外一位民兵前往搜查,我们端着 53 式步骑枪,打开刺刀,枪膛内压上子弹,枪机扳到保险的位置,前往执行任务。当天没有月亮,四周黑漆漆的一片,地面搜索没有发现情况。当时我们哨位后面有一个小操场,是当年这里驻守的高炮部队开辟的,操场的下面还有一条地道,由于担心坏人就隐藏在地下防空洞中,虽然没有带手电筒，我和另外一个民兵仍然持枪，从洞口进入，一人一侧端枪慢慢地搜索前进，直到确定没有问题才返回哨所报告。现在回忆起来，那可真是一股初生牛犊不怕虎的劲头，什么叫一不怕苦二不怕死，我们这代人就是这么经受锻炼和考验的。

当年的厦门二中的武装基干民兵，在福建前线的民兵队伍中也是赫赫有名的，摸爬滚打练好兵，站岗放哨执勤忙。有一年，我们在灌口公社黄庄大队下乡劳动，参加夏收夏种，劳动结束后，全体武装基干民兵背着背包，晚上 12 点从黄庄出发，徒步行军 6 个小时，行走 30 公里，早晨 6 点到达厦门轮渡码头。50 年过去了，当年夜行军的情景好像还是昨天发生的事。

当年的大德记，由于是两岸对峙的前哨阵地，这里是个军事禁区，全天 24 小时处于军事管制范围。大德记海滨从地理上看有其独特性，覆鼎岩岬角陡峭的悬崖和印斗石礁盘像一双粗壮的手臂往外延伸，将大德记的沙滩抱住，形成一大片三面环山，一面向海的环形海湾，只有退潮的时候，才能够从滩涂走到田尾海滨，而当年的田尾海滨归福建省干部疗养所管理，也是不对外开放的。这一带的植被保护得很好，半山坡上战壕沟纵横交错，修建了不少防御工事。

由于大德记是军事禁区，因此也是鼓浪屿武装基干民兵军事训练的好地方。两件事记忆十分深刻，当年民兵训练最容易发生事故的实际上就是手榴弹实弹投掷和爆破器材的演练。手榴弹投掷要先在操场上，按照动作要领训练投远投准，男同志投远一般比较没有什么问题，女同志的手臂力量比较小，投远和投准问题就比较大。经过一段时间训练后，大家也了解了手榴弹的构造和爆炸的原理，以及实弹投掷的动作要领。在进行军用手榴弹投掷之前，还要进行一次纸手榴弹的投掷。这种纸手榴弹也是兵工厂生产的，主要用于训练使用，大小重量与真实的军用手榴弹基本一样，也有拉火线和套环可以套在手指上，投掷出去也会爆炸。这个环节的训练可以稍微降低民兵投掷军用手榴弹的紧张情绪，为实弹投掷奠定一种心理基础。但是投掷军用手榴弹与投掷纸手榴弹毕竟是不一样的，民兵投掷时过于紧张仍然会发生事故，危及投掷者和指挥员的生命安全。

鼓浪屿一家区属企业女民兵在大德记投掷实弹时，就发生过一次事故。在大德记海滨的右侧，有一处不大的入口，但是走进去就会发现里面是一个山谷，山谷的上方有战壕，如果从半山坡的战壕将手榴弹投到山谷中，安全系数比较高，当年民兵手榴弹实弹投掷就选择在这个地方。在手榴弹实弹投掷时，指挥员就在投掷民兵的身旁，既是指挥员，也是保护者。当轮到一位女民兵投掷时，由于太过紧张没有将手榴弹投出去，而是扔到自己的脚下，手榴弹冒着烟，"吱吱"地响着，军用手榴弹从拉火到爆炸只有三秒多一点的时间，当时担任指挥员的是鼓浪屿区属武装部部长洪守纪同志，一把将女同志推倒，立即捡起即将爆炸的手榴弹往战壕后面的山坡一丢，手榴弹爆炸了，但是由于洪守纪同志的果断正确的处置，没有伤到人。上级武装部给洪守纪同志记三等功一次，这可是把脑袋系在裤腰带上换来的荣誉。

后来轮到我们武装基干排进行手榴弹投掷，到了实弹投掷的时候，我们选择投弹的地点是在五个牌海滨左侧的一个小山头上面，投掷时要将手榴弹投掷到海里。我与洪守纪同志两个人担任指挥员和保护者，我问怎样才能发现民兵没有将手中的手榴弹投出去，及时采取应急保护措施。洪守纪同志告诉我，当民兵打开手榴弹手柄上的盖子，将拉火环套在手指上，挥动手臂投弹时，两只眼睛就必须全神贯注地跟着手榴弹转动，盯紧手榴弹投掷以后飞行的方向。否则，一旦发生意外事故，后果不堪设想。由于职责所在，你不可能临阵逃脱，虽然心里还是有点忐忑，但是与洪守纪同志共同组织实施了手榴弹的实弹投掷，整个投掷过程非常顺利。

有一年，鼓浪屿民兵组织进行爆破训练，因为我曾经到厦门市参加全市民兵打坦克的集训，当时正值中苏关系紧张，苏联陈兵百万于中苏边境，而当时苏联的主战坦克是 T62 中型坦克，因此训练以苏制 T62 型坦克为假想敌，集训学习了坦克的性能和攻击的薄弱点，反坦克地雷、爆破筒和各种炸药的使用，尤其根据我国全民皆兵的特点，重点学习了用炸药包如何打坦克的技术，所以此次训练我就成为民兵的爆破教员。不仅训练了使用抛射炸药包打坦克的技术要领，并进行实际的操作。训练用炸药和手榴弹结合打空降兵的方法，这一科目的实际操作专门乘船到大屿岛实施，当时的大屿岛还没有多少树木，光秃秃的山头成为我们理想的训练场地。而实施爆破筒训练就是在大德记海滨，爆破筒属于制式军事武器，里面装填的是 TNT 炸药，威力巨大。为了确保训练的安全，我在讲解了爆破筒的结构性能和使用后，实施了一次爆破筒的实际引爆。当年民兵岁月已经过去几十年了，但是每当来到大德记海滨，当年的那些往事就会浮现在眼前。

四、田尾海滨的人文风光

田尾海滨位于鼓浪屿的东南部，在大德记海滨与菽庄花园之间，因改革开放之前这里是福建省的干部休养所，通往这片海域的道路普通老百姓进不去，大德记又是当时两岸对峙时期军事戒严的区域，所以田尾海滨保留了原有的自然生态。改革开放以后，福建省干部休养所一度改为鼓浪屿观海园旅游村，20 世纪 80 年代中期，鼓浪屿的环岛路修通了，可以从菽庄花园的后门，沿着海滨的道路直达大德记海滨，到达田尾海滨的人相对比较多了。

田尾海滨的地形特征与大德记海滨有点类似，海滨的左侧是大德记海滨的印斗石与附近礁盘形成的凸出部,右侧是观海别墅往海中延伸的巨大礁盘,在黄奕住的观海别墅两侧形成两块田尾沙滩。

田尾海滨最著名的建筑就是黄奕住的观海别墅。别墅位于田尾海滨突出部,三面临海,是一座风景绝佳的海滨别墅。1919 年黄奕住从丹麦大北公司经理手中买下此楼,1920 年填海扩地重新翻建装修。观海别墅入门的长廊和整座别墅的墙基就建在堤岸之上,临海而立,可临海观潮听涛,与"观海别墅"的名称十分贴切。

田尾海滨靠近观海别墅原来有一座五个连续拱券的两层建筑,屋顶采用两个双坡面屋顶的建筑是原法国领事馆。虽然这座楼已经不在了,但从一些历史照片还可以看到当年鼓浪屿法国领事馆活动的一些场面。

这里还有外国人在鼓浪屿早期建造的英国领事公馆。英国在鼓浪屿设立领事机构后,就在田尾海滨的高处建造了这座建筑,站在别墅前,印斗石就在脚下,厦门港的万顷碧波一览无遗,是鼓浪屿少有的临海别墅。这座建筑物就是当年那段屈辱历史的见证。

(一)丹麦大北电报公司旧址

观海别墅右侧就是原来丹麦大北电报公司的旧址,1869 年丹麦王国在鼓浪屿设立领事馆,同年设立大北公司,领事馆事务由该公司代理。大北公司由丹挪英电报公司、丹俄电报公司和挪英电报公司三家组成,总公司设于丹麦首都哥本哈根,股东绝大部分是英国的资本家和沙俄的皇室。

清同治八年(1869 年)由丹麦大北电报公司建造的这座建筑位于观海别墅西侧的小沙滩旁边,风景十分秀丽。建筑呈长方形,建筑面积 640 平方米,设计为一层建筑,屋顶为两个三角形坡面屋顶,南北两面设计为圆拱廊道。大门入口朝南,整个地基用花岗岩做基础抬高,建筑的入口与路面形成落差,用花岗岩台阶连接。东西立面开有大方窗通风采光,窗户上部墙面用弧形窗套装饰。整座建筑简洁美观、大方实用。建筑内部采用拱门或小门联通各个房间,房间内部均有壁炉。

1869 年丹麦在鼓浪屿设立大北公司旧址(林聪明摄影)

清同治九年 5 月,大北公司与英商中国海底电报公司(英商大东电报公司的前身)订立合同,划分双方在中国经营电报业务的势力范围,议定上海、香港间定为双方共同营业的区域;大北公司可以先在沪港间独自设一水线,中途在厦门、汕头登陆,此线收入,由两个公司平分。

同治十年(1871 年)初,大北公司在鼓浪屿田尾路 21 号开办。是年三月,在敷设沪港水线时,未经清政府许可,擅自将线端登陆鼓浪屿引入其公司洋楼内,开始收发电报营业。清政府多次派员交涉,令其拆除,该公司置若罔闻。在未经中国政府批准的情况下,于 1874 年 4 月正式开通厦门至上海、香港的电报业务。

直到光绪九年（1883 年），该公司才与中国电政机关签订合同，准许登陆营业并借用厦门电报局电报水、陆联络线 20 年，后又续订展期至民国十九年底，分别在厦门海后滩（今鹭江道中段）和鼓浪屿田尾路 21 号正式设立电报收发处，直接向公众经营收发电报业务。

1919 年厦门电气工人反对大北电报局的虐待而罢工，电报局经理匆匆回国。1927 年 6 月发生了坚持 10 个月的大北电报公司工人罢工斗争等。

民国十七年，国民政府召开全国交通会议，决议收回合同期满的电信主权。民国二十年元旦旧合同期满，厦门电信局如期将厦门大北水线（电报）分公司借用鼓浪屿田尾路沙滩至厦门沙坡尾水线房的电报水线及由水线房分别至该分公司海后滩电报收发处水线截断。同年 2 月 12 日，强制撤销该分公司海后滩和田尾路电报收发处的电信营业权，停止其直接向公众收发电报。此后，该分公司仅保持接转香港、上海电报业务，直至太平洋战争爆发后被日军封闭。

抗日战争胜利后，大北电报公司恢复接转港、沪电报业务。1961 年，该公司将设备转让给中华人民共和国邮电部。12 月 9 日，由上海邮电管理局与大北电报公司在上海签订转让契约，1962 年 3 月，厦门邮电局派员接收大北电报公司在厦门的财产，该公司在厦门的历史宣告结束。

（二）西班牙船长墓

在观海园原万国俱乐部朝南的临海处，有一座花岗岩石材的墓葬，一块长方形的石板躺在地上，上面镌刻着西班牙文，文末醒目的"1759"，说明这位西班牙船长在 1759 年来到鼓浪屿，因病死于鼓浪屿,并葬于此地。石板上立着一个十字架,这就是鼓浪屿上18世纪的西班牙船长墓。

位于田尾临海山坡的西班牙船长墓,是福建省第九批文物保护单位(林聪明摄影)

1492年8月3日,哥伦布受西班牙女王的派遣,率领三艘百来吨的帆船,从西班牙巴罗斯港出发,10月12日发现美洲大陆,成为美洲大陆被开发和殖民的开端。西班牙就是在大航海时期成为世界海上强国,在美洲、亚洲和非洲建立了大量的殖民地。1588年,西班牙的无敌舰队被英国击败后,才开始衰弱,成为君主立宪国家。西班牙在亚洲的殖民地是菲律宾,西班牙凭借其海上的军事和技术力量,不断扩大海外贸易。

1684年,清政府设立闽海关,在厦门和福州各开一个口岸,从此,厦门成为福建最大的出口港,与海外的贸易十分频繁。这座墓葬是18世纪厦门海外交往和贸易的历史见证。

五、港仔后海滨人文风光

从历史老照片看港仔后海滨，一百多年来已经发生了很大的变化。19世纪菽庄花园未建之前，东部的草仔山挡住东北季风，从东朝西一片沙滩延伸到当年的"旗尾山"临海处，除了旗尾山上的德国领事公馆外，只有海滨的几座欧式建筑。

1920年从海上拍摄的港仔后一带老照片，从日光岩下到港仔后海滨已经是房屋密集，一片繁华的景象。十几条小舢板运载着客人来来往往，此时菽庄花园已经建好。

1920年从海上拍摄的鼓浪屿港仔后海滨和日光岩一带景色(林聪明翻拍)

如今的港仔后海滨是鼓浪屿山、海、园齐全的风光绝佳地，左侧是厦门名园之首的菽庄花园，背后是厦门象征的日光岩，延平公园留存有当年郑成功屯兵鼓浪屿开挖的"三不正"水井，如今命名为"国姓井"，港仔后海滨又是鼓浪屿最佳的海水浴场，这里将鼓浪屿的最佳风景汇集一身。

（一）林尔嘉和洋人的官司

港仔后海滨最著名的园林建筑就是林尔嘉先生 1913 年 9 月建造的菽庄花园了。林尔嘉先生建造此园以寄托对台北板桥故园的怀念，并以其号"叔臧"谐音命名，他在《筑园小记》里说："余家台北故居，曰板桥别墅，饶有亭台池馆之胜。少时读书其中……乙未内渡，侨居鼓浪屿，东望故园，辄萦梦寐。"

台湾板桥林家花园的造景手法与苏州园林的造景手法类似，而菽庄花园的造园手法另辟蹊径，以开放包容的心态以景借景，景上添景，虽坐落海滨一角，然而却将视线所及的山川和海域，天空和人物与园林之景融为一体，更具有一种阳刚与大气。板桥林家花园是林尔嘉心中永远的怀念，菽庄花园是林尔嘉对台湾板桥故园的寄托。

菽庄花园建好后，林尔嘉成立"菽庄吟社"，组织赏菊诗会，广邀回祖国定居的台湾著名诗人施士洁、林鹤年、许南英、汪杏村以及厦门诗人施乾、李禧、龚植等赏菊吟诗，抒发情怀，寄托对台湾的眷念之情。

林尔嘉 1914 年购买洪姓山地后，使菽庄花园的范围与厦门海关洋人税务司公馆毗邻。洋人税务司借口与洪姓订有税务司对公馆西南山地拥有留置权的契约为由，否认林尔嘉所购买洪姓山地的合法性，避免林家在此地建造高于税务司住宅的建筑物。海关税务司对林尔嘉建造菽庄花园多次提出非法要求，横加干涉，不断骚扰。税务司甚至率领鼓浪屿工部局巡捕侵入菽庄花园毁损四十四桥。据 1929 年 4 月 11 日《江声报》报道，关于林尔嘉对厦门海关诉追留置权契约无效一案，厦门海关监督公署称，奉有财政厅部令开呈件，认为既然海关与地主洪姓订有契约，自不能认为无效。

林尔嘉先生与夫人龚云环女士的合照（蔡文田提供）

现实如欲将此项契约取消，应由原订约之洪姓提出前项契约不能成立之理由，呈请主管官厅依法解决。

实际上，这场林尔嘉与税务司洋人的官司从 1922 年就已经开始，只是由于思明地方法院明知海关税务司理屈，因惧怕洋人威权，不敢秉公审理，伸张正义，驳回林尔嘉的起诉。1929 年 4 月 26 日，林尔嘉为了让社会各界了解事件的真相，在《民钟日报》刊发《林尔嘉启事》，明确提出三项要求：

（一）尔嘉对厦门海关争执留置权契约无效一案（即财政部令文所谓基地案件）业向思明地方法院正式起诉，该法院自能依法解决；（二）税务司因主张山地留置权，竟率同工部局巡捕侵入个人所有建筑物，毁损尔嘉石桥，显系个人犯罪行为，尔嘉自应对税务司提起刑事诉讼，现正在准备中；（三）工部局长与税务司共同实施第二项行为亦属渎职，已由尔嘉向领事团法庭起诉，现该案辩论业经终结，不日当有正当判决。此皆实在情形也,财政部系受一方报告发此命令,该命令内容乃对诉讼程序加以指示,在海关监督署系奉上级机关命令,应否服从另一问题。至尔嘉个人依法本有诉讼能力既有正当之诉权,自应专向法庭诉迫。无论财政部有无此项命令,本案固不受其拘束也。因特略具始末,幸各界人士垂察。

在洋人把持的海关税务司和工部局蛮横拆毁菽庄花园的石桥事件发生后,林尔嘉依法向法院提出民事诉讼。同年 12 月,林尔嘉起草《为菽庄石桥被毁及私权横受侵害事谨告同胞书》,印成单行本分发国内外,以大量事实并引用中外法律,痛斥夏礼威故意违法侵权的行径。在《告同胞书》中,林尔嘉指出:"现任税务司夏礼威系中国雇佣官吏,其以中国官吏资格所为之犯罪行为,当然适用中国法律,绝对不许其借口领事裁判权,逍遥法外。"他希望"法曹当局,社会人士主持公道,无令洋员凭借权势欺侮同胞,以后我国人民,亦庶免受此种种之凌虐也"。经过艰难的长达十年的斗争,税务司以各种理由推脱拒不出庭,在中国司法主权遭受侵害的旧中国,中国的法律和法庭对洋人起不到应有的威慑和约束作用。

后经厦门关监督许凤藻邀请当地官绅进行调解,1931 年 5 月 7 日以庭外调解的方式结束长达十年的官司。海关税务司承认这片海滩山地为林家所有,林家也做出让步,在山地划出路径一条,面积首尾各宽 25 英尺(7.62 米),海关税务司每年付给林家 10 元租金。在司法主权遭受帝国主义侵犯,外国势力把持中国海关的时代,就是林尔嘉这样富甲一方、有实力的地方绅士,其社会地位和影响不可低估的人物,都不可能依据法律和事实打赢与洋人的官司,如果是一般的平民百姓,其结局可想而知了。在那个年代,林尔嘉面对外国强权,敢于拿起法律的武器,维护自己的合法权益,藐视外国的领事裁判权,已经是难能可贵了。

（二）港仔后的建筑和往事

港仔后海滨是鼓浪屿的风水宝地，除了作为厦门名园之首的菽庄花园建造于此地，这里优良的海滨浴场也是人们休闲游览的好去处，整个海滨处于朝南的地理环境，夏天的西南季风清爽宜人。眼前是开阔的海域，对面南太武山脉青山与碧水相连，背靠龙头山日光岩，三面环山的坡地和临海平地吸引了外国人和富人来此建造别墅和公馆。

菽庄花园背靠的小山丘叫"草仔山"，早年建有厦门海关洋人税务司公馆，号称"吐呲庐"，1880年拍摄的老照片上就已经有这座建筑了，这是一座两层楼方形的欧式建筑。解放以后，这座建筑曾经是部队的驻地，当年部队在操场上放映电影时，我还跑到这里看电影。后来一段时间作为福建省建筑工人疗养院，上世纪90年代拆掉原税务司公馆的建筑，重新设计建造了海关培训中心，就是现在的海上花园大酒店。

1890年的港仔后和草仔山上的厦门海关税务司公馆（林聪明翻拍）

靠近旗尾山一带的海滨和坡地，当年兴建了不少别墅，是一个富人居住的区域，现在以一道围墙为界，属于部队疗养院的范围。由于时间的久远，里面又属于部队的范围，原有的建筑有的还保存着，有的拆掉了，而且有了不少新的建筑，就是现在的老鼓浪屿人也没有几个人知道当年这一带建筑的主人和相关的历史人文。2018年4月，我在殷承典老师家里采访有关鼓浪屿的人和事时，八十多岁的殷老师才一五一十地告诉我这里的建筑和故事。

晃岩路与八连相邻的原海军鼓浪屿疗养院的大门内，有一个篮球场，鼓浪屿人称为"福州花园"，球场旁边的红砖楼是卓全成的大哥卓德成的。再上去靠近旗尾山有一座是卓全成二哥卓绵成的。港后路18号是一座有很大庭院的花园别墅，叫作"伍芳楼"。

在现在部队疗养院围墙里面，有六座楼，楼房的主人叫林木土，是一个仗着日本人欺压老百姓的台湾人。解放前国民党就宣布林木土的房子是敌产。当时林遵行、黄祯德、蔡志文、陈伍爵等鼓浪屿一些很出名的医生，曾经在这几座建筑住过。

港仔后海滨靠部队疗养院围墙处有围着一圈护墙保护的一棵大榕树，这棵榕树往里是当年英国领事馆英文秘书丁锡荣的家。丁锡荣的几位子女丁景福、丁祝三、丁嘉德、丁美玲很有音乐天赋。据殷承典老师介绍，丁景福在菲律宾国立音专学习钢琴，毕业回到鼓浪屿担任家庭钢琴教师，专门教授钢琴，丁景福的钢琴教学非常专业。丁景福的两个弟弟丁祝三、丁嘉德都是音乐人才，都在鼓浪屿教堂担任钢琴伴奏。丁家当年的家庭音乐会也是十分有水平的。后来港仔后海滨一带成为部队疗养院，部队在日光岩大门对面建了一座楼，与丁家在港仔后海滨的房子置换。

当时我问殷承典老师，我从鼓浪屿老地图看到，这里有美孚石油公司的住宅，靠近美华的地方是亚细亚石油公司的住宅。殷老师告诉我，原来有一座建筑是美孚石油公司的中国总经理曾国主的房子,他是曾淑慈老师的五叔,也是殷老师的姐夫。美孚石油公司的那座楼已经拆掉了。在曾国主房子后面有一座用石头建造的很好的房子,枣红色的屋顶,有像番婆楼那样的大楼梯,这座建筑是和记洋行的办公楼,洋行的总裁住在这里。

亚细亚石油公司的建筑在山坡的上面,是一座有拱廊的两层白楼,在陆军疗养院靠近美华的地方,现在还保留着。港后路还有一座黄盘石的房子,部队在中华路原来黑猫舞厅的地方盖了一座楼还给他们,现在也卖给别人了。

殷老师还告诉我,当时这里还住了一个叫黄长江的,他从香港买进了一些红鸡和美国鸡,有上百只,鸡舍里的鸡都很漂亮。解放初,不少人向他买鸡蛋来孵小鸡。厦门二中的苏老师因为养红鸡最出色,所以被人家称为"红鸡苏",现在也已经 97 岁了。

从解放后,港仔后西部海滨一带和鹿耳礁海滨的原日本博爱医院就成为中国人民解放军 69 医院,"文化大革命"时,69 医院撤销。"文革"后,恢复部队的疗养院,但是改为 194 医院。大约上世纪 70 年代,又在 194 医院的旁边成立了海军鼓浪屿疗养院。后来两家部队疗养院合并成南京军区鼓浪屿疗养院,现在又更名为陆军厦门特勤疗养中心。

(三)港仔后旅游文化历史记忆

港仔后海滨的一大片平地就是延平公园,由于当年两岸对峙,厦门岛东部海岸线属于军事禁区,不能随便下海游泳,港仔后海滨浴场成为厦门人游泳的最佳选择,每到夏天这里热闹异常,树荫下乘凉的人们,坐在草地上任凭海风吹拂。沙滩和海里密密麻麻的是游泳的人群。在这里有提供人们冲浴的冲水室,建有"国姓泉餐厅",提供游人就餐。岸上有救生员巡逻,提供海上救护,保护游泳者的安全。然而，如今在鼓浪屿旅游更加兴盛的时代，港仔后海滨的冲水室却被拆掉，鼓浪屿公共议事会呼吁要进一步完善旅游服务设施。

当年我还在鼓浪屿教育系统工作时，负责共青团和少先队的工作，每年暑假就要组织夏令营，当年的夏令营活动丰富多彩，组织同学们在港仔后海滨游泳，每三人分为一个小组，规定下海后三个人要互相照看，避免出现事故。相隔十分钟吹一次哨子，全体人员上岸检查人数。在港仔后海滨浴场，我们还组织学生海上拔河，海上拔河不用拔河的绳子，分成对抗的两边，每个人抱住前面同学的腰，形成一个整体，两队最前面的一个人双手相握，使劲将对方拉过来。几十年过去了，当年活动拍摄的照片，留住了那个时代的一个侧影。

20世纪80年代初，鼓浪屿少先队夏令营在港仔后海滨的水上拔河（林聪明提供）

港仔后海滨海上抓鸭的民俗活动，至今仍然深深地刻在我的脑海中。最早看到海上抓鸭活动的有趣场景是在我的少年时代，当时活动的现场在港仔后靠近菽庄花园的海面上。一条木帆船的船尾固定一根与海面平行的杉木，光滑的表面还涂上油膏，海水一打滑溜溜的。杉木的顶端固定一个方形的木笼子，木笼子有一个活动门，连着一根木板，里面关着一只鸭子。规定参加活动的人要从船上沿着光滑的杉木往前走，船的晃动更增加行走的难度，许多人走没有几步就掉到海里了。只有走到杉木的顶端，用手拍打连接活动门的木板，才能打开木笼子的门，鸭子就会掉到海里，这时还要在海上追上并抓住鸭子。

19世纪外国人绘制的铜版画：厦门水上运动，画中是厦门的水上抓鸭子活动和舢板船的比赛（陈亚元提供）

1988年，我还在鼓浪屿区委宣传部工作时，鼓浪屿区举办的"鼓浪屿首届旅游艺术节"也在港仔后海滨组织了这项民俗活动，场面十分火爆，充分显示了接地气的民俗活动的魅力。这个民俗活动实际上厦门起码19世纪就有了，后来我在厦门收藏家陈亚元那里看到一张19世纪外国人的铜版画，生动地再现了当年外国人与中国人在海上进行抓鸭子的民俗活动,还有舢板船的竞速运动。

上世纪 90 年代,鼓浪屿区大力推动旅游业的发展,曾经与香港一家公司准备合作在港仔后建设"金带旅游度假村",双方已经签订合同,鼓浪屿区还专门举行新闻发布会。该项目推进的初期,将港仔后海滨上世纪 50 年代种植的一排木麻黄行道树砍倒,随后在海滨建造了一长列的现代风格的廊道,俗称"金带廊道"。廊道建完后,在社会上引起强烈的反映,厦门市政协主席蔡望怀还带领市政协委员前来考察,媒体发表了相关报道,认为廊道的建设,修改了鼓浪屿这幅名画。社会各界反对在港仔后兴建金带旅游度假村的声音很大,在社会各界的反对下,"鼓浪屿金带旅游度假村"项目被中断,金带廊道一直到 2011 年才拆掉。如果当年的"金带旅游度假村"项目建成了,港仔后就不是如今的模样了,可能就成为私人旅游度假的胜地,但可能是大众观光休闲的禁地了。

港仔后海滨不仅是旅游休闲的绝佳之地,也曾经是鼓浪屿旅游文化和音乐文化的展示之地。当年的鼓浪屿区委和区政府大力弘扬音乐文化,在港仔后海滨举办"夜光钢琴音乐会""鼓浪之旅歌舞晚会""鼓浪新春音乐会""鼓浪金秋歌舞晚会""鼓浪琴韵音乐会"等活动,营造了浓厚的音乐文化氛围,把鼓浪屿"钢琴之岛""音乐之乡"的金字招牌擦得更亮。

从上世纪 80 年代开始,鼓浪屿区依托鼓浪屿特有的音乐文化、建筑文化、延平文化、海洋文化、家庭文化、海岛风光资源,策划举办了一系列创意活动,形成了集中式广泛宣传的效果,吸引了国内外的广泛关注,提升了鼓浪屿的知名度,有效地推动了鼓浪屿音乐文化和旅游业的发展。

1998 年的中央电视台的元宵晚会,在风景秀丽的港仔后海滨举行,并且向全球直播。当时,我担任中共鼓浪屿区委常委、宣传部长,直接参与元宵晚会的筹备和配合等工作。晚会的主舞台就

1998 年央视元宵晚会在港仔后海滨举办（林聪明摄影）

搭建在港仔后海滨，以日光岩的夜景为背景，晚会的观众看台就搭建在沙滩上。当年晚会的主持人是倪萍，黄宏、侯耀文等著名演员和台湾艺人张帝也应邀前来参加演出。当年我拍摄了许多筹建、彩排和正式演出的照片。这场元宵晚会也是鼓浪屿历史上央视直播的唯一的文艺晚会。这一场元宵晚会扩大了鼓浪屿的知名度。

六、美华海滨人文风光

美华海滨是鼓浪屿西南部一个优良的海滨浴场，东部以鼓声洞口与港仔后海滨相交界，英雄山成为其东北的屏障，冬天的东北风被英雄山所挡，是适合冬泳的理想浴场。浪荡山是这一带的主要山体，山的南面和西北面都是海滨之地。

当年，黄姓和方姓争夺墓地，清政府为此事先后在这个地方立了五个"告示牌"，所以此地被称为"五个牌"，闽南话也称为"五叶牌"。如今的美华原是"五个牌"的一部分，因 1909 年基督复临安

2011 年 12 月 15 日拍摄的自然状态的美华海滨(林聪明摄影)

息日会在此创办美华学校,因此习惯将此地称为美华,"美华"逐渐
成为这个区域的地名,临海之滨也称为"美华海滨"了。

美华一带原本人口稀少,是鼓浪屿比较偏僻的地方。美华海
滨在两岸对峙的时期,是岛上部队驻守的地方,美华靠近英雄山的
地方也是岛上部队和民兵射击的靶场。这里的海域是讨小海的好
地方,沙滩是中华鲎产卵的理想之地,以前在此游泳经常在不经意
中可以捉到中华鲎。美华还是厦门华侨亚热带植物引种园,这里
引种栽培了许多外国引进的植物,山峦翠绿,鸟语花香。

(一)美华海滨消逝的战火硝烟

从厦门解放到现在,已经整整 70 年过去了,战火硝烟对于今
天的人们已经十分的陌生和遥远。行走在美华海滨,看到著名的
鼓浪石后面的钢筋混凝土碉堡,才会将我们的思绪拉回 70 年前的
那场战斗。

1.寻找当年战争的遗迹

鼓浪屿是国民党军队主要固守点之一,国民党用了两个团的兵力,企图凭借海峡屏障,峭崖陡壁和浅滩暗礁据险抵抗。环岛修筑钢筋混凝土碉堡和暗堡,在容易登陆的滩头地段修筑有鹿砦、铁丝网和电网,靠近岸边的水面上摆着一些小船,船上装着汽油和炸药。山上有战防炮阵地和隐蔽部,由蛛网似的交通壕和堑壕相连,构筑了立体交叉的防御网络。

当年国民党军队沿着鼓浪屿的海滨建造了三四十个钢筋混凝土的碉堡,在美华、港仔后和田尾一带还根据潮水的涨落修建了双层碉堡。在我的田野调查中,我对现有保存的碉堡全部拍照存档,目前鼓浪屿保存的还有 28 座碉堡。燕尾山海滨 6 座、兆和山(原名"大石尾山")海滨 4 座、五个牌海滨 1 座、美华海滨 4 座、港仔后海滨 3 座、日光岩 3 座、笔架山 1 座、田尾海滨 1 座、印斗石上 1 座、三丘田海滨 1 座、覆鼎岩 1 座、轮渡避风坞外礁盘 1 座、福建工艺美术学校内 1 座。在我的记忆中,当年日光岩西林大门通往山顶的半坡路旁还有一个地堡,从美华海滨上英雄山半坡的小路旁也有一个暗堡,这两个后来都被拆除掉了。在港仔后海滨的中部的沙滩上原来还有一座钢筋混凝土碉堡,由于海沙的流失,最后倾倒拆除了。

从现在保存的碉堡等防御工事和地理地形来看,当年的燕尾山、兆和山、美华、港仔后一线是国民党军队防守的重点区域,主要防御从海沧一线向鼓浪屿进攻的解放军。美华海滨一带,旗尾山的悬崖处没有登陆进攻的可能,只有沙滩船只可以靠岸,又全部暴露在火力网下面,登陆和进攻的难度可想而知。

据当年居住在美华海滨美华学校的洪声文回忆,当年国民党军队在美华等鼓浪屿沿海一带修筑了五道屏障和工事,企图用多道环形防线阻挡解放军的进攻。第一道在离岸几十米的海面每隔十几米用汽油桶和铁链连接,以阻挡船只通过;第二道在滩涂上插上一排二三米高的树干和蒺藜,形成鹿砦;第三道在沙滩上密布铁丝网和电网;第四道在原有石砌海岸上,用石条加高形成一道厚墙,留下射击的枪眼,后面留下一条宽 0.85 米的壕沟,后面再以沙包和铁桶装沙叠成一道沙包墙,上面用从老百姓家中强拆下来的门板盖上,并堆上沙包,在沿海线构筑长条形的大地堡,壕沟与各个碉堡相连;第五道就是地雷阵。

国民党军队还在鸡母山设置了迫击炮阵地,并且占据了美华学校的校舍,当时战斗中,还有一发解放军的迫击炮弹打在安献堂柱廊旁边二楼窗户边的墙上,留下了一个疤痕,也是当年战争的一个印记。

2.蒋介石的最后一次鼓浪屿之行

1949 年 7 月 22 日,在中国人民解放战争节节胜利的炮声中,蒋介石为了守住厦门、金门,以更好守卫住台湾,亲自到厦门和鼓浪屿进行军事防卫部署。实际上,蒋介石对于鼓浪屿并不陌生,30年前,在蒋介石并不得志的时期,曾经四次到鼓浪屿居住。

在蒋家王朝在大陆即将败退之时,1949 年 7 月 22 日,蒋介石从广州由国民党的海军军舰"大康"号护送抵厦,泊于鼓浪屿海面,随护的有俞济时、黄少谷、沈昌焕等大批"党国要员",还有一个军事顾问、日本人根本博。前往码头迎候的有东南长官公署长官汤恩伯、福州绥靖公署副主任王敬玖、22 兵团副司令唐泳山以及海军学校的校长、厦门市的警备司令、厦门市市长等 10 多人。轮船刚一抛锚,他们就立即乘海军汽船登上专轮迎候蒋介石。

当天下午,蒋经国从广州飞抵厦门,立即到专轮上去见父亲。厦门警备司令李良荣,听到蒋来厦的消息,也专程从福州赶来谒见,晚上陪同蒋氏父子在鼓浪屿行馆休息。

这天,蒋介石下榻鼓浪屿的临时行辕,当时厦门报纸报道:"总裁于接见李氏后,偕登陆鼓浪屿,至行馆休息。"蒋介石下榻何处,有人说是畎青别墅,有人说是西林别墅,有的说是在黄奕住的黄家花园过夜。2012 年 2 月 4 日《厦门商报》记者龚冉报道:龚洁先生收到台湾史界友人相赠史料,根据蒋介石日记:"十一时,船抵厦门,展望鼓浪屿风光,不胜卅年之前感怀。……七时后,舍舟登鼓浪屿,寄住王玉柱家中。""王玉柱家"即黄家花园,因江浙吴语中黄、王发音难分,玉与奕也谐音,故将黄奕住误为"王玉柱"。

23 日早上,蒋介石带蒋经国等人巡游鼓浪屿西部住宅区,觅访当年旧寓,不见踪影,返回寓所。上午 11 时,蒋介石召见闽西南师以上军官并共进午餐,勉励大家坚守阵地,等待发起反攻,并对军事防务做了指示。下午蒋介石与福州绥靖公署主任朱绍良等进行了长谈,当晚,蒋介石在舰队护送下返回台湾。

我多方搜寻相关史料,目前仍未亲自找到 1949 年 7 月 22 日蒋介石日记的原稿,只能留待日后进一步的考证了。

3.厦门战役之鼓浪屿的战斗

70 年前的硝烟虽然早已消散,就是两岸军事对峙的紧张形势也在"和平统一"的愿景下,转化为两岸的交流。然而历史不应该忘记,为了寻访这段历史,我查找相关的历史记载,也寻访当年参加解放鼓浪屿战斗的 271 团政委张志勇的儿子张鲁闽,阅读了 1985 年出版的张鲁闽和吴龙海经过大量采访撰写的《厦门之役》一书,也从厦门警备区提供的资料中重温当年战斗的一些片段。

时间回到 70 年前,解放战争那段战火弥漫,横扫敌军如卷席的年代。1949 年 5 月,叶飞司令员、韦国清政委率领第三野战军十兵团的数万大军,挺进八闽大地。8 月 17 日攻克福州城,随后沿福厦路向南横扫,直逼蒋介石在福建的最后战略据点——厦门。9 月 15 日,我军发起对厦门外围守敌的进攻,接连攻克同安县、角尾镇、漳州城、海澄县,并分兵两路,直扑厦门以南的屿仔尾炮台和西南的嵩屿半岛。与此同时,我军迅速攻占集美、澳头、刘五店等地,于 9 月 25 日结束厦门岛外围战斗,完成对厦门岛的三面包围。

当时,厦门岛的国民党守军是汤恩伯所属刘汝明兵团第 55 军全部和第 5 军 166 师及 68 军余部,总兵力 3 万多人。鼓浪屿是敌 29 师第 85、第 86 两个团,约 5000 余人的兵力防守。根据兵团的作战要求,我军主要从西南侧的鼓浪屿和西北半岛的石湖山和寨上两个突出部登陆突破。攻打鼓浪屿的任务落在王兴芳所在的 91 师 271 团和 93 师 277 团身上。

为迅速消灭敌人,尽快解放福建,中国人民解放军第 10 兵团发起了厦门战役。对第 10 兵团来说,渡海登岛作战是一种全新的作战样式,部队指战员多系北方人,不谙水性,不了解海情,更无实践经验。部队一边征集船只,一边投入水上练兵,用 20 多天时间精心做好渡海作战的准备。

战役以鼓浪屿战斗开始,由 91 师 271 团担任第一梯队主攻。271 团是一支能打硬战、恶战的部队。1948 年 9 月,他们在济南城头连续八昼夜浴血奋战,攻克三道城墙,被中央军委授予"济南二团"的光荣称号,时任团长王兴芳,政委张志勇。

1949 年 10 月 15 日下午 4:30 我炮兵开始对鼓浪屿沿海突出部敌人阵地进行炮击。45 分钟后,改为对登岛地段及浅近滩头目标的压制射击。18 时,91 师 271 团和 93 师 277 团从海沧和沙坛出发,发起对鼓浪屿的进攻。部队船队出九龙江后展开战斗队形,由鼓浪屿西侧及西南突出部实施登陆突破。

战斗发起后,271 团 1 营和 3 营作为第一梯队在炮火准备后上船航渡,以十几艘汽船,每艘汽船牵引五六只木船的方式渡海。

船队向九龙江口前进,刚到九龙江口,天气骤变,东南风突然转变为东北强风,风力增强到七八级左右。又逢涨潮,顶风顶浪,船队在风浪的冲击下,汽船拖曳木船的缆绳有的被刮断,有的船队只好砍断缆绳,木船张帆行驶,战士们用力划桨,船队船形被风刮乱,船与船之间失去联系。先头部队晚上21时才到达鼓浪屿。先头连木船在距离敌岸数十米时,遭敌猛烈火力打击,后续连队的木船与汽船割断过早,距岸1000米处便遭敌机枪、炮火射击,部队未及下船便伤亡大半。

鼓浪屿守敌的照明弹划破漆黑的夜空,把海面照得如同白昼,渡海船只暴露在敌人火力下,机枪炮火密集而至,船只和人员受到重大损失和伤亡,少数船只强行登陆。1连8班在班长丛华慈的带领下,行驶在最前面抢先登陆,在敌人的火力网中,砍断铁丝网,炸毁一个暗堡火力点后,全部牺牲在滩头。

271团3营7连1排是连队主攻排。快接近岸滩时,敌人开始猛烈射击,舵手中弹牺牲,排长鲁德福腿部也中弹负伤,他强忍钻心剧痛,一边指挥战士们射击,一边接替舵手驾船,船只终于成功抵滩。鲁德福立即指挥展开爆破作业,爆破手牺牲,他毫不犹豫地抱起炸药包冲上去,连续炸开敌人在滩头设置的铁丝网等障碍物,攻占了敌人的钢筋水泥碉堡,建立了登陆场。在敌人疯狂的反攻中,鲁德福和战友们打退了敌人5次反扑,大部壮烈牺牲。1950年,鲁德福被31军授予"战斗模范"荣誉称号。

担任攻打鼓浪屿任务的271团王兴芳团长,是山东省潍县人,1939年2月参加八路军,1940年9月加入中国共产党,1948年9月,济南战役胜利后任"济南二团"团长。鼓浪屿战斗一打响,由于天气突变,又遭遇敌军炮火拦击,船只和人员遭到重大损失和牺牲。在这个危机情况下,王兴芳临危不乱,指挥三连和特务连的部分人员乘坐汽轮航渡,船只在离鼓浪屿岸边100多米处被炮弹击中,3 名船工牺牲,王兴芳头部受重伤,因伤势过重在滩头无法救治而光荣牺牲,年仅 38 岁。部队在鼓浪屿旗尾山悬崖峭壁下的火网内强行登陆,与敌展开激战,大部壮烈牺牲。厦门战役发起前夕,王兴芳向战友交代,"鼓浪屿一战,如果我牺牲了,请把我埋在鼓浪屿山上,面向台湾,让我看着台湾解放"。

271 团副团长田军乘坐的 1 营指挥船在海上被敌人的炮弹击中,全船人员都落水,他和警卫员小张捉住破船板在海上漂荡,被随后 1 营 2 连 1 排的船救起。船上的 21 名干部战士冒着敌人的炮火在沙滩上登陆成功,迅速冲上滩头。前面两个地堡吐着火舌,几个战士被打倒在滩头。田军指挥爆破手用炸药炸开了鹿砦和铁丝网,攻占了滩头的突出碉堡,尔后穿过敌两侧火力封锁,摸到围墙根,架上梯子。3 班班长宸士兴率先登上墙头,被敌机枪击中,因流血过多倒在地上。副排长李荣和见状,率领其他战士登梯上墙,子弹射穿了他的颈部,他不顾鲜血直流,高喊着:"大家往上冲啊! 咱们只有前进不能后退!"

这时,3 营 7 连 2 排也登岛上岸,两个排会合后,共同向敌纵深突击,连续攻占 3 个地堡,并顽强地击退敌人数次反扑。但由于敌我力量悬殊,坚守两小时后被敌人反击下来,弹尽援绝,大部壮烈牺牲。副团长田军大腿负伤,在两名侦察员的搀扶下撤到滩头,抓住一块木板漂向海中,途中幸遇师救护船得以脱险。

271 团 1 营 1 连 1 排副排长林喜云主动请缨担任第一波次攻击。当船行驶至距敌岸 30 多米时,被敌人以猛烈的火力进行射击,船工和 4 名船手中弹伤亡,船又被敌炮火击中,人员全部落水,排长壮烈牺牲,全排伤亡过半,林喜云也多处负伤。他沉着冷静,忍着疼痛高喊:"上船,誓死也要抢占滩头要点!"带领仅剩的十几名同志,重新登上被击中的木船,冒着敌人密集的火力封锁,奋力划水,向滩头猛扑。上岸后,很快占领滩头阵地。面对敌人的疯狂反扑,他们连续打退敌人 3 次进攻,成功守住滩头阵地,为后续梯队顺利进攻创造了条件。在战斗中,小部分登陆的解放军战士克服敌数道障碍向纵深攻击,突入敌阵地,与敌展开殊死搏斗,终因弹药耗尽、寡不敌众而大部牺牲。

91 师炮兵营 2 连指导员赵世堂率领部队整装向鼓浪屿进发,22 时左右,赵世堂率领分队抵滩时,船只中弹下沉,两门 92 步兵炮坠入海中,战士伤亡过半。赵世堂带领剩下的 10 名战士强行涉水登陆,以敏捷有效的战术动作,一举突破敌前沿阵地,并就地转入防御。在打退敌 3 次进攻后,赵世堂眼看敌众我寡,无法坚持,遂果断决定放弃阵地,率小分队直插纵深,直抵日光岩西侧制高点,在这里与敌人展开了殊死搏斗。

敌人发动了源源不断的攻击,在日光岩下丢下了 50 多具尸体,仍疯狂进攻。坚持到第二天,赵世堂冲下日光岩,在转移中继续打击敌人,直至弹药耗尽,被敌人重重包围,面对扑上来的敌人,赵世堂拉响了最后一颗手榴弹,与敌同归于尽。

张锦娘是漳州龙海县石美的船工,举家以打鱼为生。当时,她已 54 岁,丈夫黄正川也已 56 岁,按照规定未满 16 岁和超过 50 岁的妇女不能参战。但她毅然带着自家的 3 条船和 5 口人,自愿支援解放军作战,并配合部队,发动群众,积极支前参战。

登陆作战和抵滩冲击时,战斗异常残酷,广大支前船工表现得非常英勇。张锦娘驾驶着船,冒着敌人的炮火,驶在船队的最前头。这时,一发炮弹在张锦娘的船边爆炸,她的丈夫和小儿子相继中弹倒下,她自己也身负重伤。张锦娘忍着痛苦悲恨,一手拉帆绳,一手握舵把,鼓励战士们英勇杀敌,最后自己也倒在了血泊中。张锦娘一家 5 个烈士,丈夫黄正川、儿子黄驴(30 岁)、黄富足(27 岁)、黄长义(24 岁)为了解放鼓浪屿献出了生命。张锦娘荣立特等功,黄正川、黄驴、黄富足、黄长义荣立一等功。勤劳勇敢的闽南乡亲,用一腔热血谱写了一曲气壮山河的英雄赞歌。

配合"济南二团"攻击鼓浪屿的 7 团,从屿仔尾起航后,也遭遇东南强风,多数船只被急风卷走,无法登陆。少数登陆分队在滩头进行顽强战斗,由于力量悬殊,寡不敌众,大部伤亡。"济南二团"的二营预备队一直在海上同风浪搏斗,未能及时登陆,突击部队得不到支援,战斗难以进行下去。攻打鼓浪屿的首战失利,16 日 12 时,部队奉命暂停攻击鼓浪屿。

解放军的进攻虽然受挫,但是也使国民党守军受到沉重的打击,老鼓浪屿人洪声文先生当年就读的美华学校就在海边。1949 年 10 月 18 日,洪声文与三哥洪声谷到美华学校住处察看,安献堂通往美华海滨的路上,到处是弹坑、弹壳和国民党兵的尸体,几尊大炮歪斜在路边,沿海边的墙体或地堡被打得东倒西歪,墙体塌陷了好几处。鼓声路 16 号被国民党兵占住后,里面的东西被洗劫一空。鼓声路 12 号楼下走廊堆满厚厚的一层杂物和沾满血污的国民党军装,没遮盖住的地方能看到是一层血迹,墙壁上到处是带血迹的手印。其中一个房间还躺着一具赤身裸体的尸体,可能是作为临时的伤兵包扎地点,地上才会有那么多的血。牺牲在海滩的解放军战士,集中安葬在旗尾山。

10 月 17 日凌晨,273 团 2 营从鼓浪屿西北部登陆鼓浪屿,攻占了燕尾山和轮渡码头,俘敌第 29 师少将副师长以下 1400 余人,占领了鼓浪屿。在解放鼓浪屿的战斗中,解放军牺牲了 367 人,失踪 411 人,1954 年鼓浪屿人民为了纪念解放鼓浪屿的烈士,将旗尾山改为英雄山。我读小学时,英雄山的山坡上都是烈士墓,多数都是山东籍的战士,后来才将烈士遗骸迁到厦门岛的烈士陵园。

解放以后,"济南二团"团长王兴芳和张钦芝副参谋长就埋葬在大德记海滨,朝向台湾的地方,四方形的烈士纪念塔上写着:"烈宿同归"、"亿万年长"。

上世纪 90 年代,为了开发建设鼓浪屿皓月园,才将王兴芳和张钦芝烈士的墓迁移到美华海滨的英雄山,在那里兴建了"英雄园"。

解放鼓浪屿的战斗是整个厦门战役的一个组成部分,厦门战役我军毙敌 2000 多人,俘虏敌中将师长李益智以下官兵 25000 多名,解放了厦门和鼓浪屿。

为了这个胜利,解放军牺牲了 1400 名将士,张锦娘等 32 名船工为大军撑船渡海,献出了自己的生命。刘惜芬等 16 名革命者在黎明前被国民党反动派杀害。1954 年 10 月 17 日,厦门解放五周年纪念日,一座雄伟的丰碑岿然耸立在风光秀丽的万石岩下,纪念碑上镌刻着陈毅元帅亲笔题写的"烈士雄风永镇海疆"的镏金大字。

(二)鼓浪石的争论

鼓浪屿这个小岛,古时叫作"圆沙洲",最迟到明代就叫作"鼓浪屿",为什么会叫鼓浪屿呢? 这与鼓浪屿西南部美华海滨的鼓浪石直接相关。鼓浪石是这个小岛上一块知名度极高的石景。当高潮位时,海浪涌进海蚀洞,冲击鼓浪石会发出如鼓的轰鸣声,鼓浪屿的岛名由此而来,附近的道路称为"鼓声路"。

我在上世纪 90 年代用胶片拍摄过鼓浪石,从照片可以清晰地看到涨潮的海水淹过海蚀洞的痕迹。鼓浪石的后面就是用水泥包裹起来的碉堡,背景中的漳州也还未开发建设。2011 年拍摄的照片,包裹碉堡的水泥已经去掉,鼓浪石旁立着高怀先生手书的"鼓浪石"石碑。

2014 年美华海滨开始人工大量填砂,鼓浪石的环境发生了变化。2014 年 9 月 1 日,我来到美华海滨摄影,结果发现这片沙滩已经开始进行人工填沙工程,从当时拍摄的照片来看,从外地运来

这是 2011 年 12 月 15 日拍摄的鼓浪石,也可以看到海潮淹到海蚀洞的痕迹。(林聪明摄影)

的沙将原有的沙滩填高,鼓浪石外的双层碉堡立在沙滩十分显眼,下面一层碉堡与上面一层高度一样,将近 2 米。

2015 年 8 月,美华海滨人工填砂完成后,鼓浪石前面的双层碉堡被填掉一层,填砂的高度约有 2 米,鼓浪石周围成了平坦的沙地。2016 年 10 月 19 日,农历九月大潮,海水也淹不到鼓浪石了,更不用说,海浪冲击岩洞发出如鼓的声响了。

由于一百多年来沙滩在海浪的作用下逐步堆高,更由于人为的因素,改变了鼓浪石周边的环境,海水都淹不到海蚀洞,更看不到浪击鼓浪石海蚀洞的景观,因此鼓浪屿岛名的由来引发人们的质疑。

甚至一段时间里,质疑鼓浪石与岛名关系的各种说法在网络上流传。有人否认鼓浪石与岛名的关系,认为鼓浪石不是天然的石洞,是福建工艺美术学校的学生挖防空洞形成的,是鼓浪屿为了发展旅游业,杜撰出来的动人故事。

那么事实真相如何呢?一张拍摄于 1910 年的鼓浪石照片,给各种质疑声音提供一种答案。从这张老照片中,可以看到两个外国人坐在鼓浪石海蚀洞口的沙滩,鼓浪石上是两个中国小孩在往远处眺望,这两个中国男孩还留着长长的辫子,清楚地表明当时的历史年代,也表明鼓浪石的海蚀洞绝对不是什么学生挖的防空洞。

1910 年的鼓浪石(林聪明翻拍)

　　厦门收藏家陈亚元给我提供了一张早年的明信片,上面用英文写着:鼓浪屿南部的鼓浪石,该岛因此而得名。这张明信片透露出这样一个不可怀疑的事实:鼓浪屿岛名和鼓浪石的关系是可以确信不疑的。

　　翟理斯,这位近代著名的外交家、汉学家,于 1878 年 4 月被从广州派到厦门任代理领事,1881 年离任。在厦门期间进行田野调

这是一张明信片,上面用英文写着:鼓浪屿南部的鼓浪石,
该岛因此而得名(陈亚元提供)

查,撰写了《鼓浪屿简史》。书中关于鼓浪屿名称的来历,翟理斯写
道:"它之所以得名鼓浪屿,是由于海浪在其西海岸某处发出一种
特别像鼓的声音。"虽没有直接写鼓浪石,但是所描述的地理方位
和声音特征是与上述岛名来历是吻合的。在该书第十二节"碑铭"
中又写道:"鼓浪屿或鼓浪屿岛相传因海浪轰激着它的海岸发出鼓
一样的声音而得名。"

在鼓浪石历史老照片和有关的文字记载面前,鼓浪石海蚀洞
是人工挖的论调不攻自破。那种认为鼓浪石海蚀洞是开挖的防空
洞,是不具备防空知识的人才会提出的假设。短距离两面透空的
洞,是起不到防空作用的。

鼓浪屿发展旅游业始于上世纪 80 年代初,而鼓浪石附近的道
路在解放前就叫"鼓声路"就是一个佐证。有人认为鼓浪石的海蚀
洞有人工扩大过,作为民兵的海防哨位,这种说法也是站不住脚
的。当年鼓浪屿民兵海防哨所主要在大德记一线,美华是驻岛部
队的驻地,据我所知,当年鼓浪屿区没有在美华设立民兵哨所,鼓

浪石海蚀洞外面被国民党当年修建的碉堡挡住视线,从军事的角度看,也不会将哨位设在那里。

　　2011 年 12 月 15 日我拍摄的照片中,原有自然状态的美华海滨,海水可以淹到堤岸,靠近鼓浪石的堤岸路面与沙滩有一米多高的落差,退潮以后的沙滩呈现自然下降的坡度。美华海滨是我们一家搬到鸡山路住时,夏天游泳的场所。天文大潮涨潮时,海水几乎快淹上堤岸的道路,遇到风浪较大的时候,海浪撞击堤岸,浪涌会冲到岸上。英雄山横卧于美华海滨的东面,山体就像一座卧佛,冬天英雄山挡住寒冷的东北季风,美华海滨不仅是理想的海滨游泳浴场,还是鼓浪屿冬泳的好地方。2014 年人工填沙改变了美华海滨的自然状况,天然的潮水可以淹没和露出的自然状态的沙滩变成了海水淹不到的沙地。

　　人工填沙前的沙滩呈现自然舒缓的坡度,人工填砂形成一大片海水淹不到的沙地,也形成沙滩突然下降的陡坡,给不熟悉海况,不会游泳的游客带来溺水的潜在危险。大量的沙在海浪和潮水的作用下掩盖了原来的滩涂,破坏了原来底栖海洋生物生存的环境,给海洋生物造成了生态灾难,这里已经看不到中华鲎了。浪涌鼓浪石的自然景观被彻底毁掉,从历史照片可以看到,一百多年前鼓浪石旁边的沙滩位置比较低,潮水每天都可以涌进石洞,海浪冲击洞穴是一种自然的常态。而人工的不当干预下,连九月天文大潮的海水都淹不到鼓浪石了,海浪冲击鼓浪石天然洞穴的景观彻底消失了。

　　鼓浪石旁原来还建有一座码头,这是位于鼓浪石旁的鼓浪别墅酒店为了方便酒店客人而兴建的一座码头,厦门轮渡公司的小渡轮可以从厦门轮渡码头直达美华海滨,内厝澳码头建好以后,这座码头就拆除了。2011 年 12 月 15 日,我拍摄的夕阳中的鼓浪别墅码头照片,如今成为一张历史照片。

2011 年 12 月 15 日拍摄的鼓浪别墅码头,此码头已经拆除

七、五个牌海滨人文风光

五个牌海滨位于鼓浪屿的西部,与美华海滨相隔一座浪荡山,圆弧形的海湾与海沧港隔海相望。南侧由一个小山包和原鼓浪屿捕捞大队建造的几千平方米的地块形成凸出部,北侧则是伸向海中的礁盘和建在礁盘上的原福建省水产研究所试验场。

(一)"旧庵河"——鼓浪屿先民最早居住的地方

五个牌海滨紧临浪荡山,海滨旁边有一块谷地,是鸡母山延伸至海滨的一部分。这个地方叫作"旧庵河",是鼓浪屿最早有人居住开发的地方。旧庵河临海处就是一个环形的海湾,浪荡山挡住西南的风浪,早年也称作"大澳内",现在习惯上称为"五个牌海滨"。据陈全忠《黄姓与鼓浪屿的开发》一文考证介绍,早年原海澄县三都贞庵村(现海沧区嵩屿贞庵村)李氏家族的渔民因避风浪来到鼓浪屿康泰路一带居住,并开垦田园,此地逐步形成一个半渔半

一弯如月的五个牌海滨浴场,蓝天白云,碧水金沙(林聪明摄影)

农的村落,时人称为"李厝澳"。明洪武二十年(1387年),李氏家族迁回嵩屿贞庵村。明成化年间(1455—1487年),原同安县角尾锦宅村黄氏家族先后有部分人迁移到鼓浪屿开发,从事农业生产,逐渐成为人丁兴旺的宗族,并在康泰路93号附近一带建立"黄氏大宗祠",堂号称为"莲桂堂",并改"李厝澳"为"内厝澳"。随着人口的增加,又在旧庵河建造供奉保生大帝的种德宫。后来内厝澳一带黄姓居民人口已有一定的数量,就在内厝澳兴建了种德宫,这里废弃的庙,就被称为"旧庵",因原有的种德宫前有一条小河,地名就叫作"旧庵河"了。

据范寿春老先生讲述,他的堂伯父1905年就居住此地,1917年他的父亲也来此居住,1932年他四岁时全家搬到旧庵河。这里水源丰富,地下泉水潺潺不停,形成小河,称为祖公河。这一带十几口水井水质很好,所以早年这里还有几户豆腐作坊和浸豆芽菜的人家。这里居住二十几户人家,养牛、养猪和种菜维生。

1986年7月10日,在旧庵河面包石下的鼓浪屿渔业公司宿舍工地上,清理了一座明代的双穴墓葬,出土了白石板墓志一方,即《名处士振山黄公墓志》,其中记载"宗人世居鼓浪,环海而戴石",黄振山生于明隆庆二年戊辰(1568年),"于天启二年(1622年)十二月二十四日巳时,葬在本屿种德宫□,坐乙向辛。"

1990年10月29日,在"旧庵河"旁的福建工艺美术学校内教育中心工地,出土了约一百公斤的宋代窖藏古钱,最早的有西汉前期的半两、五铢钱,绝大多数为宋代铜钱,年代最晚的是南宋度宗咸淳年间(1265—1274年)的"咸淳元宝"。窖藏地层之上为房屋建筑废墟,铜钱所藏青瓷瓮具有明显的宋瓷特征。

以上考古发现可以佐证,最迟在南宋咸淳时期,"旧庵河"一带就有人居住。早在隆庆之前,黄姓族人已经在鼓浪屿"旧庵河"居住开发,目前其后裔还有许多仍然居住在内厝澳一带,并有一部分迁往鹿耳礁一带居住。而且最迟在隆庆年间,这个岛屿就有鼓浪屿这个地名了。

五个牌海滨实际上就是鼓浪屿先民最早居住开发活动的区域,在我青少年时期的记忆中,这里还有菜农种植蕹菜(也叫空心菜)的菜地。由于这里有小河,主要种植的是水蕹菜,长长的菜梗,每个节都会在长出新的菜叶,菜叶鲜嫩,十分好吃,菜梗我们叫作"无缝钢管"。如今"旧庵河"不在,只剩下一个池塘了。20世纪90年代,当时的鼓浪屿区将这里的空地开辟为花圃,栽培花草苗木,叫作"西苑"。

"旧庵河"一带的居民原本不多,上世纪80年代,在各地兴办企业的热潮中,这里曾经开办过米粉厂和主要生产继电器的电器厂,属于社办企业,生产的米粉质量不错,米粉采用自然晾干的方法,当时附近的山坡到处都是晾晒米粉的架子。

经过岁月的改变,上世纪80年代中后期至90年代中期,鼓浪屿渔业公司在这里先后兴建了十一座楼房,提供给渔民和家属居住,成为岛上的渔民新村。

近几年新建的鼓浪屿内厝澳码头就在五个牌海滨的旁边,这里已经成为游客从嵩屿码头上鼓浪屿的主要码头,也是内厝澳一带居民来往厦门和鼓浪屿的渡口。这里原本人烟稀少,寂寞清净,如今由于游客的到来,成为熙熙攘攘的热闹之地。

(二)五个牌海滨的历史记忆

五个牌海滨也记录着帝国主义列强侵占鼓浪屿的历史,厦门成为五口通商口岸后,厦门海关和港务的大权纷纷落入外国人之手。1875 年日本向厦门派驻了领事,开始了对厦门、鼓浪屿的侵略。1894 年中日甲午战争以后,日本借 1895 年签订的《马关条约》割让台湾和澎湖列岛之势,以战胜国自居,1896 年未得任何人许可,就将强购的鼓浪屿"五个牌"一大片山坡地作为日本人墓地。

鼓浪屿是一个典型的"麻雀虽小五脏俱全"的小社会,岛上的墓地除了当年洋人建造的"番仔墓"以外,在鸡母山还有基督教徒墓地和传教士墓地,主要的坟山就是燕尾山和位于五个牌海滨旁边的浪荡山了。浪荡山不仅是坟山,当年还有火葬场,位置在今天五个牌海滨中部浪荡山的半坡处,我曾经在这里看过送葬队伍,抬的是一种下宽上窄方形,闽南话叫"龛"的棺木,死人装殓采取坐姿,抬到这里火化。1966 年,"文化大革命"开始时,这个火葬场还在使用,上世纪 70 年代初,火葬场就关闭了。

从上世纪 60 年代到 80 年代,鼓浪屿岛上的覆鼎岩、美华、五个牌曾经是岛上部队和民兵实弹射击的训练场所,五个牌射击场是最后一个射击场。五个牌海滨由于地形的限制,只能在岸边往海里建造延伸的三个平行的堤坝,每个堤坝之间间隔 50 米,这个靶场可以实施 100 米、150 米和 200 米距离的射击训练,还可以进行 25 米的手枪射击训练。射击训练是个苦活,又是个细活,又是民兵的军事基本功。当年我们在这里留下了许多的汗水,不仅在这里进行过不同科目的射击训练,还进行过 12.7 高射机枪的射击训练和实弹射击。在当年那个两岸军事对峙的特殊年代,民兵是胜利之本,为了保卫海防,我们不拍风吹雨打,烈日暴晒,苦练军事本领。如今每当走到五个牌海滨,眼前就会浮现出当年民兵训练的场景,那是一个难以忘怀的火红年代。

(三)王仔添石窟与鼓浪屿海滨的采石场

鼓浪屿是个风光秀丽的小岛,形成如此绝佳风光的一个要素,就是岛上的花岗岩球状地质景观。鼓浪屿的日光岩、鸡母山、笔架山、覆鼎岩、印斗石、鹿耳礁、鼓浪石、观彩石等著名景观,无不与花岗岩球状地貌密切相关。

从地质学的角度来说,鼓浪屿和厦门万石山的花岗岩景观属于普陀山式花岗岩。这类花岗岩景观以海蚀风化作用为主,以大型球状风化丘陵和多种石蛋、柱状石林和石峰造型为多。还常常有一些石蛋垒砌的造型,也是花岗岩地貌旅游景区的重要景观。从鼓浪屿的历史老照片可以看到,一百多年前,海滨之处和山野空旷地带到处可见不同形态的球状花岗岩地貌。这些地貌景观不仅给今天的鼓浪屿提供许多著名景观,历史上也提供了可供开采的丰富的花岗岩资源。

我非常喜欢在退潮的时候拍摄日出日落的海滨风光,从 2011 年开始至今,整整八九年的时间,一年四季春夏秋冬,我走遍了鼓浪屿海滨的每一个角落,看到覆鼎岩海滨、大德记海滨、田尾海滨、港仔后海滨、美华海滨、五个牌海滨和燕尾山海滨一带到处都有开采花岗岩石材留下的遗迹,甚至在不少地方是潮水最低潮位才能开采的,也留下历史上开采石材的痕迹。而且当年石材的开采全部依靠人力,尤其是天文大潮退潮的时间是十分有限的,在这样的条件下进行石材开采,是一幅何等辛苦壮观的劳动场面。当年具体开采的情况很少有文字的记载,听有的老人讲,鼓浪屿当年开采的石材除了供应本岛建设之需,甚至有通过船运卖到台湾的。

关于历史上鼓浪屿花岗岩开采的情况,我在阅读李启宇先生所著《厦门史料考据》中《池显方与厦门名胜》一文看到,明天启三年(1623年)冬,时任福建巡抚南居益和福建总兵谢仪隆在池显方的引领下游览鼓浪屿,南居益和池显方各留下两首五言律诗,这是迄今发现最早吟咏鼓浪屿的诗篇。《晃岩集》刊载了池显方两首律诗,其中一首:"残石伐将尽,惟余一古邱。烟开生远岫,潮至乱平畴。去岁如遭虎,今年再狎鸥。全凭藩屏力,吾得卧沧州。"当时登临鼓浪屿的池显方发现鼓浪屿由于乱采石已经面临的危机,发出保护鼓浪屿的石头景观的呼吁。

明洪武二十年(1387年)江夏侯周德兴经营福建沿海防务时,秉承朱元璋"去海守陆"的旨意,强行将鼓浪屿和近海岛屿的居民迁入内地,在长达八十多年的历史中,鼓浪屿成为无人的荒岛,成为海盗出没的地方。明成化六年(1470年)朝廷重新允许老百姓定居鼓浪屿,当时的鼓浪屿除了三丘田、田尾和内厝澳有少许耕地外,到处都是花岗岩石头,鼓浪屿成为一个采石场。池显方做了一首五言古风,题为《鼓浪屿》,对采石一事进行笔伐:"一日凿一卷,十日成一窟。造砌及修碑,尽在此中伐。至今数百年,剥尽无肌骨。白石有何辜,频遭黔黥罚?"清乾隆二十八年(1763年)的《泉州府志》仍有记载:"鼓浪屿在嘉禾屿……漳、泉用石多采于此,今浮石渐尽。"从1869年和1880年拍摄的鼓浪屿早年的历史照片,还可以看到鼓浪屿的山坡上还是有不少露出地表的花岗岩,随着鼓浪屿的开发建设，一些花岗岩也被开采用于道路和房屋的建造，位于笔架山麓著名的"重兴鼓浪屿三和宫摩崖石刻"的巨大的石壁上至今还留存当年开采石头的痕迹。

可能鉴于当年鼓浪屿花岗岩石材开采的严重状况，1903年，鼓浪屿工部局制定的《鼓浪屿工部局律例》规定，不能在鼓浪屿开采名胜石。鼓浪屿风景岩石才避免被进一步开采破坏。

这是当年王仔添石窟前低潮位时的海滨，临水处就是开采的花岗岩遗址（林聪明摄影）

从历史资料看，当年鼓浪屿有过两家由华侨创办的石雕厂，在五个牌海滨就有华侨王仔添当年创办的石雕厂的遗址，人称"王仔添石窟"。王仔添是印尼华侨，本名叫王有才，人称"打石师"。20世纪初，王仔添从印尼回国，正赶上鼓浪屿成为公共租界后，进入一个开发建设的时期，各种建设都需要大量的石材，王仔添就在浪荡山的西南部投资买地建造工房，招收惠安打石工匠，开办石雕厂，在鼓浪屿开采花岗岩条石，提供给建筑商，用于道路建设、修筑海滨驳岸、修建山体护坡；打造石雕产品，用于房屋台阶、门楼门柱和坟墓的石件。在今天浪荡山西南端延伸入海的小山坡处还有当年开采石头的石窟遗址。在"王仔添石窟"遗址前面的海滨,我们称为"大珠"的海中礁石旁边,当年在退潮的海滨开采花岗岩条石的遗址还清晰可见,这应该就是当年王仔添石雕厂工人开采石料的遗迹了。

(四)王其华兄弟与福建硝皮厂

我小的时候,到蛏蚍埕挖蛏蚍时,听老人说起蛏蚍埕附近原来有家"牛皮厂"。后来才知道,这就是缅甸华侨王紫如、王其华和其他人合股兴办的福建硝皮厂,办厂的地址在五个牌海滨"祖公河"与蛏蚍埕交界的临海处。

关于福建硝皮厂,鼓浪屿文史资料涉及不多,就是不久前出版的《鼓浪屿华侨》一书也是简要介绍。前不久,我找到了王其华的孙子王思元和王思敏,经过详细访谈,并依据他们提供的1950年7月,王其华《厦门福建硝皮厂股份有限公司业务报告书》,才进一步了解了一些详细情况。

王其华出生于1888年,卒于1959年,享年71岁。王其华和其兄王紫如因在鼓浪屿创建了菜市场、鼓浪屿戏院和福建硝皮厂而成为鼓浪屿人普遍知晓的华侨。兄弟俩是福建惠安人,大约在1900年左右前往缅甸讨生活,两个兄弟到缅甸仰光也是从做拉黄包车的苦力开始的,两人不仅有力气,而且很勤劳打拼。经过兄弟俩的努力,自己开了黄包车车行,在打拼奋斗的过程中认识了英国人,而当时缅甸是英国的殖民地,仰光是英国人在缅甸的统治中心,所有资源都在英国人手中,他们从英国人手中获得控制黄包车和汽车牌照发证的权利,开始是黄包车,后来连汽车的车牌都是由王家发证的,基本垄断了整个仰光的黄包车和汽车经营的市场。

缅甸华侨王其华先生(1888—1959)
(王思元提供)

据王思元讲述,仰光有一条街名叫作"十五条街",当时的"十五条街"有很多的货栈,整条街的生意都是王氏兄弟的,所以要有管账的,全国人大原常委会副委员长王汉斌的父亲,当年就是管账的先生。王思元说,王汉斌与王其华是同乡,他的父亲就是我们家在缅甸的管家,就是因为这层关系,王汉斌来厦门三次,鼓浪屿菜市场才能按照政策还我们一部分。20世纪二三十年代,陈嘉庚等许多华侨回到国内投资建设,这个时期也是鼓浪屿建设发展的黄金时期,王紫如和王其华兄弟就来到鼓浪屿参与投资建设。王紫如和王其华两个兄弟始终没有分开,王紫如主要在国外,王其华在国内,所以王其华担任福建硝皮厂董事长,他在民国时期还担任过福建省参议员。

根据王思元讲述,他爷爷王其华是1924年左右回到鼓浪屿投资建设的,先在鼓浪屿"番仔墓口"对面建了几座红砖楼,也在田尾建有房子。后来主要把钱投在建设菜市场和戏院上了。听说原来越南华侨黄仲训先生考虑建设鼓浪屿的菜市场,是法国人支持的,但是鼓浪屿当时是英国人控制的,所以王其华兄弟与鼓浪屿工部局立约签订合同,获得建造菜市场的许可。

鼓浪屿旧菜市场这里原有一条河,后来鼓浪屿黄姓族人就逐步填平成地,才有大河墘、河仔墘和大沟墘旧地名的叫法。从王家保存下来的当年买卖土地和物业的 11 份契证,可以清楚地看到,王紫如和王其华于民国十七年正月,首先向黄源生购买土地面积 170.63 方丈,支付龙银 27300 元。

随后,又于民国十八年三月和五月,王紫如、王其华分两次向林尔嘉的长子林景仁购买龙头河仔墘旷地 33.6 方丈,支付龙银 6552 元。

王紫如、王其华向黄源生和林景仁购买 204.23 方丈土地,支付龙银 33852 元,经将该地段全部与工部局立约签订合同,盖筑二层半戏院菜市全座及海坛路店屋 11 间。民国二十三年十二月,王紫如和王其华又将土地和物业转到以王如华为名的"如华公司"手中。

从以上原始契证等历史资料考证,鼓浪屿菜市场和戏院建设时间应在 1928 年 1 月以后,全部建好时间当在 1929 年 11 月之前。

福建硝皮厂的创建时间是 1931 年,王其华虽对化学工业缺乏经验,但认为中国皮革工业尚属幼稚,国人对工业投资缺少认识、习惯和兴趣。在开创之始,首先需要训练技术工人,然后实地试验推销,若非数年难以决定成败。

福建硝皮厂初期资本额仅大洋五万元,厂房、机器、工具等不动产占其最大部分,后来几次重组扩大资本金,从报告书所附的《福建硝皮厂股份有限公司股东芳名录》看,公司总股份为 5266 股,每股 20 元,总计股本 105320 元。分别记在 48 人名下,持股较多的有:王省娘 500 股,计 10000 元;许文麻公司 475 股,计 9500 元;王其华、王紫如兄弟各 250 股,计 10000 元;王清水 416 股,计

8320 元；吕兆清 280 股，计 5600 元；王其生、王文生、王汉元各 250 股，各 5000 元。股东中不少是王姓和许姓，不排除有分拆股本的操作，其中一部分股本实际上为王紫如、王其华兄弟和许文麻所有，王氏兄弟和许文麻是实际上最大股东。

公司创办四年，王其华始终未敢参与筹划和管理。1933 年春，王其华南渡香港会晤许文麻先生，告知创办福建硝皮厂的初衷，并认为吕兆清是我国先进的皮革专门人才，品格优秀，苦心进取，应加以扶持。我国工业落后，经济崩溃，前途暗淡，应该积极提倡以发展国民经济与国防资料。王其华深感公司创办数年来，因资金短缺而周转不灵的问题。后来进一步增资贷款至八万余元，公司的运作仍然感到拮据。

王其华从香港回到鼓浪屿后，邀请经理陈柏廷，技师吕兆清，查询关于主要产品制造时间、成本及产销情况。了解到，一是面皮制造时间约一个月，成本每呎二角七分，售价五角五分，不仅客户争相购买，而且市场销量大，存在的问题是没有采取措施增加产量；二是底皮生产时间约八十天，每磅成本三角五分，售价五角，销售量仅每日二三条，而日产量在十条以上，供过于求，积存的底皮多达千余条，造成资金积压的现象。

经过研究，决定改变产销方针：一是底皮生产时间过长，且无利可图，应减少产量，并将积存的货物削价出售，收回货款，以便灵活运用。二是面皮出品时间短，销路阔，利益厚，应该扩大产量。吕兆清技师按照上述方针实施，将积存的底皮赶制完成，并以每百磅 45 元大批运销闽南汕头一带，不到数月就售出千条，然后陆续采购汉口小皮干，每批三五百条不等，并扩大面皮的产量，每日二三十条，行销顺利，业务顿有起色。但由于大量购进 2200 多条生皮，适逢春季雨湿，没有经验，保管不妥，被虫蛀损失 700 条，导致损失很大。

1937年2月,王其华赴仰光。不久抗日战争爆发,1938年5月厦门沦陷,厦门与内陆交通阻塞,生皮来源中断。王其华从仰光先后供应福建硝皮厂3600多条皮干,解决生产的原料之需。到1941年太平洋战争爆发,日本占领鼓浪屿,工厂停工之时,工厂还存在丰富的货源,而销售的单价飞涨高达数倍,数年供应销售,获得很大的利润。可惜当年陈柏廷经理只知投机取巧,将工厂资金拿去购买一部分店屋,对工厂则丝毫未加照顾,致使厂房木料及工具尽被白蚁蛀伤,几无一可用,使十几年之心血,尽付东流,此事令王其华十分痛恨。

1942年初,日本侵占马来亚后,开始入侵缅甸。1月30日,日军攻克缅甸东部重镇,随后分两路继续前进,3月8日占领仰光。日本占领缅甸时,王其华全家都回到惠安老家。1945年冬厦门鼓浪屿光复后,王其华从惠安回到鼓浪屿,查询陈柏廷经理关于硝皮厂经抗战后的影响及今后计划。陈经理提出要将历年购置的数座店屋卖掉,将钱归还股东,解散工厂。

1946年1月,吕兆清技师由菲律宾来信查询硝皮厂情况,表示如厂房机器尚存,准备回国共商硝皮厂复兴之策。当时,多数董事和股东陆续返国,抵达鼓浪屿召开会议,决定几个事项:一是请吕兆清速回国,共商进行事宜;二是店屋先招售一座,作为流动资金。同年夏天,许坤耀返回鼓浪屿,主持硝皮厂一切事务,吕兆清随后回国。

1946年7月15日,福建硝皮厂召开股东大会,做出几项重要决定:一是原旧公司资金75000元,重新估值为资产港币75000元;二是旧股东进退股,限一个月登记,有优先参与权,并吸收新股东;三是新公司资本总额,定港币105000元;四是由王其华任新公司董事长,并兼经理之职,以整顿并筹划一切。决定公司于1948年1月1日正式恢复开工,并与吕兆清技师重新拟定今后三年兴厂计划。在生产规模和质量上,第一年要求日产5～10条,着重质量和市场推广。第二年产销量从每天10条增至下半年20条,质量并重。第三年增加新式机器,提高产品品质标准,以争取更大市场,对国外试行推销,争取国外市场。

1949年上半期,吕兆清亲自负责厂务及领导技术工作后,正常出品共六七个月,品质优美,到处受到顾客欢迎,市场声誉颇高。五月间,厦门最大的皮商立元皮行,愿意以市价代为推销福建硝皮厂的各种产品。福建硝皮厂与立元皮行订立代理合同,并获得押金港币1万元,以1/10为代理佣金。随后,公司着重增产与广辟市场,大量收购生皮、原料,接续赶制,以应冬季旺销之需。除在闽南大量收购外,并请吕兆清亲赴上海选购优良汉口生皮干。

然而时局却发生了重大变化,1949年5月27日上海解放,上海到厦门的交通断绝。此时,公司在汉口已经购买400余条皮干,生皮购存量有700余担,约1700余条。如果十月以前全部完成加工,预计收入8万元以上。因感到时局紧张,工厂停止采购生皮原料,抓紧加工。到八九月时,厦门鼓浪屿已经进入战争状态,此时积存生皮,经赶制完成约1200条,半成未成者约500余条,大部分货物无法销出,且货价大跌,仅及成本的半数而已。又因工厂所处的五个牌海滨位于嵩屿对岸,成为战场最前线,为解放军和国民党军队必争之地,迫不得已停止工作,并且耗费巨资抢运迁移,将器材和药品转移到菜市场空屋存放。工厂遭到国民党军队的破坏,又在鼓浪屿的争夺战中遭到炮火摧毁,厂房被摧毁二十余方丈,药池被毁二十余座,药料尽弃入海中。未加工完而成半废者近百条,估计损失不少于港币1万元。

解放初期,厦门市场日缩,购买力骤为降低,货价狂跌。立元皮行虽尽最大的努力与牺牲争取市场,但无法挽回劣势,损失奇重。解放后八个月原来应产销五千余条,但却产销全无,开支如旧,使公司负担加重。

在这种困难境地,王其华顾念故友之委托及各股东之借重,始终不忍放弃义务责任,仍勉力苦心支持,竭尽所能以付,并到处向亲友贷款,以渡难关。但是因为金台仍未解放,台湾市场交通阻滞,销路日益缺乏,造成资金拮据,周转不灵。恢复邮路后,各股东曾先后来信,表示难以支持。公司为了保存原有的工业基础,申请暂时歇业谋求进行再度改组。

解放初期,人民政府贯彻扶持民族工业的政策,对福建硝皮厂创建历史和优异成绩相当称赞,从省实业厅,到厦门市工商局及有关单位,均曾多方协助,期望公司能继续生产,并拟给予公司信用贷款,协助销售等措施。但是,有关部门经过数月调查研究和讨论,深入了解公司的现实困难后,最终于 1950 年 5 月 4 日正式以批字第 11 号,批示准予暂时歇业六个月,以便进行再度改组。福建硝皮厂依法于 5 月 15 日为正式歇业日期,并积极办理相关事宜。

随后,福建硝皮厂依法遣散一部分职工,以减少开支。同时,积极清点资产办理三年营业结册,分送各位股东查照,并结束本公司业务。

王其华在负责公司业务两年多时间里,未敢任用一个私人亲友,始终未领取一毫薪饷,倾注了全部精神和资力,广为借贷港币 3 万元用以支持工厂的发展,就是希望所办企业能够渡过难关,有所成就,保存有利国计民生的民族工业,希望福建硝皮厂能永远存在鼓浪屿,为民族工业发展贡献力量,表现了一个华侨对发展民族工业的拳拳赤子之心,也体现了当时华侨兴办民族工业的艰难探索和奋斗之精神,其情感人至深。

从 1947 年 12 月至 1948 年 12 月的《福建硝皮厂股份有限公司损益计算书》,我们可以详细了解工厂的生产规模和经营状况。总营业收入 115170.2 元,营业用款总额 122577.3 元,全年经营亏损 7407.10 元。

1949 年 1 月至 1950 年 8 月 17 日的《福建硝皮厂股份有限公司损益计算书》,总计营业收入 120364.49 元,营业用款总计支出196830.42 元,全年亏损 76485.98 元。

《福建硝皮厂股份有限公司资产负债表》(1947 年 12 月至1948 年 12 月)资产之部与负债之部均为 165260.72 元。

《福建硝皮厂股份有限公司资产负债表》(1949 年 1 月至 1950年 8 月 17 日)资产之部与负债之部均为 191978.03 元。

福建硝皮厂是当时全省唯一一家皮革生产企业,由于生产的皮革质量好,主要供应福建、台湾的皮鞋厂商,并曾一度试销国外市场,准备进一步扩展国外的市场。

福建硝皮厂到 1951 年就没有什么生产了,生产资金不足,王其华要到国外去筹集资金,政府动员王其华让儿子回来主持厂务,王其华回到缅甸,1959 年在缅甸去世。当时王其华的长子王文水在台湾管理福建硝皮厂在台湾的批发部,只好放弃台湾的业务,经香港乘船回到鼓浪屿。

当时政府要发展民族工业,1956 年公私合营,王文水担任副总经理,总经理由政府派的共产党员担任。福建硝皮厂就是厦门皮鞋厂的前身,后来才搬迁到厦门岛。现在的五个牌海滨已经找不到当年福建硝皮厂的任何痕迹了。

（五）福建水产研究所鼓浪屿试验场

在五个牌海滨的右侧,有一大片往海中延伸的礁盘,礁盘上面至今仍保存着一些建筑物,建筑物之间有一个用花岗岩石材筑堤形成的海水养殖大池,这个就是福建省水产研究所的鼓浪屿实验场。

1957 年 1 月 22 日,福建省水产实验所在鼓浪屿正式成立,办

福建省水产研究所的鼓浪屿水产养殖试验场养殖池（林聪明摄影）

公地点在内厝澳路 119 号。

1959 年 9 月 3 日，更名为福建省水产科学研究所。1975 年 2 月 18 日，正式更名为福建省水产研究所。福建省水产研究所隶属福建省海洋与渔业局，是一个公益型、多学科、综合性的省级海洋与渔业研究机构，也是一所水产学科齐全、技术力量雄厚、学科特色与优势明显、科研综合能力较强的研究所。

福建省水产研究所鼓浪屿实验场坐落于鼓浪屿五个牌海滨，占地面积 15 亩，始建于 1957 年。建场以来一直作为福建省海水养殖新品种的苗种繁育、养殖技术实验、水产病害防治研究的重要基地。2000 年以来还承担了我省大型抗浪网箱及海水分级利用等海洋渔业工程实验任务，近年在该实验场开展了"休闲渔业研究"项目。有段时间，厦门市还将受伤需要治疗的中华白海豚送到鼓浪屿试验场，沉寂很长时间的水产实验场又再次受到社会的关注。历史上鼓浪屿实验场对我省以及厦门海洋与渔业经济的发展发挥着积极作用。可惜的是,随着位于内厝澳的福建省水产研究所搬迁到厦门,现在这个水产实验场基本上空置,没有再发挥作用,成为鼓浪屿曾经是福建省水产研究重镇的一个历史见证。

八、内厝澳坞内海滨人文风光

内厝澳坞内海滨是位于燕尾山和兆和山之间的一个很大的海湾,其形状犹如一口大锅,锅的左侧是兆和山,锅的右侧边沿靠着燕尾山,锅底靠着今天康泰小区大门前的马路。与1880年拍摄的鼓浪屿老照片比对,由于几十年来的填海造地,今天从笔架山上的观彩石俯瞰坞内海滨,只剩下一个不大的海湾。退潮以后的坞内海滩往东延伸与燕尾山海滨滩涂相连。

1880年从笔架山观彩石附近拍摄的照片。左侧是兆和山,右侧是燕尾山,中间大片的滩涂是俗称"坞内"的海湾,海上可见猴屿和大屿岛一部分。当时这一带都是农田和少量房屋

内厝澳的这片海湾,老鼓浪屿人称作"坞内",这一地名可能与

海船可以在这里避风停泊有关。早年厦门有五大澳,鼓浪屿澳是其中之一。清康熙二十二年(1683年),清政府开放海禁,闽海关设福州、厦门两个"正口"。厦门正口辖有厦门港、排头门和鼓浪屿三个小口,也叫"青单口岸",就是验货点。鼓浪屿小口就设在内厝澳,并设饷馆一所,检验石码、海澄及漳属各地小船货物,征收税款充饷。

坞内海滨由于地域比较宽阔,又临海,有海上交通的便利,历来是鼓浪屿工厂的创业之地,在此有过厦门机器制造公司、厦门淘化罐头食品有限公司、厦门兆和罐头食品有限公司、厦门造船厂鼓浪屿车间、厦门玻璃厂、厦门灯泡厂等企业,在此曾演绎了鼓浪屿企业的兴衰史。

位于鼓浪屿坞内海滨燕尾山下的鼓浪屿机器公司,山上的巨石就是"僧帽石"(林聪明翻拍)

坞内海滨是鼓浪屿淘化罐头食品有限公司和兆和罐头食品有限公司的创办地。1908年,鼓浪屿淘化有限公司创办于鼓浪屿燕尾山麓,公司的创办由陈天恩发起倡议,黄廷元、廖悦发、章永顺、陈金芳、杨格菲等人支持,集资股本一万五千银圆,除酿制豉油,生产酱品、酱料外,后又收购一位美国牧师位于五个牌的附近的奶牛场,兼营牛奶业务。淘化公司的产品有散装和瓶装,主要生产酱油、菜心、酱瓜、果品、鸡鸭、牛肉和水产品的罐头,供应本地市场。1911年,该公司的酱油产品在德国柏林国际博览会获奖,随后又在巴拿马国际博览会获奖。1913年,公司聘请美国罐头制作工程师,购买全套自动化制罐机器,所制作的菜类、瓜类、肉类、豆类罐头远销南洋和欧美各国。1914年公司增资至337500银圆,并于1922年前往浙江设立分厂。

由于公司董事会与经理在经营方向和出口业务方面产生意见分歧,以杨格菲为首的部分股东退出淘化公司,与殷雪圃、郑柏年等人合作,投资25万元,于1913年在虎头山下成立大同股份有限公司,黄世金任董事长,杨格菲任总经理,生产的产品和市场营销的覆盖面与淘化公司形成激烈竞争。经厦门商会大佬出面斡旋,经过多次谈判,1927年最终达成协议,合并为厦门淘化大同股份有限公司,公司统一管理,增资入股,扩大生产,提升质量,深受社会好评。

1928年,淘化大同公司正式于香港成立,设厂制造豉油。为纪念公司发源地,淘化大同将其英文名称定为Amoy Food,其中Amoy就是厦门的英文旧称。

1938年5月10日,日本侵略军攻占厦门,厦门沦陷后,十几万难民涌入鼓浪屿避难。为了解决难民的生活问题,淘化大同公司在内厝澳的工厂开动生产线生产酱菜,员工连夜煮粥,挑到黄家渡临时避难所和难民所在地,赈济受难的同胞。由于日军占领厦门岛,1938年,公司决定将总部迁往香港,同年7月在香港注册淘化大同有限公司,首任总经理郑炳伦。留在鼓浪屿的厂房和设备在1941年12月太平洋战争,日本占领鼓浪屿后,基本损失殆尽。

位于鼓浪屿内厝澳坞内海滨的鼓浪屿淘化大同罐头食品厂
（林聪明翻拍）

虽然，淘化大同公司再也没有在鼓浪屿和虎头山下恢复生产，但是老鼓浪屿人都知道，当年鼓浪屿燕尾山麓的坞内海滨就是淘化大同公司的所在地。

在坞内海滨的另一侧，有座小山包，原来叫作"大石尾山"，后称作叫兆和山。1927 年，印尼华侨黄奕住的长子黄钦书与陈荣芳、郑柏年等人集资 30 万元，在此创办兆和罐头厂，生产的产品与淘化大同公司的产品基本类同，产品行销印尼等地。1940 年 6 月 17 日，兆和罐头厂经理陈清保参加抗日秘密情报工作，设在厂内的地下据点遭日本领事馆警察署破坏，惨死 30 多人。兆和罐头厂因而破产。

解放以后在坞内海滨，靠近燕尾山一侧是厦门造船厂鼓浪屿车间，这个造船厂的鼓浪屿车间占地面积很大，从今天鼓浪屿环岛路靠近燕尾山生态公园路口附近的碉堡旁边，沿着当年的海岸线往北一直延伸至现在的内厝澳路与康泰路交界的地方，在这里与厦门玻璃厂相邻。这个造船工地包括与陆地相连的一大片滩涂和水域。在陆地与滩涂之间有几座高高的造船的厂房，在滩涂中竖起杉木，围成一圈方形的木栅栏，里面有许多从海上运来的造船用的木料，我的几位中学的同学就在厦门造船厂的鼓浪屿车间工作。早年这里主要建造木船，后来也建造钢壳的船舶。

与厦门造船厂鼓浪屿车间相邻的厦门玻璃厂，靠着造船厂临海一侧有座两层建筑，这是当年厦门玻璃厂夜班工人的宿舍。对面就是玻璃厂的食堂，这个食堂我是很熟悉的。1971年年初，我们二十几位从中学毕业被招收到鼓浪屿小学当教师的同学，尚未分配到学校工作时，被集中在鼓浪屿区委办公楼旁边的一座小楼办学习班，二十天除了政治学习以外，每天都要到厦门玻璃厂劳动，而且是直接顶替工人到玻璃瓶流水生产线工作。上班的时候都是在玻璃厂的食堂吃饭，早上吃稀饭，十八岁的我刚在长身体，饭量特别大，早饭二两稀饭大约是当时流行的大陶瓷缸二分之一多，经常要吃四两稀饭才够。中午是干饭和简单的菜，有一大桶免费的汤，实际上就是开水加上一点咸菜，我们称之为"补血汤"。

厦门玻璃厂的大门早年在现在康泰小区旁边的斜坡顶，右侧当年就是临海的地方。厦门玻璃厂是"大跃进"时代创办的，当年我母亲就是这家工厂的工人，到了1962年母亲被精简回家。1970年，母亲作为计划内长期临时工被再次招收入厂当工人，主要工种就是在原料车间当加料工。玻璃、纯碱和石英砂都是生产玻璃的原料，根据生产的要求要往窑炉里面添加原料，这是一份又重又脏又累的工作，尤其是添加纯碱时，纯碱粘在皮肤上经常使浑身发痒，又红又肿。母亲生病时，我的弟弟会到玻璃厂顶替母亲干活。母亲工作到1979年，为了让我大妹妹补员到玻璃厂工作，连续工龄未满十年就办理退职手续回家，当时每月退职金20元。所以，我的大妹妹也成为厦门玻璃厂的一名工人。

厦门玻璃厂是个一千多工人的国营企业，主要生产供应厦门酒厂、厦门鱼肝油厂等企业包装使用的各种规格玻璃瓶,也生产过玻璃杯。我在鼓浪屿区工作时,上世纪90年代,党的建设工作实行属地化管理,厦门玻璃厂、厦门灯泡厂和厦门第三塑料厂党建工作都归属鼓浪屿区委管理,我担任区委常委、宣传部部长时,经常到厦门玻璃厂和厦门灯泡厂进行理论授课,对这两个国营企业的情况是比较熟悉的。随着鼓浪屿工厂企业的搬迁,也由于企业的转型,厦门玻璃厂和厦门灯泡厂这两个位于鼓浪屿坞内海滨和蚝蚬垵海滨的国营企业都合并到厦门通士达公司,鼓浪屿厂区的厂房和窑炉全部拆掉,改造成十几万平方米的绿地。

九、燕尾山海滨人文风光

燕尾山坐落在鼓浪屿岛的西北部,从空中鸟瞰其山势如燕尾伸向海中而得名。燕尾山在清朝有报时的午炮台,1898年美国归正教会的传教士郁约翰在燕尾山旁的河仔下创建了鼓浪屿救世医院。厦门海关理船厅也坐落于此,老鼓浪屿人称为"总巡公馆"。燕尾山原本是一座坟山,上世纪90年代将坟墓全部清理,在此建设一个生态公园。燕尾山海滨是岛上唯一保存自然生态的一段海滨,这里有金色的沙滩、广阔的滩涂、交错起伏的礁盘和浅滩,与厦门岛和海沧隔海相望,在此可观赏夕阳,可隔海品读夜景。这里已经成为婚纱摄影的一个重要场所,也是垂钓和讨小海的海域,特殊的地理位置和特殊的地貌使之成为海洋休闲的理想之地,逐步成为旅游者感受海岛风光的风景地。

(一)少年时代的生活与童趣

位于鼓浪屿北部的燕尾山原来是鼓浪屿最大的一个坟山,山上的树木主要是一些相思树和木麻黄。这一带的地形我是十分的熟悉，因为上世纪五六十年代，我几乎每天都要背着竹篓子或者麻袋，拿着扒树叶的竹耙子和勾枯树枝的竹竿钩子，上山捡拾柴草。当年做饭煮菜用的是柴火灶，柴草都是上山捡拾的。燕尾山、笔架山、英雄山都是我们柴火的来源地，最主要的还是燕尾山。

　　当年的燕尾山，是居住在三丘田和四丛榕一带的孩子捡拾柴草的主战场，早起的鸟儿有虫吃，这话一点不假，捡拾柴草的人多，你迟一步柴草就被人捡拾走了，山坡上比现在的保洁员打扫的还干净。所以，我现在走在鼓浪屿的山上，看到满地的柴草，很自然就浮现出当年上山捡拾柴草的情景，心里在说，要在当年看到这样的情景该多高兴啊！为了捡到烧火的柴草，我还曾经摇着船到大屿岛，那可是满载而归的。

　　燕尾山有我的许多童年的回忆，每当春暖花开以后，山上草木葱茏，满山坡长满一种开着淡紫色小花，由三个倒心形小叶片组成的叶子，一根细长的叶柄扎入泥土的"咸酸甜"草，这种草放在嘴里嚼，汁是有点酸甜，所以我们叫这种最不起眼的小草为"咸酸甜"。这种草的学名叫"红花酢浆草"，也叫大酸味草、南天七、夜合梅、三夹莲、紫花酢浆草。这种草的根，能够长出一块根茎，可以吃的。我们在山上玩时，口渴了就挖出来吃。这种开着淡紫色小花的草还是我们的玩具，在草丛中挑选出长得比较粗壮的草，从叶部底下将叶柄里面的干剥下，只留一条草茎的皮，两个人各拿一根，将两根草茎相交，看谁的草茎断了就是输了。这就叫作就地取材，找乐子，也是我们这代人才会的玩法。

　　接近夏天的时候，野地里生长的带刺的"虎莓草"，长出一颗颗熟得发红的"虎莓"时，可是我们大饱口福的时候了。我们才不管这棵"虎莓草"是长在墓地，还是长在石头缝里，我们看好的就是可口的"虎莓"成熟的果子，嘴馋时，边摘边吃，多余的就拿回家，井水洗一洗,吃得多么的开心。

夏天到了,燕尾山红楼旁有几棵开满黄花的树,花朵引来了许多的"金龟子",我会爬上树,将停在花朵上的金龟子抓获,拿回家在金龟子的头颈处系上一根缝衣服的细线,牵着金龟子飞着玩上半天。

(二)燕尾山海滨的历史记忆

19世纪后期,厦门海关理船厅在燕尾山山坡顶处,设置了一门"雾炮",就是为了遇到大雾天气,进港船只看不清楚航标和灯塔时,鸣放"雾炮",警示和指引船只进港。后来又将"雾炮"的作用扩展,每周六中午12点根据厦门海关钟点鸣炮两响,让海关理船厅职员和鼓浪屿岛上老百姓校正时间。鼓浪屿申遗时,在燕尾山坡顶立了一个文物保护的石碑、制作了一堵铁皮的墙,墙上有一张当年燕尾山午炮台的历史照片,地上安放了一门古炮,作为燕尾山午炮台的遗址展示。

现在修建好的燕尾山生态公园和午炮台遗址平时游客很少,满眼绿色,是一个休闲的好地方。站在山坡上,往西眺望可见鼓浪屿西部海滨和海沧的风光。

燕尾山西侧靠近原来厦门造船厂鼓浪屿车间围墙的山坡上,有一个很小很小的坟头,一块小小的花岗岩上刻着"陈木发之墓",那是我的大舅的墓,以前每当清明节,我就要跟随母亲来给大舅扫墓,我在燕尾山捡拾柴草时,也经常经过大舅的坟头看一看。我妈说,陈木发是家中的大哥,大约出生在1915年,从惠安来到鼓浪屿,在交通船当船员。在社会交往中有一些朋友是结拜兄弟,和朋友一起有照相合影。1941年12月,日本偷袭珍珠港,太平洋战争爆发后,日本占领了鼓浪屿。大约在1942年,陈木发的一个朋友

1924年拍摄的位于燕尾山的鼓浪屿信号炮,因每天中午12点发炮,也称为午炮(林聪明翻拍)

在鼓浪屿龙头路打了仗着日本人势力欺压百姓的台湾人,打死一人打伤一人,朋友就逃亡跑了。朋友在逃亡时没有告知其他兄弟,日本人就按照片上的人抓捕,大舅陈木发就被日本人抓走了,抓到哪里都不知道。八九个月以后,家里人才打听到,大舅被关在厦门的凤屿监狱,判了5年监禁。在监狱中被日本人毒打,灌肥皂水,全身水肿,无法医治,叫我们家里人去领时,人已经不行了,回家没几天就去世了,死亡的时间是1945年九月初六,埋在鼓浪屿燕尾山。2015年,抗日战争胜利70周年时,厦门华侨工学院的老师和同学到家里采访拍摄录像时,讲到伤心处,我妈哽咽不能言语,还是我对着镜头将这段国恨家仇的历史往事进行讲述。

现在的燕尾山发生了很大的变化,1997年,厦门市殡葬管理所发布通告,将这里的坟墓全部迁走。上世纪90年代末期,燕尾山还作为垃圾填埋场,后来改造成燕尾山生态公园。现在鼓浪屿的环岛路沿着燕尾山海滨修建而过,沿着山势修建的环岛路两旁绿树葱茏,三角梅、羊蹄甲和不知名的野花盛开,这里成为游客游览鼓浪屿的地方,也是鼓浪屿居民散步跑步的好地方。

燕尾山朝西的海边,原来有一座两层建筑,海边凹进去的小沙滩围了一道墙,成为一个很大的圈养待宰生猪的猪圈,这就是当年鼓浪屿的杀猪场,我们老鼓浪屿人称为"猪弄"的地方。"猪弄"的位置就是现在燕尾山生态公园朝西与环岛路连接的地方。每天早上,"猪弄"的工人将宰杀好的猪肉运送到鼓浪屿旧菜市场,供应鼓浪屿的居民和单位,当年这里可是鼓浪屿猪肉供应的产地。"猪弄"与"四楸榕"相连接的有一条路,就叫作"兴化路",据说,当年的生猪主要从莆田运来,所以这条路就叫作"兴化路",这是鼓浪屿门牌号码最少的一条道路了。我青少年时代,看到当时的生猪主要用船从龙海一带运来,船工将猪赶下海,再将生猪赶进猪圈。

大约在上世纪70年代,"猪弄"不杀猪后,一段时间成为鼓浪屿胶木厂的电镀车间。后来修建环岛路时,"猪弄"的建筑物被拆除了。

从鼓浪屿的老照片可以看到,当年的燕尾山上有一块奇特的大石头,样子就像济公头上的帽子,人称"僧帽石",也称"纱帽石",是鼓浪屿岛上难得的一块风景石。据说,1944年初,日本占领鼓浪屿时,有一次美国盟军的飞机轰炸鼓浪屿日军的目标时,炸弹爆炸时将僧帽石炸掉了一个角。据老鼓浪屿人陈全忠先生介绍,后来在厦门海堤建设中,僧帽石被开采,这块奇石就消失了,但此事未见有文字档案资料记载。我儿童少年时代,在燕尾山捡拾柴草时,僧帽石已经不见了,那个位置确实有一个采石坑,到底"僧帽石"的石头开采到哪里,没有发现相关直接的证据。

解放后,由于国民党的飞机经常袭扰大陆,厦门是当年两岸对峙的前哨阵地,燕尾山上修建了四座高射炮阵地,也修建了弹药库和简易营房,为保卫厦门和鼓浪屿发挥了作用。后来高炮兵撤走后,这些军事工事长期保存着。现在还存在的三个高炮阵地,就是

The Buddhist priest stone, Kulangsu.

原位于鼓浪屿燕尾山上形似僧帽的奇石，后来被毁（林聪明翻拍）

燕尾山上的高炮阵地工事（林聪明摄影）

解放初期修建的。上世纪 70 年代，当年中苏关系紧张，深挖洞和备战备荒时，厦门造船厂鼓浪屿车间成立了民兵高炮连，这些当年的高炮阵地又派上了用场，成为民兵的高炮阵地。

后 记

海的特殊维系：口述中的"考证"

2013年5月，我从市委宣传部的领导岗位退休后，生活中的一个重心转移，就是以一个老鼓浪屿人的情怀、感受和视角，研究鼓浪屿的历史文化，讲述鼓浪屿的故事，让人们更加真实全面客观地认识鼓浪屿。2016年11月，开始在鼓浪屿外图书店举行12个专题"话说鼓浪屿"的系列公益讲座。2017年以来，在鼓浪屿干部疗养院、厦门市图书馆、思明区做了30多场鼓浪屿文史的专题讲座。几十个讲座为本书的"口述"历史奠定了基础，但是讲座不能等同于"口述历史"，口述历史也需要一定的考证。

2018年10月，在一次画展中，我与陈仲义教授邂逅，虽然我们俩都是地道的老鼓浪屿人，上世纪70年代就相识，并同在鼓浪屿区教育系统共事过。但是逝水如年，三四十年各自忙于工作，经常是擦肩而过。互通各自状况后，我也将自己的研究专题相告。不想此次偶遇竟成就一个契机，后来又相约在我家详谈，最后确定两个题材进入口述历史选题。原定明年提供以海域为主题的讲述，因年初陈教授来电告知，计划中的一本因故延时，要求我提前充当救火队，于是几个月的紧赶慢赶终于可以交差了。

鼓浪屿不管是作为一个城区，还是作为一个旅游区，在厦门、福建，乃至全国，都是一个足够引人关注的亮点。从某种意义上说，鼓浪屿的地位和价值就在于她的独特性和唯一性。虽然有关鼓浪屿的历史文化考证和口述历史,林林总总,著述颇多。然而,关于鼓浪屿的历史文化讲述中,总是出现讲富人多、洋人多、建筑多、风景多,平民少的"偏斜"弱点。到目前为止,还没有一本反映鼓浪屿普通老百姓生活的书籍,也因为如此,在外人的眼中鼓浪屿人都是优雅的有钱人,家家有钢琴,人人会弹唱。我到外地出差或开会,人家一听我是鼓浪屿人,就问我家里有没有老别墅,会不会弹琴。这实际上也是对鼓浪屿认知的一种误区,是对鼓浪屿历史文化和社会发展现状的误读。

从地理的角度来看,鼓浪屿就是位于厦门岛旁边,处在厦门湾重要位置的一座风景秀丽的小岛。因此,鼓浪屿在历史的演进过程中,就必然具有海洋的味道、海岛的特色。不管是宋元时期的早期开发,还是郑成功水师的驻屯,或者是清朝水师将领王得禄的足迹,以及近代以来的发展变迁,鼓浪屿的对外交通、鼓浪屿人的日常生活,都与鼓浪屿的海岛特点密切相关,都将海洋文化的开放包容蕴含其中。说海是鼓浪屿的摇篮,海域是鼓浪屿人耕耘的田园是一点都不为过的。然而,关于鼓浪屿与海的故事,更多的是碎片式的记载和讲述,还未见以海域为主题的较为完整性的介绍与研究。

作为一个出生成长在三丘田古路头旁的鼓浪屿人,我父亲就是以海为生的船工,依海为生的三丘田就是我成长之地,我的邻居多数是船工和搬运工,我熟悉普通民众的生活。海是我前半生生活的主题,我对海有着一种特殊的感情,有与他人不同的认知。从这个意义上说,海与海域是我讲述鼓浪屿历史文化的最佳入口和场景,因为它是我最熟悉不过的东西,我的血液中肯定含有海盐的咸味,梦里常回少年事,扬帆出海,浪里白条。

生活的六七十年间,我耳闻目睹了鼓浪屿东部岸线的历史变迁,亲身经历和了解发生其间的许多人和事。因此,我最早的落脚点是《鼓浪屿的"古路头"和消逝海湾的往事》,由于尚缺"古路头"的考证资料,在寻找历史资料中,一放就是三年多的时间。直到

2017 年 11 月,薛世杰(紫日)先生提供了几十张关于鼓浪屿"古路头"的历史照片,我经过五个多月的进一步考证,终于成文,以《鼓浪屿百年码头变迁考辨》为标题,发表在《鼓浪屿研究》第八辑。

这次此文略做调整和增删,限于篇幅只保留了不到一半的照片,以《百年沧桑话路头》的标题,作为本书的第一部分。

口述历史虽然是当今历史研究的一种不可或缺的形式,但是由于讲述人的记忆和各种原因的局限,口述历史难以避免出现与史实的脱节和不符,这就需要在口述历史的研究中尽量能够增加可以佐证的东西,使口述历史既保留讲述的特点,又增加其学术性和历史的真实性。本书的特殊性在于我既是讲述者,又是整理者,同时又是鼓浪屿历史文化的研究者,因此,在完成本书书稿的过程中,加强了口述历史中一些内容的考证,力求将讲述历史与考证历史有机融合。本书在口述的基础上主要增加了以下几个方面的考证:

在写作《百年沧桑话"路头"》中,主要依据的是历史照片和我的经历,但是缺少涉及鼓浪屿码头的历史文字档案。《近代厦门鼓浪屿公共租界档案汇编》提供了涉及厦鼓轮渡建造过程中,厦门市政府与外国驻厦领袖领事和鼓浪屿工部局来往的 16 份公函资料,我对每份资料都进行整理和解读,再现了这段鲜为人知的历史。1936 年 10 月,厦门市政府出钱出力开始建造厦鼓轮渡,还要处处受工部局节制,并给工部局缴纳"过路费"。这段历史无可辩驳地反映鼓浪屿公共租界中行政管理权、司法权、物权皆归工部局掌控,是名副其实的"国中之国"。这一考证填补了厦鼓轮渡建造历史讲述的空白,也丰富了关于厦鼓海上交通历史的研究,也使这一章节更具有学术价值。

本书最大的篇幅《潮起潮落说海滨》,以鼓浪屿的海滨为节点,串起鼓浪屿与海相关的历史文化。这个部分是后来形成的构思,同样增加了大量考证。原来只知黄家渡一带早年有清朝的通商码头,透过对清朝通商公所历史档案的考证,了解了这个机构的产生和功能,看到的是弱国无外交的屈辱。

鹿耳礁与"六个礁",以前有多种说法,还有说鹿耳礁被 1959 年 8 月 23 日的强台风刮倒了,有的资料列出"六个礁"的名称,但是谁也说不清楚"六个礁"的具体方位。通过对历史资料的查找和考证,我清楚地讲述了"六个礁"的具体方位。

美华海滨是七十年前那场解放鼓浪屿战斗的主要战场,解放军指战员在这里与国民党军浴血奋战。然而关于这场战斗的情况许多人并不了解,只有鼓浪屿海滨的碉堡还让人们知道这里曾经是战场。为了还原历史,我收集了相关的资料,找出厦门警备区十年前提供的一些资料,找到当年"济南二团"政委张志勇的儿子张鲁闽,查阅了 35 年前他和吴龙海走遍半个中国,采访上百位当年参加战斗的指战员,创作出版的《厦门之役》,以有限的篇幅讲述了这段历史。

这段往事还涉及蒋介石 1949 年 7 月 22 日到鼓浪屿督战的史实,并由此引出蒋介石五次到鼓浪屿的历史往事的不同版本,我依据《蒋介石日记(手稿本)》(斯坦福大学所藏,1917 年至 1936 年)所记载内容,进行了梳理和考证。因篇幅关系,本书只刊载了蒋介石最后一次到鼓浪屿的内容。

王其华在五个牌海滨创办的福建硝皮厂,许多人只知其事不知其详。根据王其华后人提供给我的 1950 年 7 月《厦门福建硝皮厂股份有限公司业务报告书》,还原了当年缅甸华侨王其华为振兴民族工业所做出的艰辛努力。

这是讲述鼓浪屿历史文化的一次新的尝试,同时也尽量避免缺失口头"讲述"的特色。由于史料的不足和作者的局限,本书讲述的内容存在错漏在所难免,敬请读者批评指正。

林聪明

2019 年 9 月 21 日于家中